金融の世界史
バブルと戦争と株式市場

金融的世界史

泡沫經濟、戰爭與股市

板谷敏彥——著
陳家豪——譯

目次

譯者序 007
前言 015
第一章 利息與銀行都出現於貨幣之前 021
美索不達米亞的「平板電腦」／《漢摩拉比法典》對利息上限的規定／西元前的商業銀行／以牛隻和穀物來計息
第二章 貨幣的幻想 035
大狄奧尼西奧斯的還債方法／紙鈔是中國的發明／日本貨幣的歷史／巨石幣的故事
第三章 亞里斯多德的思想 049
世界最早的選擇權／亞里斯多德的致富之道／希臘的匯兌商／《羅馬法》確立財產權

第四章　中世紀的宗教與金融　059
中世紀基督教的主張／伊斯蘭治世的恩澤／費波那契偉大的貢獻／達迪尼文書：充滿活力的地中海世界／會計之父：盧卡・帕奇里歐／創造銀行的功勞：威尼斯的產物

第五章　大航海時代　079
創業者的時代／從新大陸進口的白銀：價格革命／美元的起源／打造英國繁榮基礎的海盜／再探《威尼斯商人的資本論》

第六章　東印度公司與證券交易所　099
公司的誕生：特許股票與無限責／東印度公司／證券交易所的歷史／鬱金香泡沫、喀爾文教派與貪欲

第七章　國債與保險的起源　115
國債的誕生：財政制度的大幅改革／財產損失保險的誕生：勞埃德咖啡館／紛歧的壽險起源

第八章　密西西比公司與南海公司　125
處理戰爭債務：南海公司的股票募集／約翰·羅的密西西比公司收購故事／英法泡沫經濟的破綻：資本積累的光與影／法國梧桐樹下／大阪堂島米穀交易所

第九章　從阿姆斯特丹到倫敦　143
蘇格蘭寡婦基金與聯合公債／拿破崙與倫敦市場／牛頓帶來金本位制／國際貨幣會議與貨幣聯盟

第十章　從英國到美國　157
有限責任制與股市發展的基礎／鐵道與股票市場／南北戰爭與零售銷貨／媒體與道瓊股票指數

第十一章　戰爭與恐慌　171
日俄戰爭下的國際融資合作／第一次世界大戰與有價證券的大眾化／威瑪共和國的惡性通貨膨脹／股市崩盤與卓別林的《城市之光》／長期投資的幻影與股價反彈／裴科拉聽證會與《格拉斯—史蒂格爾法》

第十二章　第二次世界大戰前後的日本金融市場　195
二戰前的股價指數／二戰前美元對日幣的匯率／二戰與東京股票市場／二戰前日本的信託投資物語／廢墟上兩次股市的熱潮

第十三章　戰後到尼克森震撼　217
二戰與紐約股票市場／布雷頓森林協議到GATT／美國的「黃金六〇年代」與投報率革命／趕上歐美的日本高度經濟成長／戰後信託投資的興衰與證券業的恐慌／尼克森震撼與金融技術

第十四章　日本泡沫經濟的形成　241
七〇年代的通貨膨脹與雷根總統／廣場協議／一九八七年黑色星期一與流動性／從金融制度看日本泡沫經濟的形成

第十五章　投資理論的發展　259
技術分析與投資銀行／考爾斯經濟研究委員會與股市預測／隨機漫步理論與效率市場假說／作業研究與資產分配／指數基金／巴菲特vs詹森／攻擊效率市場假說／終局：經濟大穩健時代與雷曼兄弟事件

後記　299

譯者序

走入書店、點開網頁、打開APP，理財投資向來是訊息量最大的類別之一。畢竟人類的慾望永遠沒有盡頭，自古皆然。然而，理財投資永遠充斥著艱澀的專業術語、深奧的學理、複雜的數學以及令人眼花撩亂的線形圖，若非受過財經商管學院的薰陶或者曾在銀行證券業任職，大概難以妥善掌握。

板谷敏彥這本書集結自過去各大週刊雜誌連載的專欄文章，運用其豐富的歷史素養結合自身金融財經的專業，依循著人類歷史發展脈絡，輔以各類趣聞，古今輝映，娓娓道來戰爭、政治、貨幣、債務、財富與人性如何共譜出數千年來人類金融的歷史，金融制度如何伴隨人類在政治、社會、文化、科技等各領域臻於成熟之境，被「文明」與「進步」一層又一層地加以包裝，終至眼花撩亂的地步。因此，閱讀本書就像撕開一層又一層的包裝，真正掌握到其原始樣貌與本質。

第一章以酒香切入，談及美索不達米亞文明的賒購啤酒，訴說著金融交易、商業銀行

（Merchant Bank）、高利貸如何萌芽於古老美索不達米亞，以及世界上最古老的《漢摩拉比法典》如何加以規範，所謂「若未以泥板製作合約書，擅自進行所有權的轉讓，受讓方將被視為盜竊者」。至於刻有楔形文字的泥板（tablet），就是當時的「平板電腦」，作為交易及帳目核算等經濟活動之用。

第二章談論貨幣的起源。西方世界一致認為，貨幣鑄造源於希臘時代的「獅頭幣」（Stater），以鐵鎚敲打基座上礦材來鑄幣，此一方法到了現在仍未改變。第一位利用礦材到貨幣之間的價值差額（通貨膨脹手段），攫取自身收益者為西元前四世紀的大狄奧尼西奧斯（Dionysius I），「歷史上將這種手段用為國家還債的一般方法從未間斷。」板谷敏彥在這一章還注意到，東、西方鑄幣為打印或鎔鑄之別，背後反映出是否有強大中央集權作為支撐，甚具啟發性。

同樣具有啟發性的是巨石幣故事，直到晚近南方島嶼仍在使用巨石幣，其獨特之處在於，不僅可以用來購買或者餽贈，而且不用真的交巨石幣交給對方。直到德國成為這些島嶼的統治者後，為了動員當地居民興建道路網，於是用黑筆在石幣上打叉，隨即產生效果。對生活於高度貨幣經濟體系下的我們，或許難以理解，類似行為卻發生在一九三〇年代的紐約聯邦儲備銀行（Federal Reserve Bank of New York，簡稱 FRBNY），甚至被認為是經濟大恐慌的元凶。

選擇權是當代金融市場的主要投資手段，一般人卻苦於其五花八門的內容。第三章利用亞里斯多德讓我們了解到，此一投資手段如何誕生於單純地橄欖榨油機使用權。亞里斯多德的致富之術，更是第一章的核心。板谷敏彥將雷曼兄弟事件比擬為希臘神話的邁達斯國王（Μίδας/ Midas），也就是說，明明已經擁有維生所需的財貨，但卻將活著的目的設定為致富本身，並為此不擇手段，不用等到資本主義暴走的階段，這樣的人類在希臘時代早已出現。

西班牙電影《風暴佳人》（*Agora*）的場景開啟了第四章，時序進入中世紀。板谷敏彥花費相當多篇幅討論宗教信仰對於利息、奴隸貿易的理解與規定。這章另一重點是以君士坦丁堡為中繼站的歐亞貿易，義大利城邦國家的繁榮基礎，便是形構於羅馬契約法式的思考加上希臘科學的思維，乃至費波那契數列等印度、阿拉伯的數學式思考亦融合其中。板谷敏彥告訴我們：掌握跨境商業網絡的弗朗切斯科・達迪尼（Francesco di Marco Datini）不僅在記帳方式單式會計邁向複式會計，處理不動產與有形資產時，也運用了現代會計的折舊與攤銷等概念，並將無法回收的債權明確認列為損失。至於，阿拉伯人對負數的否定，至今仍影響著我們。比方說，今日我們運用的「資產負債表」裡，當交易科目的資產為負數時，便意味著企業破產，這樣的想法是將正數、負數分為左邊與右邊的算式，正數只登載在左邊的算式。

第五章是大航海時代，美洲大陸流入的白銀引發歐洲長期通貨膨脹，泛稱為「價格革命」，今天美股報價均以八分之一美元為單位，便源自以鉗子和鑿刀將墨西哥銀元對分的歷史傳統。歐洲不同國家面對此一新局勢的態度不同，英國急於開拓新市場，其海事法庭頒發「私掠許可證」（Letter of Marque and Reprisal）給海盜，建構出非正規海軍的海盜可襲擊敵國船隊的持續制度；資本主義從其起源，就帶有流氓的色彩。

日本擁有全世界最古老的企業——金剛組。這是身為日本人的板谷敏彥在第六章的開場白。進入十三世紀後，股票交易興起，一旦要成立公司，就要獲得政府及國王特許。一般說來，荷蘭東印度公司（VOC）被認為是現代股份有限公司的嚆矢，後來的英國東印度公司基於經營印度殖民地而佔有一席地位，不過以設立最初的資本額規模而言，卻只有荷蘭東印度公司的十分之一左右。另外，相較於英國東印度公司將單次航海獨立為單一事業，荷蘭東印度公司將二十一年間的所有航海行為視為一個事業體，其精神相近永續經營為目標的現代公司。既然現代股份有限公司的鼻祖是荷蘭東印度公司，世界證券交易所的發端，便是交易VOC股票的阿姆斯特丹證券交易所。在英國，由於股票經紀人累積的惡習惡狀，皇家交易所拒絕其進場，他們只能到附近的咖啡館聚集。這就是舉世聞名的喬納森咖啡館（Jonathan's Coffee House）。

第七章是國債與保險的起源。威廉．麥克尼爾（William Hardy McNeill）在其《世界史》（*A World History*）中提到，一六八八年以後，英國議會政治獲致成功的要因在於「內閣制」及新穎的「貸款制度」，這便是國債的發明。那麼，麥克尼爾所謂「國債的發明」究竟為何？在此之前，所謂國債並不存在嗎？都可以在這一章找到答案。至於保險，《漢摩拉比法典》裡有其原型，勞埃德咖啡館（Lloyd's Coffee House）則是現代保險的緣起。

一六八九年，法國國王路易十四（他是好戰分子）向新任英國國王——奧蘭治親王威廉一世（Prins van Oranje/ Willem I）發動大同盟戰爭（War of the Grand Alliance）。為了稍微減輕基於大同盟戰爭及接踵而來之西班牙王位繼承戰爭（一七〇一－一七一四）導致之政府債務的膨脹，一七一一年英國開始進行南海公司的募股，開創了現代金融的債務股票化。第八章就是圍繞在諸如南海公司在內的特許公司，如何在歐洲引起一波又一波的泡沫經濟；正當歐洲處於泡沫騷動之際，美國的證券市場如何萌芽於梧桐樹下與唐提咖啡館（Tontine Coffee House）；處於遠東的日本，如何在鎖國時期的大阪，開設制度健全的米穀交易所，成為全世界最早的期貨交易市場。

第九章開始，板谷敏彥將時間軸拉近到近代，從兩位酒鬼牧師的故事拉出投資信託的序曲。法國大革命戰爭導致倫敦成為占盡優勢的金融中心，拿破崙將法國在北美的屬地賣給美國政府，其範圍相當於今天美國領土的百分之二十三，眾所熟知的金本位制誕生，天文學家牛頓是重要推手，國際貨幣體系逐漸成形於拿破崙戰爭後的各國復興，因為所需資金都在倫敦市場以發行英鎊計價的債券來籌措。

歐洲泡沫經濟最高峰的一七二〇年，英國頒布了《泡沫公司禁止法》（Bubble Act），用於約束輕率籌資的股份有限公司設立。相較於英國，以州為單位進行立法的美國，針對股份有限公司的設立，不必像特許公司那樣逐一制定法律，只要登記即可。第十章開始，美國逐漸成為世界經濟的重鎮，南北戰爭時期的愛心國債銷售，擴大了美國證券投資者的人口規模，奠定了日後美國證券投資業的發展基礎，革新金融資訊流通效率，到了一八八二年，道瓊服務公司創立，開始利以電信和電傳紙帶（印有文字的細長紙條）將股價資訊附加其上，也開始有了新聞通訊服務（newswire service），也就是今天的道瓊工業指數。

時序進入二十世紀的第十一章，透過日俄戰爭期間，交戰雙方的資金籌措能力是決定勝負的一大關鍵，開始探討證券交易市場如何成為國際政治外交的手段。第一次世界大戰爆發後，英、法兩國為中心的各國隨即在紐約市場發行約二十億美元的外國公債，國際金融中心從倫敦移轉到紐約。第一次世界大戰以及接下來的戰後處理，對金融市場影響甚鉅，尤其泡沫經濟與通貨膨脹成為透過麻痺、創造短暫快感的毒藥，世界經濟大恐慌則標示著人類經濟史走入全新階段，美國在此一期間制定了「銀證分離」的法案，不僅支配了日後的華爾街，也影響戰後日本的金融管理；而一九三三年的《證券法》與一九三四年的《證券交易法》基於公開正確的資訊，經營者有向股東彙報的義務且須承擔接受董事委託的責任。

第十二章的重點是第一次世界大戰到第二次世界大戰的日本，涵蓋證券交易制度、股價指數計算、貨幣制度、投資信託等，板谷敏彥指出：「正當日本的城市與工業區因空襲而燒得精光，年輕人全為戰爭動員之時；若觀察股價走勢圖則會發現，只有不知為何股價始終穩定成長。當然，在經濟管制下，日圓買不到任何東西，因此這不過是畫餅充饑而已。」相當發人深省。這一章結束於，戰後初期的經濟復興政策與股市熱潮。

第十三章開始進入戰後的世界。戰後世界經濟秩序的重建，首先是「布雷頓森林協定」（Bretton Woods Agreements），另外是關稅暨貿易總協定（General Agreement on Tariffs and Trade, GATT），藉此孕育出自由貿易體系，支撐日後日本與西德的復興。布雷頓森林體系下，美元作為霸權貨幣，美國企業開始向全世界進軍，此時期被稱為「黃金六〇年代」。這段時期，還發生了仍左右當今股票市場的「股息革命」。一九七一年「尼克森衝擊」讓世界變了調，美元貶值引起美國霸權的衰弱與日本長期經濟的停滯，卻促成了衍生性金融商品（選擇權、期貨等）金融科技的進步。

何時日本才能走出「尼克森衝擊」下長期經濟的停滯，直到今天仍然困擾著日本政府。第十四章的內容就是告訴我們，日本泡沫經濟為何爆發，一九八五年的廣場協議毋寧是關鍵因素。當然，廣場協議並沒有立刻引發泡沫經濟，相較於其他先進國家的資本市場，東京市場率先從黑色星期一的打擊回過神來，一九八〇年外國匯率及對外證券投資自由化以降，一系列放寬管制的政策，才是泡沫經濟的伏流；其中，股價上漲、再次發行債券、取得融資的循環模式，更像是往昔南海泡沫事件的翻版。

最後一章探討了所有投資人都關心的問題，股價預測可不可行？購買指數型基金與個股孰優孰劣？板谷敏彥梳理各門各派的學說背景，其中最令人印象深刻的，莫過於巴菲特與詹森的辯論。最後，本章終結於雷曼兄弟事件，並以正面口吻表示，金融理論固然是一把雙面刃，但負面評價頗多的衍生性金融商品絕對不是倒退，而是一場技術革命與進步。

本書在翻譯過程中要感謝讀書共和國龍傑娣總編輯的全力支持與協助，並且在譯者拖稿之際，總是給予無限包容與關懷。同時要感謝施靜沂小姐提供專業的校對，施小姐協助潤飾本文譯稿之餘，提供許多譯註的建議，並減少誤譯、漏譯的發生。若沒有她們的協助，本書的翻譯工作無法如此順利完成。

前言

一提到「金融」，應該有不少人會感到很困難。在日本明治時代，「金融」是相對於英文的 Finance 所創造的新語彙。福澤諭吉在《西洋事情》一書提及：「金幣融通熱絡，社會將得益。」因此，「金融」是「金幣融通」的簡稱。

在幕末時期，所謂「融通」意味著金錢交易，但原本則是佛教用語的「沒有阻塞，暢通」。因此，所謂「金融」指的不單是金錢借貸，而是展現出金錢借貸通暢且熱絡進行的社會體系。

至於英語中，意指「金融」的 Finance 則出現於十七世紀，字首 fin 等同於法國電影片尾謝幕的 fin=The End，原來意味著歸還借款、終結債務；沒有還錢打算的話就是強取豪奪，不能稱為 Finance。當時是王公貴族倒債頻繁的時代，因此是國債發行革新的時代。Finance 或許是在此一背景下，用來與倒債區別的用語。當然，如此解釋充其量只是一個假設。

個人之間的金錢借貸，是借款人在借據上載明本息返還期限，將此交給金主。這是金融的原型，已存在於正文將提及之美索不達米亞文明的時代；此一文明留下了黏土製作的借據。不過，這種交易方式只成立於友人或夥伴之間，無法應付大筆金額。對於想借更多錢的人，就要在更大的範圍內向更多人借錢，專門仲介商也應運而生。針對借據，仲介業者從友人或夥伴以外的社群探求借款人。如果介紹的都是不還錢的人，也沒有金主要理會仲介業者，因此要慎選借款人。如此一來，仲介業者可以獲取手續費當作介紹費。出借者憑藉著借款人發出的借據直接貸款到資金，就是直接金融。借據被稱為債券，仲介業者則是證券業務。如此情況下，仲介業者不會使用自己的資金。若身為仲介業者，總要靠自己去找金主，效率也不會好（衍生成本）。在此前提下，業者聚集的市場便逐漸成形。

另一方面，每次借錢之際就要找金主實在很辛苦，也不容易適時滿足資金需求，因此有信用的有錢人，姑且先從願意出借資金的金主借來全部的資金（暫存），然後把這筆資金充作本錢，並將借據提供給所有金主，此一借據稱為存款帳簿。接著，如果其他借款人出現，就可以隨時借出上述資金。這是金主與借款人之間，沒有直接交換借據的間接金融原型。貸出資金是所謂融資（Loan）的銀行業務。進一步，銀行認為不會遇到存款戶在同一時間前來提款的情況，因此逐漸學到貸款金額大於存款金額的技巧（信用創造）。然而，如果銀行信用不佳，大家就不會把錢存進去，這是為何歷史上的銀行建築物都很雄偉的原因。

那麼股票究竟是什麼？所謂金融不僅是金錢借貸，對債券而言，基本上，貸款的金錢有其還款期限，股票的特徵則是沒有還款期限的約束。不過，股票無還款期限是相當近期的現象，過往的股票是貿易商人以每趟航海為單位，需償還一整年度的出資金額後再重新計算。股票雖為借款的延伸，但沒有約定本金償還與利息的必要，約定的反而是，若借款者的事業賺錢，將支付利潤（分紅）；股票相較於借錢出去，沒還本的風險雖高，卻能期待相應的高報酬（收益）。若非如此，任誰也不想拿錢去投資股票。十七世紀初期，荷蘭東印度公司之所以拉長經營事業的期間，也就是花費數年在亞洲設立貿易據點，就是因為若以一年為期來結算，便不賺錢，因此開始拉長還款期限（結算期間）。

而且出資者出資創立企業，但其中有人會期待，不用賺大錢，只要求支付利息並在期限內返還本金。這種出資者為債券持有者，或重視信用、運用從別處借來（前來存款）的資金銀行等；因為比起大賺一筆，更在意紮實的收益，喜好融資與債券更勝於股票。

因此，企業除了發行股票，也會透過發行債券（借款憑證）來借入資金。借入資金後，股東大賺一筆，這是為何投入所需資金的規模會超過其出資金額的事業。因為即使大賺一筆，債權人只要求利息。但這種方式不會總是一帆風順。事業經營失敗時，債權者將要求經營者與股東返還出借的資金。事實上，十九世紀以前的股東，基本上負擔無限責任，亦即基本債權人的請求，需返還給債權人超過出資金額的借款。（此時股票已無價值）因此，過往要成為股東的門檻，便是萬一有個不幸，其擁有支付超過出資金能力的充足資產。但如此一來，股東只能限定於部分大富豪，因此這種企業都不太能夠設立。

在十七世紀初期，全世界只有金融最先進的荷蘭東印度公司採用股份有限責任制，後來此制度逐漸獲致推廣，在十九世紀的美國制度化，並確立了股東的有限責任制。股票交易所受惠於此，不用管對手的出身，只要關注委託買賣，便可進行股票交易。若沒有股份有限責任制，便不會有今天這樣的資本主義經濟發展。當然，伴隨而來的是，債權者將錢借給企業時會比過往更加謹慎。針對責任有限的股東，是否沒有支付剩餘利潤、掏空資本額而未分配股息等的事項，都會在決算書裡嚴格確認。

在說明金融運作的機制之際，也好好談談歷史，讀者認為如何？或許，相較於讀者的理解，在世界史學過的荷蘭東印度公司其存在本身更重要。

金融重鎮，或說金融市場的重鎮，從義大利一路轉移到布魯日、安特衛普、阿姆斯特丹、倫敦、紐約，各自有轉移的明確理由。為何歐洲的金融家移動了呢？倫敦倫巴底街的命名源於義大利米蘭，倫巴底地區出身的商人大量聚集於此。若改變視角，以金融的角度綜覽過往學過的世界史，便將浮現出不同的史觀。若可以的話，本書將如同《酒的歷史》、《食物的歷史》等書，讓讀者玩味於「金融的歷史」。

筆者個人長期提供海內、外機關投資人諮詢的服務，自前一本著作《日俄戰爭、資金籌措的戰爭》出版以來，與個體投資戶的對話機會增加了，其中不乏期待閱讀一本通俗易懂的通史性質的金融史，這是撰寫本書的直接原因。筆者的目的就是這麼單純，如簡單易懂地說明當下的經濟與市場狀況一般，讓歷史知識普及化；因此，將避開傾向帶有意識型態的史觀、「賺錢的歷史」、「一再上演的愚蠢泡沫經濟」、日本崩潰、大繁榮等特定的主題。

相較於此，本書致力於簡單說明，到目前為止幾乎不受重視的二戰時期股價情形，以及國民如何應付戰後通膨？或者，美元長期的走勢等。

雖然如此，所謂金融史，也可說是貨幣型態改變下人類的欲望史；就好比幾年前爆發的雷曼兄弟事件。自古以來，為了上述慾望，人類一再犯下同樣的錯誤。但另一方面，金融技術歷經歲月風霜而有一點進化，這也是事實。金融在為籌措戰爭軍費所用之時，也發展出國債、創造出企業，扮演起向有才華的需求者提供資金的角色，並對幫助鐵道鋪設、發展航空事業、促進新藥發明，以及對網路資訊在全球的普及化有所貢獻。希望讀者能透過本書所描述稍微龐雜的金融史，掌握到一些「金融」的知識。

第一章
利息與銀行都出現於貨幣之前

美索不達米亞平原的「平板電腦」

如果將酒分為兩大類，有威士忌、白蘭地、燒酒等蒸餾酒以及葡萄酒、啤酒、日本清酒等釀造酒；從誰的歷史比較悠久來排序，不需蒸餾設備的釀造酒最先問世。雖然葡萄酒和啤酒也各自擁有淵遠流長的歷史，但人類最早入手的酒類是一萬四千年前——以蜂蜜為釀造原料的蜂蜜酒。身處亞洲的我們，應該對蜂蜜酒感到頗為陌生，但北歐人至今仍很常飲用蜂蜜酒。蜂蜜以水稀釋後，加以適宜溫度會變得極易發酵，這是為何蜂蜜酒是最容易被人類「發現」的酒類。

人類飲用葡萄酒的歷史最早可上溯到七千四百年前，伊朗西部扎格羅斯山脈出土的罐子碎片中留下的殘渣。此後，葡萄酒向美索不達米亞平原與埃及一帶傳播，約莫到了西元前四〇〇〇年之前，葡萄酒不僅自釀來喝，還會拿到市場上交易。

至於啤酒，起源於西元前三〇〇〇年的美索不達米亞平原已是公論。然而，早在西元前六〇〇〇年，兩河流域就會運用灌溉農業技術來栽種大麥和小麥——作為啤酒原料，大家據此推測，人類開始釀造啤酒始於這一時期，儘管沒有明確的證據。

以往我們都會在學校課堂上學習到，美索不達米亞的《漢摩拉比法典》是世界上最古老的法典（西元前一七五〇年左右），大家應該都還記得「以眼還眼，以牙還牙」的典故，但酒鬼們更記得的應該是和啤酒相關的條文，例如美索不達米亞的市街上，會有老闆娘經營酒館，老闆娘收的酒錢不能是做為當時貨幣的白銀，必須是穀物，而且酒的銷售量不能謊報；任職於神殿（當時的政府機關）的女性神職人員（女性公務員），不得以兼職方式經營酒館等，這正是當代社會的寫照。這部法典的詳細規定還包括賒購啤酒時，只限於用穀物還款等。據說在美索不達米亞地區，收穫的麥子有百分之四十都用來釀造啤酒，由此可以肯定，當地人日常飲用了大量啤酒。那麼，如果當時物物交換、向酒館賒購啤酒已經存在，應該也會出現穀物和白銀的借貸行為，這或許意味著金融交易萌芽於古老的美索不達米亞。

這部世界上最古老的《漢摩拉比法典》，今已獲得確認，其原型是更為悠久的《蘇美法典》（西元前二一〇〇年左右）。與古埃及文明、古印度文明、中國黃河流域文明等其他世界四大文明相比，美索不達米亞文明總伴隨著各項事物的發源。這是因為，美索不達米亞文

類似現代平板電腦的蘇美人泥板

明創造出世界上最古老的文字，再將這種獨特的楔形文字刻在泥板（tablet）上，迄今仍清晰可辨，而且大量保存下來。美索不達米亞文明製作的泥板，一般只是乾燥過的黏土，但如果是重要文件，為了妥善保存，則會像陶器那樣加以燒製；既然依據的是古老文字的歷史記錄，那美索不達米亞發生的任何事情及任何類型的事務，都會成為世界上的第一次。

這些歷史記錄涵蓋法律、辭典、故事、參考書、習題集等，也有涉及數學、測量學、天文學、醫學等學術範疇，商業類別則有簿記、投資契約、不動產買賣契約、借款契約、船舶租賃契約、擔保、利息設定，甚至如釀酒方法和食譜等，不勝枚舉。美索不達米亞挖掘出土的泥板逾五十萬塊，並且不斷有新的發現。泥板上記載的內容，與麥子、不動產買賣以及庫

計數用的泥丸籌碼（下方）與容器（上方）

存記錄等當時的經濟活動有關者，約占整體的百分之八十，超越個人日記或政治性文獻；這一切說明了，人類面對著記錄的必要性，從而成為發明文字的最初動機，以便進行庫存管理，也就是為了應付交易及帳目核算等經濟活動。

《漢摩拉比法典》對利息上限的規定

美索不達米亞文明誕生初期，處於全盛時期的蘇美人，約莫從西元前三五〇〇年開始使用人類最早的文字——楔形文字。他們首先沿著底格里斯河及幼發拉底河展開灌溉農業、形成村落。很快地，收穫量增加到自給自足後仍有剩餘；農民以外，不從事糧食生產的神職人員、戰士、工匠、商人等於是獲得供養。這些階層聚在一起，都市隨之成形。很快地，以都市為單位的治理展開，演變為城邦。城邦裡，穀物總需事先集散、儲藏再重新分配。於是，掌管分配的首領便以統治者的身分登上歷史舞台，作為行政機關的神殿也得以興建；神殿並非僅作祭祀或政治活動之用，也是一座倉庫，用於存放以捐贈或稅金名目收繳而來的收穫物及其他物產。如此將收穫物再分配的機制，正是稅收制度的起點，也是政治的開端。同時，為了集散與儲藏物資的管理，衍生出需加以事先記錄的必要；誰上繳多少小麥，目前倉庫裡還有多少存貨等，對統治者來說是重要的資訊。

光是以堅硬的木頭在石壁上刻劃出代表商品數量的線條，就可以完成數量的紀錄。我們在中、小學選班長時，也會在黑板上畫「正」字來計算選舉結果。然而，蘇美人需處理的資訊量遠比選班長來的龐大、複雜。於是，蘇美人製作出對應定量小麥的泥土球為標記，可將之想像成泥土捏成的「彈珠」；讓標記（泥丸）在不同棚架間移動，就可以進行出庫、入庫的管理；對棚架上的標記（泥丸）數量進行統計，就可以簡單完成庫存計算。此外，當標記（泥丸）累積到一定的數量時，蘇美人就會將其存放到泥製的外殼容器中，這是簡易化大量數字計算的巧思。

然而，存放物品的種類會不斷增加，這是很容易想像的情況；穀物不只限於小麥；金屬、木材、紡織品、工藝品等都需要分門別類，記錄其入庫日期及主人，尤其是安裝在磚造房舍的木門，這在當時非常貴重。最初，蘇美人會在泥製的外殼容器表面做記號，很快地，記號被楔形文字代替，從而省略了上述記號，而是鐫刻於泥板上，誕生出新形式的存貨記錄方式。這樣一來，泥板就會形成宛如紙張一樣的存在；同時，很有趣的是，除了其畫面是靜止的之外，還與當代社會的平板電腦相當類似。

因此，各種記錄留存於泥板這樣的資訊載體，流傳後世，範圍涵蓋每年收穫季節，進行倉庫盤點後的年度決算報告。

泥板的用途不會只停留在庫存管理。早在西元前二八〇〇年，不動產交易已經被記錄於泥板上；《漢摩拉比法典》第七條也明記，若未以泥板製作合約書，擅自進行所有權的轉讓，受讓方將被視為盜竊者。這些商業交易本身意味著，不單只有以物易物，在美索不達米亞平原，應還存在著近似於貨幣的交易媒介，此即與穀物重要性相等的白銀——作為以重量決定價值的典型稱量貨幣被使用著。

《漢摩拉比法典》對於貸款利率有如下規定。順帶一提，當時貨幣還未出現，因此單位皆意指重量：「①如果商人在借貸契約載明的是穀物，每一古爾（gur）[1]穀物可收取六十卡穀物為利息。②如果在借貸契約載明白銀，每一謝克爾（shekel）白銀可收取六分之一謝克爾又六塞拉（sela）[2]白銀為利息。」

①在穀物借貸的情況下，每一古爾（gur）＝一百八十卡，因此利率是百分之三十三．三。②在白銀借貸的情況下，每一謝克爾＝一百八十塞拉，因此每六分之一謝克爾為三十塞

拉，再加上六塞拉＝三十六塞拉，即利率為百分之二十。

還有如下內容，接續上述條文：「如果商人違反規定，每古爾穀物收取超過六十卡利息、每謝克爾白銀收取超過六分之一謝克爾又六塞拉的利息，商人將喪失其所提供之物。」

這就是《漢摩拉比法典》規範的利率上限。此一法條的存在供我們想像，當時美索不達米亞也存在高利貸，而且釀成了社會問題。

西元前的商業銀行

美索不達米亞的西帕爾（Sippar）出土之西元前一八二三年的泥板，上頭記錄了一份借貸契約（借據），內容如下：

「伊利．卡達里之子普茲魯姆，從沙瑪什（太陽神）處收到三十八又十六分之一謝克爾。普茲魯姆將按照沙瑪什神規定的利率支付利息。普茲魯姆將於收成之時，償還白銀本金和利息。」

此處的借貸利率是依據神殿的規範，因此應該是百分之二十。還款時間為「收成之時」。因為小麥一年只收成一次，由此可知，借貸契約的期限為一年以內，借貸目的是為了耕種小麥。

前面提到，如果借貸的是小麥，利率為百分之三十三．三，白銀只有百分之二十，許多人認為，如此利率的差異反映出小麥存在著因歉收倒帳的風險。然而，如果是借入白銀來購買小麥以進行耕作，也存在同樣風險。因此，如此差異的真正因素或許在於，大家對於小麥的播種訊息所知有限，但收成消息卻很容易傳遍街頭巷尾，讓小麥相對於白銀的價格跌落（小麥跌價之意）[3]；恐怕每年收穫時節，小麥價格都會下跌。此外，在無法還款的情形下，債務人將淪為奴隸，不過為奴時間最長不得超過三年。

尤有甚者，這種借貸契約在呈報公證人的前提下，轉讓將成為可能，雖然是一個比較特殊的案例，但付息證券在市場進行交易的現象已然可見；早在四千年前，紙本契約還未問世的時代，人們已經以黏土版展開相關交易。

所羅門兄弟（Salomon Brothers）證券部門負責人西德尼・霍默（Sidney Homer）[4]曾撰述《利息的歷史》（*A History of Interest Rates*）一書，雖然還沒有日譯本，至今仍可謂金融史領域的名著。這本書在穀物與家畜的貸放利率方面，提供了我們幾個饒富趣味的對照案例。

在一九六〇年左右的印度，借入穀物種子需雙倍返還，亦即以百分之百的利率為準則；附帶一提，當時印度貨幣「盧比」的借貸利率為百分之二十四至三十六。另外，二十世紀初期的中南半島（穀物借貸）利率為百分之五十。在菲律賓，稻米借貸利率為百分之百；若要借入一頭豬，必須返還兩頭。雖然稻米與小麥的單位面積收穫量存在（地區）差異，但透過如此比較可以想見，美索不達米亞的利率水準相對平穩，因為美索不達米亞平原是一塊富饒的土地。

在日本，過往出現過在春季出借糧食的契約，名為「出舉」，這是一種需在秋季還本付息的制度。官方主導的此一類型借貸稱為「公出舉」，利率為百分之五十。

另一方面，貴族及神社或寺院主導、以營利為目的的「私出舉」，利率為百分之百，同於上述菲律賓的稻米借貸利率。至於鎌倉幕府、室町幕府則規定，利息如何累計都不能超過本金。這種對利率上限的感受與現代日本社會一致。的確，若光是利息就是本金的數倍，感受不會太好。不過，若本身在儲蓄或投資時，就會要求利率高一些吧！

美索不達米亞文明在西元前六二五年進入新巴比倫時期，隨即出現了類似現代綜合商社的銀行性質業種。據說，在十九世紀至二十世紀前半葉，支撐大英帝國繁榮的金融機構——商業銀行（Merchant Bank）便起源於此，經營者們都是堪比後世羅斯柴爾德（Rothschild）家族的大地主，包括埃吉比之家（The Egibi and Sons）、猶太族的穆拉舒家族（Le Murashu）等。或許，正因為美索不達米亞文明的出土正值十九世紀末葉，因此才被拿來與正處於鼎盛時期的羅斯柴爾德家族相較，《紐約時報》遂加以大肆報導。

他們從事對國王提供貸款、支票、匯票及收購不動產貸款的事業，乃至於現代所謂初創企業投資等廣泛的商業活動。從他們留下的紀錄可知，當時簽署租賃契約有第三方擔保，本利支付對象並非契約當事人，而是身處異地的第三方。藉此可以窺見，當時已經存在成熟的金融交易。然而，我們不能總用現代眼光衡量遠古時代的一切。事實上，當時的對外貿易權需受制於國王權威之下，商人的自由度低，有關市場運作的記錄仍付之闕如。顯見，如同現今這樣熱絡進行物資交易的市場，並未出現於當時的城市。[5]

以牛隻和穀物來計息

「看不見的手」（An invisible hand）一詞出自於富有盛名的十八世紀末葉經濟學家亞當・史密斯（Adam Smith），他曾指出：「在所有社會仍處於蒙昧的時代，牛是商業活動的共通媒介。」亞當・史密斯所處的時代，美索不達米亞文明已湮沒於塵土之中；諷刺地來說，那個年代「太過久遠」，沒有人知道美索不達米亞文明的存在。儘管《聖經・舊約》有相關記載，不過蘇美人、文字誕生於此一文明、存在法律及契約及擁有成熟的商業交易等等，這一切在當時都無人知曉。至於亞當・史密斯所謂「社會還處於蒙昧的所有時代」，指的是古希臘文明時期。

布萊德利・彼特（William Bradley Pitt）主演的好萊塢電影《特洛伊》（*Troy*）講述著名「木馬屠城」的傳說故事，情節取材自西元前八世紀，古希臘吟遊詩人荷馬（Ὅμηρος）創作的《伊利亞德》（*The Iliad*）及《奧德賽》（*Odyssey*）。荷馬在這些作品中，將牛視為衡量商品價值的標準。

「擅長各類手工的女奴隸，價值四頭牛。」

「波斯製的大三腳瓶，相當於十二頭牛的價值。」

牛無法攜帶、體型差異過大，不能成為貨幣的替代品，但用於衡量財產則簡單明瞭。牛隻成對飼養，就會生出小牛，讓牛隻數量增加。如此一來，作為資產評估基準的牛隻，正如能孕育利息收入的現代金融資產一般。蘇美人將「利息」稱為「mas」，埃及人將「利息」稱為「ms」，這兩個語彙似乎都是從動詞「msj」＝「生育」衍生而來，既可意為「利息」，也可意為「牛犢」。日語漢字的「利息」，語出中國古籍《史記》所謂「息猶利也」，意思是子嗣可以帶來利益。

另外，馬克思在《資本論》（*Das Kapital*）第五章以批判的態度指出：「利息是貨幣所生，成為了更多貨幣，它的名稱就是由此而來，被稱呼為Tokos（希臘語的利息、子嗣之意），最違犯自然。」

滿頭大汗勞動賺取的收入，與什麼都不做只靠以錢滾錢獲得利息的收入，兩者的對比，不論是以前或者今天，總是被拿來當作例子。

利息收入裡沒有勞動的尊嚴、沒有汗水、沒有筋骨痠痛。不過，即使從資產價值來看，我們不以什麼都生不出來的黃金，而是以牛隻為例，那麼其頭數是自然增加；借來的牛生了小孩，歸還時理應將牛犢一起交還給債主。

另外，若是借入小麥，在收穫季節時，必須在借入數量上附加相應的利息。美索不達米亞平原由於灌溉農業發達，土壤肥沃更甚於今日，播種一粒小麥可獲得二十倍甚至數十倍收穫（當代歐洲只有十五倍）；當我們認識到美索不達米亞多麼肥沃的同時，也不難理解，借來的小麥需附上利息歸還是理所當然的。因為從出借者的立場來看，付出的機會成本很大。

《聖經．舊約》中的〈出埃及記〉記載，翹首企盼摩西歸來的猶太民族以黃金打造一頭牛犢，頂禮膜拜、開設宴席。知曉此事的摩西厭惡這種偶像崇拜，於是嚴加斥責此舉。若在今天，「金牛犢」不僅意味著偶像崇拜，還隱喻著「物質崇拜」和「拜金主義」；牛作為家畜，因為會勞動，而成為可以繁衍生息的生物。反觀，以黃金為材料、只能用來膜拜的「金牛犢」，則不會繁衍任何東西。

近來，圍繞著不勞而獲的利息、分紅等金融收益的倫理觀，經常引發討論。如果利息來源是牛隻等家畜繁衍及穀物收穫，利息所得也應視為該項資產所有者的當然權利。況且小牛還會出小牛，如此世代繁衍將漸漸開枝散葉。從這個觀點來看，利息的計算方式並非是單利而是複利，這也就很容易理解了。

註釋

1 譯註：相當於三十公升。

2 譯註：以穀物為衡量價值的貨幣單位。

3 譯註：這裡的意思是基於供需法則，當小麥收成時，大家都會瘋傳相關訊息，就會讓市場買賣雙方以為小麥將擁有龐大供應量，量大則價跌。

4 讓債券本金與利息債券分離之本息分離債券（strips）的發明者。

5 卡爾・波蘭尼（Polányi Károly），玉野井芳郎、平野健一郎編譯，石井溥、木畑洋一、長尾史郎、吉澤英成等譯，《經濟文明史》（*Trade and Markets in the Early Empires*），ちくま学芸文庫，頁二三六。

第二章
貨幣的幻想

大狄奧尼西奧斯的還債方法

即使在貨幣發明以前，如果賦予銀、家畜、穀物本身一定價值基準的話，借貸都要算利息。美索不達米亞平原沒有鑄幣（Coin）等貨幣。除了穀物之外，白銀成為按重量決定價值的稱量貨幣，充作物資交易與支付罰款之用，進而扮演起貨幣的角色。

西方世界一致認為，作為貨幣的鑄幣源於七世紀的希臘時代，小亞細亞中西部的利底亞（Lydia）¹。利底亞使用所謂銀金礦（Electrum）的金銀天然合金，稱為「獅頭幣」（Stater），亦即將銀金礦切割為固定重量的小錢，放在刻有動物或人物圖樣的基座上，用鐵鎚從背面使勁敲打，然後動物或人物的圖樣就會留在上頭，刻著動物或人物圖樣的鑄幣因而誕生。

後來，「獅頭幣」的材質不再是金、銀等奢侈的合金，替換為金銅或銀銅等各式材質，但以鐵鎚敲打基座上礦材的鑄幣方法卻從此成為基本，即使到了現在也沒有改變。

這種方法的優點在於，最初便預先以固定的重量切割銀金礦的小錢（這並不容易），因此鑄造完成的貨幣，銀金礦的含量將完全一致。其原則與金屬塊狀物的鑄錠（譯按：如銀錠）一致，金與銀的含量將成為貨幣的基本價值。

然而，如果這種貨幣只能擁有與其鑄造礦材同等的價值，應該無人有此閒暇功夫專門鑄造。大致上，鑄幣的生產者是統治者，雖說，此舉是為了整備法制以獨占貨幣發行權，但藉由賦予鑄幣的權威性以獲取收入才是目的所在；從礦材到變身為成品的貨幣，二者之間存在價值上的差額，這就是統治者攫取的特定收益，稱為鑄幣稅（seigniorage）。若發行成紙幣，此一價值上的差額應該很容易理解，生產出「錢」，就能幫助統治者賺錢；只要掌握好發行量，對於統治者來說，發行貨幣是最容易取得的財源。

嚴酷統治者的頭像是權威的象徵，也是鑄幣素材的品質保證。當公務員與士兵的薪水以鑄幣支付，稅收也以鑄幣收取。因此偽造貨幣一定會被嚴格取締。希臘語表示，鑄幣的「nomisma」與意為法律的「nomos」語源相同。統治者在確保自身權威性的同時，也讓銀幣保有超過銀錠的價值。對貨幣使用者來說，也就沒有必要在收取鑄錠時，再去檢測其品質與金屬含量，因此帶來很大的便利性。然而，統治者有時會出於輕率或明知故犯，不自量力地想擷取鑄幣稅。

西元前四世紀初，西西里島希臘城邦敘拉古（Siracusa）的僭主[2]——大狄奧尼西奧斯（Dionysius I），曾從市民手上取得大量借款，市民們雖強力要求其還款，但這位統治者卻沒有任何還債規劃，反而脅迫市民們上繳德拉克馬（Drachma）銀幣，不從者處以死刑，敘拉古的鑄幣於是全數集中到造幣廠，原本幣值一德拉克馬的銀幣重新打印為二德拉克馬，整個城邦的「金錢」於是整整多出了一倍。最後，雖然狄奧尼西奧斯將自市民徵繳而來的「金額」如數返回，但真正回到市民手上的貨幣數量卻減少了，每塊貨幣的銀含量剩下一半。後來，狄奧尼西奧斯將手頭上的剩餘貨幣用於返還實際值價已經減半的市民借款，才圓滿收場。

這種手段與利用通貨膨脹來還款的方法一模一樣，只是狄奧尼西奧斯在轉瞬間加以實踐而已。雖然人們不太留意這種事，但自古至今，連同國家破產的情形涵蓋在內，歷史上將這種手段用作國家還債的一般方法從未間斷。

當然，這邊所提的還債辦法，是利用金與銀作為鑄幣材料的原本價值。那本身不具價值的素材，就不能當貨幣使用嗎？對身處現代社會的我們來說，當然會用紙張印刷的紙鈔，至於網路支付，則連實體紙張都不存在，只是一堆連我們的雙手都感受不到重量的資訊符碼，單純以資訊作為貨幣而被信任、使用著。

紙鈔是中國的發明

從最早的文獻紀載來看，在西元前十三世紀左右，中國就將子安貝「視為珍寶而用於餽贈之用」。[3]其實在此之前，子安貝在中國殷商、印度及非洲大陸等地，早已作為最原始的貨幣流通市面。柳田國男在《海上之路》書中認為：中國南海地區的人為獲取在沖繩可大量採掘的子安貝，而將水稻帶進日本列島。另外，自古以來，馬爾地夫產出的子安貝，不僅流通於印度洋周邊，更遠達非洲內陸。此外，令人感到意外的是，此事距今並沒有很遠。

比起利底亞的「獅頭幣」，中國鑄幣出現的時間稍早。西元前八世紀，就已存在青銅鑄造的貨幣。中國並非用槌子敲擊打印，而是將溶解的青銅注入陶土製的模具塑形。因此中國鑄幣的場所稱為「錢幣鑄造所」當之無愧，但對於打刻貨幣的西方而言，或許不能稱為「鑄造所」，而應該稱為「製造所」才對。

中國最初鑄造的貨幣，不是錢幣的形狀，而是農具的「鋤形」與「刀形」，有些形狀則與流通於金屬貨幣問世之前的子安貝相同。基本上，注入任何模具皆可成型，因此可以鑄造成喜歡的樣貌。

陶土製的模具是手工打造，因此澆鑄而成的錢幣形狀會與其一致；即使如此，彼此之間的質量卻存在微妙的變化。換句話說，這意味著中國的鑄幣不像利底亞的「獅頭幣」那樣，體現出金、銀等鑄幣材料的自身價值。即使利底亞的「獅頭幣」溶解重鑄成錠，仍有其原本的價值，反觀中國的鑄幣是青銅製，溶解後價值大概就消失了。因此，當下的統治者必須運用強大的政治力來賦予貨幣權威性，讓統治範圍內的民眾對貨幣價值存在共識（共同的幻想）。

這種東、西方早期鑄幣為打印或鎔鑄之差，雖是鑄幣材料不同所致，但換個角度來看，也反映出統治者在廣大地域擁有的強大統治力及分散各地之不安定弱小統治力等統治型態的差異；賦予權威力道的差異，正好反映出東、西方理解貨幣方式的巨大不同。

來到許久之後的十三世紀，為了造訪忽必烈大汗而前往元朝的馬可波羅（Marco Polo）因為發現子安貝在雲南地區繼續充作貨幣而頗感驚訝；等到他在首都大都（今天的北京）看到桑樹樹皮製作的紙鈔流通市面時，感受到的衝擊則更為深刻。稍晚於馬可波羅造訪中國的穆斯林旅行家伊本・巴圖塔（Ibn Battuta）則驚訝地提到：「即使拿著第納爾（Dinar）金幣與迪拉姆（Dirham）銀幣到市場上交易，但如果不換成紙鈔，誰也不接受。」相較於金幣與銀幣，紙鈔更有價值這點讓來自地中海的人難以理解。紙幣這種劃時代的中國發明，儘管只是將紙裁切，卻什麼都買得到，這點任誰都不會拒絕收受。

在中國，元朝之前的宋朝因具備對外開放的「自由市場」，商業活絡，促進匯款、信用交易與匯票的發達。這些票據作為貨幣的替代品流通市面，致使紙鈔的普及化。在日本，平清盛引進宋錢，成為日本金融史的大事，並讓向來在中國管制嚴格的貨幣出口，因為紙鈔普及而得以解禁。

紙鈔維持了達到其流通程度的成熟信用體制，中國則逐漸走向以不兌換紙鈔來支付公務人員薪水的階段；並且伴隨著每次政權的統治力衰退，紙鈔的信用度也隨之下滑，銀於是取而代之。到了清朝末期，泛太平洋地區廣泛使用的墨西哥銀幣成為價值基準，並在中國流通開來。

世界著名的旅行家伊本・巴圖塔帶到中國的第納爾（Dinar）金幣，是西元前二六九年打刻之第納里烏斯（Denarius）銀幣的後代；第納里烏斯銀幣源於羅馬人仿造希臘人的德拉克馬（Drachma）銀幣。當時，第納爾金幣廣泛流通於穆斯林世界，即使到了今天，仍有數個國家的貨幣單位沿用此一名稱。

日本貨幣的歷史

在日語中，「hitoyohitoyonihitomigoro」（ひとよひとよにひとみごろ）意味著二的平方根，「一一九二（イイクニ）つくろう」意味著鎌倉幕府的成立。[4]

這邊所指的任一例子，都是考試背誦時會用到的雙關語；自然科學的平方根一點毫無改變的跡象，但鎌倉幕府並非成立於源賴朝被任命為征夷大將軍的一一九二年，而是取得守護

將青銅灌注到模具，鑄造出枝錢與「和同開珎」（大阪文化財研究所提供）

與地頭任命權的一一八五年，這是日本課堂上會教授的內容。

同樣地，我們學到的是，日本最古老的貨幣是七〇八年的「和同開珎」，等到一九九八年，更古老的「富本錢」從七世紀下半葉的地層出土，改寫了日本貨幣的歷史。如上，歷史學領域總會出現意料之外的翻案，並不限於這些個案；至於往昔的事情「變新了」這點，倒顯得有點奇怪。

富本錢鑄造時的日本，還未達到貨幣全面普及的商品經濟階段。富本錢是用於支付建造藤原京的勞役費用，「和同開珎」用於建造支付平城京的費用，由此可知其為政府發行，並非為了滿足於整體社會對貨幣的需求而登上歷史舞台，原先想模仿中國的想法並沒有實現。

為此，針對貨幣的貯蓄者，當時的政府一

再祭出振興方案，像是頒布「蓄錢敘位令」，授予具備獎勵性質的爵位，結果卻造成貨幣沒被使用，只導致越來越多貨幣被貯存；對於促進貨幣流通這點而言，完全是反效果。此後，直到九五八年的乾元大寶發行為止，政府發行稱為「皇朝十二錢」的十二種類青銅貨幣，但是伴隨著發行次數的增加，銅的成分遞減、鉛的成分遞增，品質隨之劣化，連同貨幣尺寸也跟著縮小。如此一來，貨幣逐漸失去信用，最後沒有任何人願意持有。此後，直到平清盛將宋錢以「渡來錢」身分引進日本的一百五十年間，貨幣從日本消失了，[5]就連算得上貨幣的「皇朝十二錢」也不是非常普及，日本仍以白米、棉布等實物貨幣為主流。

富本錢與和同開珎都仿製中國的「開元通寶」。開元通寶從唐代的六二一年起流通了三百年之久；此貨幣不同於西方貨幣，用槌子在金或銀的鑄幣材料上敲擊打印，而是如同附圖那樣，將溶解的青銅注入模具的鑄件。由於青銅注入的模具看起來就像樹枝，因此稱為「枝錢」。

前面提過，鑄物的特徵是只要有模具就可以製作，不論什麼形狀都做得出來，這是它的優點。究其實際，中國本就存在刀狀的刀錢、農具形狀的鋤頭錢，還有一個特徵，則是現今日幣五圓與五十圓硬幣那樣，錢幣正中央有一個圓孔；如此形狀的貨幣在中華文化圈以外的地方並無發現。

如此圓孔的加工過程，是同步用棒狀物在數個錢幣穿孔成行，這是其便利之處；不僅如此，鑄造完還可以用繩線將一百枚左右的貨幣串起來（譯按：以便攜帶）。描寫日本戰國時代的小說常使用一貫錢的用語，一貫錢就是一千枚錢幣。貫的本意不是重量，而是從將錢「貫」（譯按：串）在一起而轉變為重量之意。

日本經過一百五十年的貨幣鑄造空窗期，才透過平清盛主導的日本與宋朝貿易，將大量宋錢輸入日本；只是這樣的歷史解釋應無法讓日本國民滿意。難道一個國家的貨幣，只能仰賴當時不可靠的航運供給嗎？這始終是個疑問。

然而，可以肯定的是，光是現在，經確認、正式出土（譯按：來自中國）的「備蓄錢」已有三百五十萬枚以上，而且普遍認為這只是其中的一部分，因此應該有相當數量的貨幣（譯按：來自中國）輸入日本。再者，至今仍經常可見，光是北宋的錢幣，導致其不具骨董的價值。[6]日本受惠於這樣的錢幣進口，不用鑄造國產錢幣。從九五八年的皇朝十二錢最後的乾元大寶鑄造以降，貨幣鑄造的再次開啟，必須等到跨越平清盛掌政的戰國末期。

巨石幣的故事

從日比谷公園的有樂町一側入園，沿著池邊走沒幾步，就會看到直徑約一公尺，原始社會的摩登原始人留下之貨幣一般的石頭，處之自若地放置於此。旁邊的說明牌寫著：這顆石頭是南太平洋雅浦島（Yap，密克羅西亞）稱為費（Fei）的石壁，在大正十三年左右，價值

位於日比谷公園，直徑達一公尺的石幣：費（Fei）

約相當於日幣一千圓。我們很容易將此一巨石貨幣想像成石器時代的產物，但在那個以物易物的時代，貨幣無用武之地；現實是，直到相當近期的年代，南方島嶼仍在使用石幣。

自古以來，雅浦島上作為石幣者，都是直徑三十公分至三公尺的石頭，但其素材並非產自此島，而是從約五百公里遠的帛琉群島運來。雅浦島的居民渡海到帛琉去，再透過自己的力量刮取石灰石作為貨幣，再將挖掘到的貨幣攜回雅浦島。

此一石幣有其應注意的特徵，亦即可用其購買任何東西，或將其贈與他人，但不需將石幣交給對方。石幣會放在村落廣場或路旁，只要買賣雙方均知悉其所有者已經換人，所有權便轉移完成。

另外，有位名為法茲馬克（ファツマク）

的老人家是島上公認最富有的人士，但沒人看過他持有的石幣。這位老人家前兩、三代的先祖，在帛琉挖出巨大的石頭，欲將之攜回雅浦島，但途中遭遇暴風雨，故所獲均沉入海中。不過，剛好有人見證了沈入海中之石的巨大、雄偉，因此即使石幣沉入海中，其交換價值仍不受質疑，這就是為何法茲馬克被公認為島上最富有的資產家。

一八七一年，美國籍的大衛・奧基夫（David O›Keefe）偶然漂流到該島，觀察了島上貨幣交易的情況後，決定運用自身在當下知曉的科學技術，在島上大量鑄幣。為此，奧基夫設法脫身到香港，並將切割石頭的機器運至帛琉島，開始削取石幣，進而生產出雅浦島所需的貨幣，然後利用蒸氣帆船將石幣運回雅浦島，以之購買椰仁（椰子果實的乾燥物）並大賺一筆。但是，他的石幣似乎不太有價值，因為其為機械生產並未投入勞力，因此沒有辦法證實此一故事（價值）。

一八九九年，德國從西班牙買下這座島嶼，然後很快地將德國人派駐該島。稍後，美國人類學者威廉・亨利・法內斯三世（William Henry Furness III）旅居該島，並留下相關紀錄。[7]

這份紀錄的內容如下。德國人意圖在島上整備道路網，但無論如何指派島上居民投入，他們都不為所動。自古以來，對島上的居民來說，興建道路網沒有必要性。對此，德國人沒收島上所有石幣；雖然如此，但事實上只是以黑筆在石幣上打叉，沒有將石幣搬往別處或收藏起來，然後告知島民，若想拿回石幣，他們就要工作。這樣的事情對生活於高度貨幣經濟體系下的我們來說，可謂難以理解，但島民恐於破產，因此現在願意賣力工作。德國人在道路工程完工後，依約消除石幣上的記號，島民紛紛歡慶，資產得以收回。

經濟學家彌爾頓・傅利曼（Milton Friedman）在一九九二年所寫的《金錢惡作劇》（*Money Mischief*）書中指出：生活在先進文明國度的我們，其實也有同樣作為。[8]

在美國經濟大恐慌發生後的一九三一年至一九三三年間，法國中央銀行（Banque de France）憂慮美國會放棄金本位。若此一憂慮成真，美元對黃金的價值將大幅下滑，因此法國將寄存於紐約聯邦儲備銀行（Federal Reserve Bank of New York，簡稱FRBNY）的美金全部兌換成黃金，只是法國並沒有將兌換所得的黃金運回本國，而是繼續寄存於該行的法國帳戶。聯邦儲備銀行則將法國託管的黃金移至其他庫房，並把黃金上的標籤從「聯邦儲備銀行」換成「法國中央銀行」而已，就好像德國官員將雅浦島上的石幣打叉。

話說回來，聯邦儲備銀行單純置換黃金標籤，已經引起美國黃金外流的大騷動，也被說成一九三三年經濟大恐慌的元凶。

註釋

1 Jonassen Williams編、湯浅赳男譯，《圖說貨幣全史》（東洋書林，一九九八年），頁二七。

2 譯註：在古典的希臘時期，僭主一詞起初並無貶義，單純用於描述某一種城邦的統治方式。

3 Jonassen Williams編、湯浅赳男譯，《圖說貨幣全史》，頁二〇三。

4 譯註：此處是利用日文五十音發音的諧音來協助記憶，ひとよひとよにひとみごろ對應的數字是141421356，「一一九二（イイクニ）つくろう」的意思是創造出好的國家。

5 村上隆，《金・銀・銅的日本史》（岩波書店，二〇〇七），頁九一。

6 東野治之，《貨幣的日本史》（朝日選書，一九九七），頁九一。

7 William Henry Furness, *Island of Stone Money: Uap of the Carolines* (J.B.Lippincott Co., 1910).

8 傅利曼，《金錢惡作劇》（三田出版會，一九九三），頁一九。

第三章
亞里斯多德的思想

世界最早的選擇權

金融商品如同現代世界臻至熱烈的交易之境，並非太久遠以前的話題。國債真正商品化，十八世紀才實現。在股份有限公司方面，直到十九世紀，股東仍需負擔無限責任[1]，因此不像今天，有很多商品可以選擇。就連當時金融業最先進的英國，金融商品買賣的真正開展也是最近的事而已。

另一方面，日本自江戶時代以來，大阪堂島便存在米穀的期貨市場，這是眾所周知的歷史。有關選擇權交易（針對某一資產，在其預定的未來某日，以一定的匯率與價格交易）的起源，人們大都認為在古老的希臘時代。事實上，與商品密切相關的衍生性金融投資行為（依據原物料、股票與資產等的時價決定交易價格），本身作為金融商品的一環，也許是既原始又古老的產物。

許多選擇權交易的入門書都在開頭提到，「世界最初的選擇權交易」傳說是希臘時代的橄欖榨油機；榨油機是壓榨橄欖果實，以製作橄欖油的機器。

希臘時代的城邦時常面臨土地貧瘠、無法好好耕作的課題，橄欖油於焉成為與葡萄酒並駕齊驅的重要貿易商品。吟遊詩人荷馬提到：「波斯製造的大型三角瓶，價值等同於十二頭牛。」不過，此一三角瓶並沒有被波斯商人用來交易牛隻，而是用於交易橄欖油與葡萄酒。

根據亞里斯多德（Aristotle, B.C.384-B.C.322）的介紹，希臘學者泰利斯（Thales）是全世界第一位哲學家，這樣一位人物曾預測，橄欖每年都會豐收，因此事先支付斡旋金，以預約村莊裡橄欖榨油機的使用權；到了收穫的季節，泰利斯果真命中，橄欖收成大好。為了將豐收的橄欖榨成油品，農民彼此之間會爭搶榨油機，因此獨佔使用權的泰利斯便歡喜地大賺一筆。

若再填補更多選擇權的詳細條件，這樣的交易在泰利斯與擁有榨油機的農民之間，泰利斯就相當於買權（使用權）的買方，其前提有以下幾點：①泰利斯支付榨油機的使用費（履約價），在其提交斡旋金之際便已經決定；②契約有效期限到收穫季節為止（決算日）；③前提條件是，榨油機並非農家全體共同擁有，而是一般農家商借機器來榨油；④如果橄欖豐收，為了對應橄欖果實數量的增加，榨油機的使用費也會跟著上漲。

以下，讓我們更深入地思考泰利斯的事例。如果只要支付斡旋金便可以讓交易成立，那任何事物都可以成為選擇權的對象，只要將斡旋金理解為選擇權的權利金即可。當然，泰利斯的故事是運用斡旋金來一攫千金，從金融從業人員的角度來看，不過是將投資者誘導入選擇權交易的樣板文章。一九九八年，日本NHK播放《貨幣革命》的特別節目，裡頭在說明觀眾不太容易了解的選擇權時，也是使用剛才的例子。

亞里斯多德的《政治學》徵引了泰利斯的事例，日文將之翻譯為「獵取財富之術的實用面向」，並視泰利斯的獵取財富為成功案例而加以介紹。

亞里斯多德的致富之道

亞里斯多德在《政治學》一書，將獵取財富之術分為「家計管理」與「營商之道」兩種，並且認為後者是謀求超過生活所需的財富而予以否定。即使對於未經勞動而從貨幣自身獲得利潤的利息所得，以及在理應於「公正價格」之上追加利差的商業交易行為，亞里斯多德也以「違反自然」的理由對其（公正價格論）加以否定。

亞里斯多德這樣的想法與中古歐洲經院哲學——從莊園制回到自給自足的經濟相結合，遂導引出基督教會提出的禁收利息（利息禁止論）；實則，當時的金錢借貸只發生在狹小共同體的個體間，而且是指自給自足社區內的事務，如此一來，我們很容易便理解到，為何會對收取利息或要求利差感到嫌惡。

亞里斯多德在《政治學》中真正想表達的看法是，當哲學家泰利斯被人們揶揄說：「因為他很窮，哲學（學問）對此一點幫助也沒有。」泰利斯正在運用日常習得的天文學知識，預測隔年橄欖會豐收。因此到了冬天，僅支付些微斡旋金，便可獨佔此一區域（米利都與希俄斯）的橄欖榨油機借用權。後來果如泰利斯預想，橄欖豐收了，因而他大賺一筆。亞里斯多德的主張並不在於：「有錢真好。」反而在於，「只要有期望，泰利斯也能成為有錢人，不過這並非哲學家會去費心思的地方。」對亞里斯多德來說，他大概沒有想到，兩千年後這段軼聞會為選擇權業者所用。

此一致富之道的重點並不在於，運用斡旋金進行選擇權交易使人變有錢，而在於「獨佔使用權」。當然，僅用些微資金就獨佔使用權是斡旋金的功勞。然而，泰利斯透過獨佔借用權，將橄欖榨油機的使用費控制到如其所望，這可謂現代社會裡高收益商業的訣竅所在。

亞里斯多德想強調的致富秘訣是「任何人只要能讓『專賣』為自己服務」，也就是說，「創造出獨佔供給狀態的話」，就能賺大錢。

對生活在現代社會的我們來說，會感到奇怪的地方是，儘管亞里斯多德對於錢滾錢的利息收入及商人賺取利差抱持否定態度，但卻能同意獨佔狀態或支付斡旋金的商業行為。在現今的社會中，以利息作為收入來源的銀行與以利差作為收入來源的商社雙雙合法，但獨佔卻會被公平交易委員會取締。亞里斯多德甚至言及，國家為了補強歲收而擁有如此獨佔的專賣事業，實有其必要。

英國《金融時報》（*Financial Times*）記者吉蓮・泰特（Gillian Tett）出版了《瘋狂的金錢：摩根的瘋狂夢想與衍生性金融商品的前世今生》（*Fool's Gold: The Inside Story of J.P. Morgan and How Wall St. Greed Corrupted Its Bold Dream and Created a Financial Catastrophe*），書中介紹風靡一時的美國大型銀行摩根大通（J.P. Morgan）旗下衍生性金融商品開發團隊的事蹟。她如此描寫：「原始期貨與選擇權交易契約的事例，可見於西元前一七五〇年美索不達米亞的泥板。」這意味著，支付斡旋金這類的契約，大抵都被視為原始選擇權交易的契約。反過來說，當代各式各樣的契約多數存在斡旋金性質的條件，因此吸引人關注其期權性質，使斡旋金高低等實質選擇權（Real Option）的分析，也就成為可能。

從榨油機所有人的角度來看，與泰利斯的交易是掩護性買權（在持有實物資產的前提下，販賣買權的戰略）——將（榨油機）使用權的買權（call option）賣給泰利斯。事實上，即使未擁有榨油機，但為了投機炒作而賭上橄欖歉收，也是可以將（榨油機）使用權的買權賣給泰利斯，這就是所謂無擔保買權（未持有實物資產，但販賣買權的交易）。

泰利斯基於獨佔，讓村莊每個角落都無榨油機可用。在此情形之下，販售無擔保買權的人只能選擇「買榨油機」、「租借榨油機」或出高價向泰利斯買回選擇權。一般咸認，出售買權是「義務」，購買是「權利」，既然買方已將自己的風險框限在一定範圍，那麼這時，賣方的損失便會無限上綱，因此不論以怎樣的型態呈現，都不適合散戶。

希臘的匯兌商

希臘神話的邁達斯國王（Midas），幫助戴奧尼修斯（Dionysus）的養父後，獲得了不論什麼願望都會實現的謝禮。邁達斯的願望是，他的手碰觸到的任何東西都變成黃金。一開始，邁達斯國王對於擁有不費勞力就變出無限財富的新能力感到喜悅，但他卻在這個過程中發現，就連自己的女兒、食物、飲料都會變成黃金，也就是單靠黃金無法生活。《暴走的資本主義》（*Supercapitalism: The Transformation of Business, Democracy, and Everyday Life*，作者為Robert Reich）是以雷曼兄弟事件——獲取高額報酬之美國銀行家的成功與沒落譜寫出的劇情，邁達斯國王正好是其中最精妙的比喻，同時也是近期的金融相關報導與書籍中，最常登場的希臘神話國王。

尤其，此一比喻已擁有逾兩千年的歷史，亞里斯多德在《政治學》提及邁達斯國王並指出，貨幣原本是讓以物易物變容易的單純交易手段，但隨著致富手段日趨發達，存錢本身變成了目的。也就是說，明明已經擁有維生所需的財貨，但卻將活著的目的設定為致富本身，並為此不擇手段，這樣的人類不用等到資本主義暴走的階段，在希臘時代早已出現。

然而，用不著亞里斯多德舉邁達斯國王為例，在貨幣發明以前的美索不達米亞便有各式各樣的致富之道。起初，交易行為多由神殿與官吏等公共部門涉入，但約莫在西元前二〇〇〇年蘇美人的時代，民間自身合夥契約的投資契約書，已可見於出土的泥板。

另外，希臘城邦（Polis）起初是各自鑄造貨幣，為此，城邦之間或與其他地區的交易會混用各色貨幣，匯兌商的需求也應運而生。經驗豐富的匯兌商擁有比客戶更多資訊，因而確保更多匯率的價差，在利息計算方式上也下了一點功夫（現代金融業者也會運用上述技術），虛報貨幣成色；只要是匯兌商，商機俯拾即是。

西元前五世紀左右的雅典，基於提洛同盟（Delian League）而有許多外國人前來定居，在此貿易活力充沛之時，各項投資活動也獲得展開。黑海、地中海的貿易朝氣蓬勃，「冒險借貸」（海上借貸）相當盛行。現代人不太熟悉此種借貸，這是船主以船隻與船貨為擔保借入資金的契約，其原始樣貌在美索不達米亞時代已然存在。

船主的航行如果成功，將連本帶利歸還，若航海失敗導致船隻沉沒、失去船貨，債務將一筆勾銷。在投資者看來，此一契約架構與其說是融資，不如說是投資；從船主的角度來看，這是一種船隻與船貨的保險。因此，「冒險借貸」也被說成海上保險的起源。另外，在禁收利息的中古歐洲，若將金錢借貸契約偽裝為海上保險，也不會被取締，因此會對外宣稱「不是利息，而是保險費」。聽說過去若任職於損害保險的企業，一開始的研修課程會教說保險的起源是冒險借貸。

前面提過的《利息的歷史》作者霍默（Homer）就認為，相較於羅馬時代，希臘時代留下更多關於利息歷史的紀錄。

當時希臘時代已有各種貸款，最特殊的是大量不動產擔保紀錄的殘跡。希臘耕地狹小，土地很珍貴，為了貸款而破產並失去土地，是農民奴隸化的原因。土地遭到抵押，其界址會放上稱為horoi的石頭，據說還會在這塊石頭上載明抵押的詳細過程。另一方面，崇尚素樸剛健精神的斯巴達，擔心捲入貨幣經濟會導致農民生活奢侈化與奴隸化，導致軍力打折，因此禁止貨幣流通。這些歷史逸聞帶來各種啟示，亦即當貨幣經濟日趨廣泛普及，個人財產權也開始獲得確立。

《羅馬法》確立財產權

如果沒有公權力來保障所有權，透過投資累積財產將失去意義。當有權力的一方運用暴力守護自身的所有權是理所當然，如果沒有透過社會制度保障每個人的私有財產權，創造財富的動機將大大喪失。個人財產權的類似概念可見於《漢摩拉比法典》，亦存於希臘時代的雅典，之後《羅馬法》才予以明確化。所謂「所有形式的財產應該有其明確的單一所有者，此一所有者被賦予締結攸關個人財產契約的資格。」因此，極富商業色彩的財產權便得以法制化。

一五七一年，鄂圖曼土耳其帝國與西班牙、威尼斯、梵諦岡等神聖同盟之間展開勒潘托海戰（Batalla de Lepanto），土耳其艦隊司令官阿里帕（Ali Pasha）將十五萬枚金幣的個人所有財產全部裝載到自己的軍艦上。這是因為其生活在未能保障財產權的國度，基於擔心，因此選擇在外出期間，不留任何一點資產在家。美國經濟史學家威廉·伯恩斯坦（William J. Bernstein）在《富足的誕生：如何創造現代世界的繁榮》（*The Birth of Plenty: How the Prosperity of the Modern World Was Created*）一書中徵引亞當·史密斯（Adam Smith）的《國富論》：「人們若生活在總需驚恐於上位者暴力的不幸國度，將把自身資產隱埋於地底。此一習俗在土耳其與印度的各諸侯國都廣為人知，即使在亞洲其他國家也一樣。」

其實，這個習俗豈止流傳於亞洲，在亞當·史密斯所處時代之前的中古歐洲不也相同？中世紀的知名富豪幾乎都因為貸款給國王而破產。

個人與法人的財產權概念，在蘇聯解體後、中國正趨向市場經濟的現代，好像變得理所當然。但不久前，共產主義還是近在身旁的存在，財產權概念則是在二次世界大戰以後的世界，才被一分為二的重要課題。

在一個不管多辛勤工作、累積財富，某天卻會突然遭到國家權力侵奪全部家產的社會，沒有人會願意好好工作。還需注意的是，就連經常出現財政赤字的國家，也可能發生同樣侵奪財產權的情況。舉例來說，惡性通膨下的德國、二次大戰結束後的日本，都曾祭出過封鎖存款的政策，這都是歷史血淋淋的教訓。

註釋

1 譯註：出資者須在企業清算解散時，完全承擔企業債務，即使其出資金額遠小於債務金額，因此可能會賠到傾家蕩產。相對而言，現今企業型態主流的股份有限公司，則採出資者有限責任制度，比如說，出資金額為新台幣一百元，但企業清盤破產所需負擔債務為新台幣一千元，出資者最多只會損失區區一百元，不用擔心債權者會向其追討其餘九百元。

第四章
中世紀的宗教與金融

中世紀基督教的主張

西元四世紀前半葉，君士坦丁大帝（Constantinus Magnus）將伊斯坦堡定為羅馬帝國東京時，也同步將基督教定為國教。後來，羅馬帝國分裂成東、西兩邊，東半部的拜占庭帝國苟延殘存至中世紀結束為止，西半部的羅馬帝國雖已滅亡，基督教卻獲得擴展的契機。

西班牙電影《風暴佳人》的場景，就位於此一時代亞歷山大港的學問之都，整部作品圍繞著亞歷山大圖書館的女性天文學者海芭夏（Ὑπατία/ Hypatia, ca.370-415）的生平，因而別具風格——在基督教徒排斥異教徒的過程裡，就連單純追求科學真相也會遭到迫害。最終，珍貴的圖書被焚毀；當時基督教徒對於性別平權問題毫無寬容可言，而身為女性，也是學者的海芭夏則被當作妖女殺掉。

「我民中，有窮人與你同住，你若借錢給他，不可如放債一樣的向他取利。」（《出埃及記》第二十二章第二十五節）

另外，「利息並非財富所生，而是時間所生。」時間不屬於任何人，只歸上帝所有。也就是說，中世紀的基督教認為收取利息有罪，因此中古世紀的歐洲沒什麼利息相關的紀錄留存下來。

三二五年，尼西亞舉辦大公會議，決定停止教會神職人員的融資活動，五百年後的八五〇年，決定開除放貸者的教籍；在基督教徒聚集的大公會議裡，禁止收取利息成為恆年持續的課題。反之，這樣的現象說明了收取利息的行為難禁，不論在中世紀的任何時期，都持續是一個問題。任何時代都存在甘願在借貸時支付利息的人。教會逐漸在教義與此一世俗慾望之間，謀求出妥協之道。

例如，在一二一五年的「第四次拉特朗大公會議」（Fourth Council of the Lateran）上，「過重的利息」雖成為話題，但也顯示出以下想法：懲罰債務返還延遲的利息是公正的收入，不列入禁止收取利息之列。如此一來，收取利息的名目日愈明朗，而且從收取利息之罪逃脫，進而順利進入天堂的贖罪券，也開始販賣。這就是基督教會版本的「有錢能使鬼推磨」。當時，一個家族只要有一人成為神職人員，全員皆衣食無憂。馬丁·路德（Martin Luther）的宗教改革，便與對抗腐敗的教會有關。

中世紀的地中海貿易，奴隸是與胡椒並駕齊驅的主要商品。奴隸貿易在發現美洲新大陸之後依舊持續，到了一八〇七年，英國才首度禁止，但直到一八六三年，荷蘭發出最後的禁令為止都未曾中斷，因此並非久遠以前的過往。如果高利貸是不道德的行為，那奴隸貿易又如何呢？基督教認為，「肉體的束縛有益於精神的救贖。」從而在此一問題讓步。因而，未受基督教化者都是受到束縛、需施以救贖的對象。從天主教觀點來看，伊斯蘭教徒當然名列其中，有時連希臘正教徒也不例外，以及六世紀時，還未教化的盎格魯薩克遜民族及後來的斯拉夫民族，應該都是亟需精神救贖的對象。

當人們提及羅斯柴爾德家族（Rothschild）等猶太富商或莎士比亞《威尼斯商人》（*The Merchant of Venice*）的高利貸商人夏洛克（Shylock）之際，一定會帶到一個冷知識：為何那些放高利貸的守財奴是猶太人？再稍微誇張一點的陰謀論則是，為何世界由其支配？談到這些都要將中世紀基督教禁收利息的議題搬出來討論。

事實上，即使是猶太教也禁止高利貸，但《聖經．舊約．申命記》第二十三章卻規定：「向外國人收利息無妨，從同胞身上汲取就不行。」因此，中古世紀的歐洲，少數民族的猶太人可以毫無顧忌地向同胞以外的民族收利息，這是猶太人得以支配金融產業的緣由。的確，換一個觀點來看，也有一說是，地中海伊斯蘭世界的多數銀行家為基督徒。也許基督教世界的市鎮裡，許多高利貸業者是猶太人，不過佛羅倫斯的梅迪奇（Medici）與掌握德國銀礦的富格爾（Fugger）、伊霍夫（Imhoff）、韋爾瑟（Welser）等中世紀的金融巨頭，幾乎都是基督徒。猶太金融家的勢力建立於十八世紀以後。說到底，中世紀需要大規模資本的產業，並不存於國家領域之外，只有戰爭是一定要仰賴資金的大型計畫。因此，債務人要不就是領主，要不就是教皇層級的人物。所謂中世紀基督教禁收利息此一議題的本質，並不在於大筆資金的借貸，而是庶民之間令人憎惡的高利貸，這點應該要先予以理解。

伊斯蘭治世的恩澤

霸權羅馬治下的和平時代稱為Pax Romana（羅馬治世），到了近代世界，則歷經英國創造的Pax Britannica（不列顛治世）、美國創造的Pax America（美利堅治世），而在日本泡沫經濟昂揚的一九八〇年代，也可聽到Pax Japanica（日本治世）的呼聲。然而，沒有軍事力量為後盾的和平則是前所未聞，直到現在也未實現。近期，大家似乎都擔憂Pax Sinica（中國治世）即將到來，但要達到並不如想像中簡單。

從希臘時代到羅馬時代，地中海因扮演海上通道而繁榮起來，到了七世紀左右，伴隨伊斯蘭教徒勢力擴大，這片海域遭其入侵。自此，歐洲與亞洲斷絕交流，並陷入非商業性、自給自足的經濟社會體系。中古歐洲因而被稱為「黑暗」時代，箇中原由是這個時代——古希臘時代所生、羅馬時代孕育的文化——面臨衰退與停滯。然而，換個角度來看，對伊斯蘭教徒而言，西洋史所謂的中世紀正好來到勃興期且急速擴張的時代。

五七〇年，伊斯蘭教的先知穆罕默德（Mu ammad）誕生，此一宗教後來以相當快的速度拓展至西班牙所在的伊比利半島，進而橫渡印度洋，然後將勢力擴張到東方更遙遠的印尼、菲律賓。

「貪圖里巴（利息）者，就像被撒旦附身，只能瘋瘋癲癲地站起來。……真主允許貿易，但禁止里巴。」（《可蘭經》）

其實，伊斯蘭教、基督教、猶太教的信仰源頭都是《舊約．聖經》，皆為亞伯拉罕諸教，因此對禁收利息的態度一致。如眾所知，伊斯蘭的禁收利息規定異於其他宗教，至今也沒有改變。伊斯蘭國家的「沙里亞」（伊斯蘭教法）金融裡，透過將利息理解為收益的分紅及活用買賣契約的價差等方式，將利息偽裝成非利息的樣貌加以收取。另外，所謂「S&P/TOPIX150沙里亞指數」便是穆斯林專屬的股價指數，此一指數排除了穆斯林不能投資的收利息銀行業及沙里亞禁止的豬肉處理業、風俗業等。

然而，雖然阿拉禁收利息，但先知穆罕默德是商人出身，因此不同於亞里斯多德的想法，允許賺取中間價差的交易。箇中原由是，亞里斯多德所處的時代還未被市場經濟體系滲透，到了伊斯蘭時代普及之時，則是已經變成一般性的看法。位處歐洲與中國之東、西方貿易中介的伊斯蘭勢力，很早就發現印度洋季節風，使其航海技術臻於成熟。這群伊斯蘭商人，從沿著中東到印度的海岸線，交織出的細長古老航路，一舉完成橫渡印度洋的壯舉，並將自身活動範圍擴張至東南亞。非洲大陸中部生產的子安貝，便受惠於他們的貿易。

伴隨商業範圍的擴張，伊斯蘭教也擴張到東南亞；早在七世紀，波斯人便已前進中國廣東港並開設商館。

伊斯蘭國家持續使用了薩珊王朝（Sassanid Empire，波斯第二帝國）的迪拉姆銀幣（Dirham）與拜占庭的第納爾金幣等還有貨幣，因其成色高、容易獲得信用，有利於支付遠距貿易。另外，商圈擴張也帶動金融業的發展，支付手段也開始出現以匯票替代金屬貨幣的現象，就連伊斯蘭國家的官吏們也會利用民間的匯票支付體系。

十三世紀，蒙古人稱雄中亞，因而孕育出Pax Mongolica（蒙古治世），東西交通得以經由安全的絲路來往，兩邊交流也變得頻繁；此時，威尼斯的馬可波羅便運用此一路徑潛到中國元朝旅行，其留下將日本稱為Zipangu（黃金之國）的《東方見聞錄》（*Le livre des merveilles*，又譯《馬可・波羅遊記》）。再過五十年，伊斯蘭世界的知名旅人伊本・巴圖塔同樣留下航行前往中國的遊記，日本出版界已有此書的文庫本（105mm × 148mm）與新書本（105mm

×173mm）。[1]

將目光轉回歐洲。以君士坦丁堡為中繼站的歐亞貿易，活絡了威尼斯的經濟活動，進而刺激了熱那亞與比薩等義大利的城市崛起。這些城邦國家以經濟力為後盾，發展其海軍，並重返地中海貿易。同一時期，斯堪地那維亞半島人的活動，讓位於北歐之法蘭德斯地方與波羅的海之間的南北貿易，開始興起，米蘭、維也納、法蘭克福等中古歐洲的都市，因而走向發達，此一陸路貿易的軌跡，直到今天也可以看到。

古典希臘的科學與學術重鎮，從雅典轉移到埃及的亞歷山大，發展成希臘化時代的各項科學成果。這些成果很快地翻譯為敘利亞語，八、九世紀時在巴格達，進而將之譯為阿拉伯語。流傳至今的希臘文明多以阿拉伯語為媒介，才得以留存下來。一般認為，受印度數學啟發的「阿拉伯數字」，伊斯蘭商人發明的現代商業簿記——複式會計，都是源於巴格達。Pax Islamica（伊斯蘭治世）將造紙術、火藥、指南針等中國與印度的文明傳播到地中海，並在文藝復興時期為歐洲吸收。義大利城邦國家的繁榮基礎，便是形構於羅馬契約法式的思考加上希臘科學的思維，乃至印度、阿拉伯的數學式思考也融合其中。

費波那契偉大的貢獻

精通股票、債券、匯兌等技術分析的人應該都知道費波那契數列：「1, 1, 2, 3, 5, 8, 13, 21,

34, 55, 89…」

此一數量的每個數字，都是前兩個數的和，例如二＋三＝五、五＋八＝十三。隨著斐波那契數的增加，相鄰兩個數相除的商，就會趨近於所謂黃金比例的一：一．六一八。

最近，網路證券公司會提供免費的股票走勢軟體，費波那契回調（Fibonacci retracement）的計算功能也會附加其中。這種分析工具按黃金比例，區分股價與匯兌的價格高點與低點，藉以凸顯出走勢圖裡股價上下波動的反轉點（支撐阻力位置）[2]雖然占星術與之有所相似，但許多投資者會關注斐波那契回調，因此在沒有線索之際，可作為觀察股價反轉點的基準。

黃金比例出現於帕德嫩神廟（Parthenon）、米羅的維納斯（Vénus de Milo）、信用卡長寬比，也大量隱藏於海螺外觀等自然界的各個角落，誠為不可思議的數字。另外，費波那契數列運用於股票走勢分析圖上，不僅可觀察價格的變動幅度，也可用來計算行情反轉點的累績天數，對於「艾略特波浪理論」（Elliott Wave Principle，行情會構成浪型，並依據週期循環波動）而言，更是重要的數列。至今，大型金融機構仍有將艾略特波浪理論奉為圭臬的分析師，其神秘色彩即使到了今天，仍然沒有變質。

然而，費波那契數在金融史上的價值還不及於此。

直到十五世紀為止，幾乎所有歐洲的商業帳簿都用羅馬數字記帳。什麼是羅馬數字記帳呢？舉例來說，今天的「七六九九」轉換成羅馬數字，會變成「ⅦM. Ⅵc. Ⅲxx. XⅧ」。M是千分位、C是百分位、xx表示二十。如此一般，羅馬數字不用於計算，頂多用於標記數字；實際的計算效益相較於象徵美索不達米亞文明的泥丸，並無多大進化，需搭配算盤或其他相似的工具。

費波那契的本名為李奧納多（Leonardo Pisano Bigollo），他的父親任職於以斜塔聞名的比薩海關，父親名叫波那契，費的意思是兒子，這便是他名字的由來（「波那契」之子之意）。費波那契從父親任職單位的阿拉伯數學家那裡接觸到印度的阿拉伯式記數法，成為觸發其認真學習的契機，可謂前文提過之Pax Islamica（伊斯蘭治世）的恩惠。

爾後，費波那契到埃及、敘利亞、希臘、西西里等地遊學，一二〇二年執筆並出版《計算之書》（*Liber Abaci*）。很遺憾的是，費波那契的時代還未發明印刷機，但他還是透過這本書，將涵蓋「〇」與位數概念的阿拉伯數字介紹給西方世界。自此，直式加減算式在歐洲漸漸普及。

《計算之書》並非理論性的書籍，而是一本實務操作手冊，內容包含豐富的例題，例題類型有簿記及基督教向來禁止的利息計算。

在保守的中世紀，創新的想法不易普及。一二九九年，佛羅倫斯的匯兌商基爾特（同業公會）便禁止使用新的符號（阿拉伯數字）。儘管如此，費波那契等異端則得以為世人認識，這主要仰賴於神聖羅馬帝國的皇帝腓特烈二世（Friedrich II）。這位聰慧的皇帝對科學充滿好奇心，因而與羅馬教皇作對，導致被逐出教會兩次。腓特烈二世對《計算之書》很感興趣，並於一二二〇年代造訪比薩時召見了費波那契，令其解答三次方程式的問題。為滿足皇帝的學習興趣，費波那契撰寫了《平方之書》（*Liber quadratorum*；*The Book of Squares*）獻給皇帝。反倒是，為何費波那契將三次方程式理解為「平方」這點，我們無從得知。

如此一來，阿拉伯數字在數學家之間大為轟動，但在保守的金融界則鮮少獲得運用。究其原因，不單是因為這是其他宗教的異端發明，也因為阿拉伯數字存在一大缺點——將「一」竄改為「七」、「〇」竄改為「六」一點都不困難；然而，阿拉伯數字正式受到簿記青睞，則需等到古騰堡（Johannes Gutenberg）發明印刷機（約一四四五年），活字印刷獲得應用以後。

達迪尼文書：充滿活力的地中海世界

一八七〇年某日，義大利佛羅倫斯近郊的小鎮普拉托（Prato），出土了高達十五萬件中古義大利商人的書信。這批書信的主人是一三三五年出生的弗朗切斯科・達迪尼（Francesco di Marco Datini），內容為一三七〇年至一四一〇年間持續記錄的約五百本帳冊，約三百冊合夥契約及其他保單、船運提單、匯票、支票、私人書信等。

達迪尼的時代，正是羅馬教皇聖座短暫遷至法國亞維儂，史稱「亞維儂之囚」（Papae

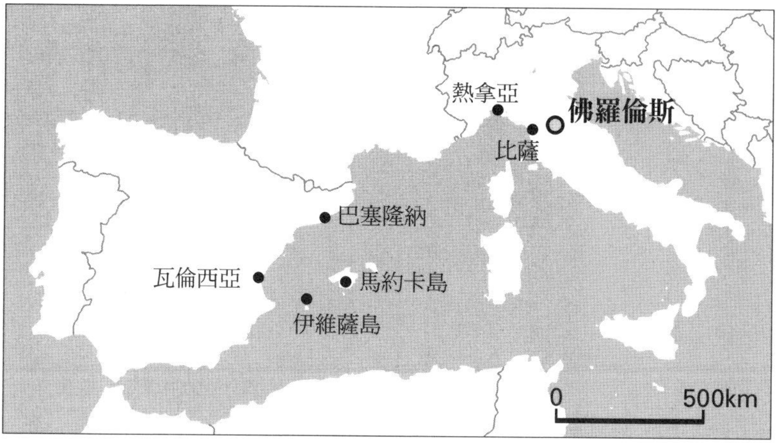

從佛羅倫斯、比薩到伊比薩的達迪尼分店網

Avenionenses）的特殊階段。直到一三八二年為止，達迪尼在教皇及其身邊人士居住的亞維儂持續提供滿足公務所需的商業貿易，後來才回到故里普拉托。當時，達迪尼並未如有佛羅倫斯三大御用商人之稱的巴爾迪（Bardi）、佩魯齊（Peruzzi）和阿奇亞奧里（Acciaioli），專門向王公貴族提供貸款，因此不能稱為巨商富賈，但卻以羊毛周邊商品為軸，展開範圍廣泛的買賣，開設的分店遍及佛羅倫斯、比薩、熱那亞、巴塞隆納、瓦倫西亞，以及巴利亞利群島的馬約卡島（Mallorca）與伊維薩島（Eivissa）。

達迪尼經手的商品相當多樣，從東方的拜占庭帝國進口鉛與明礬，從黑海進口奴隸與辛香料，從倫敦進口英格蘭出產的羊毛與毛織品，從馬約卡島進口羊毛，從伊維薩島進口鹽巴，從威尼斯進口絲綢，從突尼斯進口皮革，從西西里島進口小麥，從加泰隆尼亞進口橘子等，可謂各式各樣的貨品都有。一三九九年，他不顧周遭反對，在佛羅倫斯開設銀行，並加入「Arte del Cambio」此一金融業者的基爾特（同業公會）。達迪尼將家人留在普拉托，獨自前往佛羅倫斯工作，因而留下與妻子通信的大量紀錄。

透過這些通信紀錄可知，達迪尼的記帳方式以一三八四年為界，從單式會計邁向複式會計。另外，我們也可以看到，達迪尼處理不動產與有形資產時，運用了現代會計的折舊與攤銷（Amortization，按期分攤債券溢價，平均降低其帳面價值）等概念，並將無法回收的債權明確認列為損失。

當時，伊比利半島正值基督教徒發動之Reconquista（收復失地運動）的最高峰，（清真寺）阿爾罕布拉宮所在的格拉納達王國（Emirato de Granada）還存在，地中海南岸屬於伊斯蘭信仰圈，埃及則為馬穆魯克王朝（Mamluk Sultanate），東方的鄂圖曼土耳其仍處於Pax Islamica（伊斯蘭治世）的時代。如此時代背景下，地中海航路的船隻川流不息，亦有航班穿越直布羅陀海峽，直達法蘭德斯地區與倫敦泰晤士河港；船長的國籍涵蓋英格蘭、西班牙等各色人種，達迪尼謹慎訂定海上保險合約，並以國際貿易謀生。

綜上所述，在這個時代，匯票與支票早已是普及的金融手段，由外匯結算銀行主導的國際清算體系如常運作，海洋城邦國度的比薩留下了關稅表。當時，銀行會提供此一關稅表給客戶，作為服務的一環，不同商品的詳盡稅率均登載於其中，納稅業務則由比薩的銀行負責。另外，根據專家學者的研究，達迪尼的投資報酬率為百分之八·九二，並不算太高，大概是抑制風險的緣故。[3]

義大利在中世紀的商業經營模式為共同投資型態，仿效自伊斯蘭的「Muqarada」（基於血緣、親屬與兄弟的共同投資）體系，稱為「Commenda」，是以單次航海為限，立基於合夥（Partnership）的契約。達迪尼等托斯卡納地區的企業，在稍作升級後發展出「Compagnia」。所謂「Compagnia」從拉丁語的「com」（分食）與「panis」（麵包）組成，有「分食麵包」之意。另外，共同投資者在原有出資金之外可以額外籌募資金，稱為「額外資本」。這有點類似現代債券的形式，投資人定期獲取百分之八的利息，而非股息紅利。艾莉絲歐瑞格（Iris Origo）撰寫的《普拉托的商人：中世紀義大利的日常生活》（*Marchesa of Val D'Orcia*）有日文版譯著，白水社發行，書中描繪的世界商業鼎盛，完全不同於長期以來被形塑的「黑暗中世紀」。

會計之父：盧卡·帕奇里歐

生於托斯卡納地區的盧卡·帕奇歐里（Luca Pacioli），向來有「會計之父」之稱。帕奇歐里擁有數學專業，執教鞭於佩魯賈大學（Università degli Studi di Perugia），並與私交甚篤的李奧納多·達·文西（Leonardo da Vinci）展開立體圖形的共同研究，一四九四年出版義大利語的

《算術、幾何、比與比例概要》（*Summa de arithmetica*，簡稱Summa），該書兼採活字印刷與雕版印刷兩種出版形式。當時印刷業已經上軌道，因此帕奇歐里的遭遇不同於費波那契，他的書得以作為印刷品流通各地。

當時，以拉丁語出版學術著作可謂常態，因此義大利語撰寫的《算術、幾何、比與比例概要》被當作實用書籍。最重要的是，此書不以使用羅馬數字為特徵，而是使用阿拉伯數字。帕奇歐里在書中說明，這是受費波那契影響所致。一五二三年，該書為了義大利語圈外的讀者再版阿拉伯語的版本，並成為時下最暢銷的著作。

《算術、幾何、比與比例概要》就像一本數學辭典，涵蓋算數、代數、金融數學、會計、幾何等面向，並有複式會計的說明，因此繼費波那契之後，帕奇歐里獲得「會計之父」的稱號。不過另一說則是，複式會計為阿拉伯人發明。從一三四〇年熱那亞財務官留下的文件及其他帳簿中，也可見複式會計的運用。因此在今天我們認為，帕奇歐里是複式會計的集大成者，而非發明者。

例如，印度數學向來有負數的概念，但阿拉伯人不認同負數的使用，因此費波那契學到的阿拉伯數字算式中雖有減法，但卻永遠不會出現「負五」這樣的負數。

如此對負數的否定，至今似乎仍影響著我們。比方說，今日我們運用的「資產負債表」裡，當交易科目的資產為負數時，便意味著企業破產，這樣的想法是將正數、負數分為左邊與右邊的算式，正數只登載在左邊的算式。總之，在帕奇歐里時代的帳簿中，基本上，貸方與借方均以正數呈現。

印刷術作為古騰堡偉大的發明，也大大影響了金融業。此一影響除有助於金融知識書籍（計算實務手冊）的普及，也增加了偽造證券與票據的難度。依據鹽野七生的《海洋城市物語》（海の都の物語），印刷機發明約半世紀後的一四九五年至一四九七年間，全歐洲共出版了一八二一種新書，其中四四七種在威尼斯出版，居次者為巴黎出版的一八一種，兩地差距很大。此一數字顯示出，包括威尼斯在內的義大利如何成為當時歐洲的文化中心及訊息傳播站。

在哥倫布發現西印度群島的一四九二年，歐洲正值會計制度始獲整備，出版業日益蓬勃之時；爾後，徹底拉開東、西方命運的大航海時代也日益開啟。

創造銀行的功勞：威尼斯的產物

普拉托的商人達迪尼，剛好生活在威尼斯的喬凡尼．梅迪奇（Giovanni di Bicci de' Medici）時代。一三八五年，喬凡尼任職於親戚在倫敦開設的匯兌商分店，並於一三九七年回到佛羅倫斯，他與年長且單身赴任的達迪尼，應是透過「Arte del Cambio」此一金融業者的基爾特（同業公會）認識彼此。

一四一〇年，喬凡尼出任羅馬教廷會計院的財務總管，肩負起金融業務的重責大任，這下子，禁止利息的源頭成為自身顧客。喬凡尼在此一職務上獲取龐大的利益，打造出日後梅迪奇家族繁盛的基礎。一四二〇年，喬凡尼將事業大權轉交長男科西莫（Cosimo）。日本作家辻邦生《春天的加冕》（春の戴冠）提到的老科西莫正是此人；該書以梅迪奇家族的繁榮及佛羅倫斯的文藝復興成果為題材。

若回顧銀行的起源，可上溯至美索不達米亞文明的白銀私人借貸，而在貨幣起源地的希臘，則盛行不動產擔保融資，並有專門的業者在託管貨幣與金條時支付利息。羅馬時代有辦理稅務的「Tabernae argentariae」（argentariae意指貨幣商），轉讓證明也相當盛行。然而，《金錢崛起》（*The Ascent of Money: A Financial History of the World*）的作者尼爾・弗格森（Niall Ferguson）與《圖解銀行史》（*Banking: An illustrated History*）的作者埃德溫・格林（Edwin Green）都認為，中世紀的匯兌商們才是銀行的源頭。

倫巴底（Lombardia）的商人都會將交易台擺在店鋪外，此舉不限於貨幣商。此一交易台稱為「Bench」，一般認為「Bench」變身為義大利語的「Banco」以及後來英語的「Bank」。今天英文單字裡的「Bankruptcy」意為破產，原意應是將交易台敲毀，讓買賣無法進行。

後來很快地，部分倫巴底匯兌商搬到倫敦的城區居住，而這座城市也打造出倫巴底街的金融區；日本亦將「倫巴底」之名定為公告貸款利率[4]的一種形式。日本銀行的「倫巴底型貸款制度」（擔保貸款制度）[5]，讓交易台的歷史記憶連綿不絕地傳承到現代。

鹽野七生在《海洋城市物語》中歸納出威尼斯銀行獨特性的同時，將現代銀行創設的功勞歸功給這座城市。「Banco」是將金銀幣堆在桌上的店鋪樣貌，就好像市街匯兌商一樣，而威尼斯的銀行只會將帳簿放在桌上，因而被稱呼為「Banco Di Scritta」（書寫銀行）。因此，不需現金的匯兌支付與帳戶之間的資金流動成為可能。不過，威尼斯的梅迪奇銀行、熱那亞的聖喬治銀行等規模則被稱為「Grossi（大）Banchi」，顧客固然有限，卻已經具備現代大型銀行的機能。

存放款、支票匯兌等銀行業務源於義大利的銀行，現代銀行的創造信用機能則與英國的「Goldsmith說」關聯密切。「Goldsmith」意指黃金的保管與加工業者，日文將之傳神地譯為「金匠」。在十七世紀的倫敦，資產家面對市民革命的混亂局面，會將現金與貴重物品託給金匠保管。金匠以此為基礎，發給黃金保管證明，此一保管證明本身就如同貨幣一樣，開始流通市面。

某日，金匠突然意識到，用於支付的黃金數額永遠少於存放量，這是因為，顧客裡有人沒有用黃金保管證明來領取，而直接將此證明用於支付。金匠開始提供超過黃金保管額度的貸款，而前來申請黃金貸款的人，再將貸款的黃金託給金匠，以交換黃金保管證明。如此一來，金匠提供超過黃金保管額度的貸款，讓信用被創造出來，這便是「金匠銀行說」的由來，「黃金保管證明」因而成為紙本原型。

金匠當中出現了一位愛德華．巴克維爾（Edward Backwell），人稱「英格蘭銀行業之父」。巴克維爾接受其他金匠的黃金託管，並將之借款給政府財政官廳，成為提供政府融資的仲介業者。一六六五年，英格蘭政府發行了後來變身為國債的「借款憑證」[6]，巴克維爾則集結自身與其他金匠的資金，大量加以認購，不折不扣是金匠們的黃金時代。但到了一六七二年，查爾斯二世（Charles II）發動Default（債務不履行），導致巴克維爾等認購這批國債的金匠們破產。

幸運的是，沒有一起參與認購本次國債的小型金匠，與公證人銀行[7]一起存活了下來，成為日後英國服務個體戶銀行的基礎。

註釋

1 譯註：這兩種形式的出版品規格比起正規而言，有不少差距，因而易於攜帶。依據日本出版界的習慣，受歡迎的讀物通常都會推出文庫本與新書本。

2 譯註：在股票的交易過程中，若股票正好處於上漲，預期會漲的人會進場買進，預期會跌的人會將手上持股賣出或者保持觀望避免追高，當預期會跌的人多於預期會漲的人，股票上漲趨勢就會受阻，專業術語稱之為「阻力部位」；如果股票正好處於下跌，預期會跌的人或者持續觀望、或者賣出手上持股以減少虧損，預期會漲的人就會來個逢低買進，當預期會漲的人多於預期會跌的人，股價就會獲得支撐，不再繼續下跌，專業術語稱之為「支撐部位」。至於「阻力部位」與「支撐部位」何時出現呢？理論上將取決於投資人心理，因此難以預測，但過往歷史告訴我們，股價的「支撐部分」與「阻力部位」會出現在處於漲勢或跌勢的百分之三十八・二、五十和六十一・八，這些比例恰好與斐波那契數列相吻合。

3 譯註：這裡的意思是，達迪尼會盡可能壓低投資風險，自然帶來投資報酬率不高的後果，並因而演繹出低風險低報酬的概念。

4 譯註：若向一般銀行借錢，一般銀行會公布一套利率讓客戶（借款者）知道資金取得成本。如果一般銀行向中央銀行借錢時，同樣必須按照中央銀行公告的利率來支付資金成本。我們一般在新聞聽到今天中央銀行又升息或者降息，指得就是此一利率，也就是中央銀行為一般銀行提供貼現票據、融通資金時所收取的貸款利率。

5 譯註：金融機關若需短期資金，通常會透過通知貸款（call loan，不定還款期限，但借貸人在接到還款通知若干日後須準時歸還）方式，向市場上的資金提供者（其他金融機關）取得。不過如果剛好遇到經濟不景氣或金融危機，市場上的資金提供者會大幅減少，使得通知貸款的利率上漲，提高資金需求者的短期借款成本。倫巴底貸款就是為了避免此一情形出現而設計出的短期資金融通制度。基於此一制度，中央銀行在接受一般商業銀行提出的擔保（國債等）之際，隨即提供融資，並且適用重貼現率，便可確保任何時刻的市場資金均供應無虞，也不會出現利率突然上漲的情況。至於倫巴底貸款，在英文稱為「Lombard Lending」，得名自位於英國倫敦倫巴底街的英格蘭銀行，提供給其他商業銀行的證券抵押貸款。日本銀行在二〇〇一年正式導入此一制度。

6 譯註：這裡的意思是英國政府提供給國債購買者一張書面憑證，承諾在一定的時期內，按約定的條件支付利息與到期歸還本金。

7 譯註：有些金融史學家主張，英國銀行起源不僅限於金匠的貢獻，還有商人、公證人、實業家、包稅商等有關。有關公證人，現身於英國的時間約莫在十七世紀初葉，直到該世紀的三〇年代，大約有三十多位。這些公證人會以個人名義接受存款，並向他人放款，扮演起融資的角色，因此此處才有「公證人銀行」的稱呼。

第五章
大航海時代

創業者的時代

讓我們將話題從十七世紀的英格蘭，拉回到中世紀的地中海。十五世紀後，東羅馬帝國也就是拜占庭帝國勢力衰頹，於是，來自印度洋與黑海的東方胡椒與辛香料貿易，立刻收到了伊斯蘭勢力的傘下。雖說，這並非意味著貿易中斷，但價格卻上漲了。面對此一局面，義大利商人開始摸索經由好望角的亞洲貿易路線。其首要動機是胡椒貿易。胡椒可謂重要且高利潤的商品。莉琪．科林漢（Lizzie Collingham）在《咖哩群像：印度料理文化誌》（*Curry: A Tale of Cooks and Conquerors*，河出書房新社發行日譯本）書中指出，過去認為「胡椒是用於腐敗肉品的調味」，應為錯誤見解。首先，有能力將大量胡椒用於防腐的階級，不會去食用腐敗的肉品。從根本上來說，胡椒是讓肉變美味的調味品；是出於對美食的追求，才孕育出對胡椒貿易的執著。

一四一九年，大西洋的馬德拉群島（Maderia）被發現並進一步開發。身為大航海時代主角的葡萄牙，背後便有熱那亞資金的撐腰。佛羅倫斯與威尼斯等地的義大利商人成為航海探險與投資的贊助商。

如同探討普拉托之達迪尼（Datini）商業模式所能理解的那樣，商業西歐的內部早已國際化，此一階段的財富集中於義大利。另外，在同一時期，一四二一年的佛羅倫斯發出世界首張專利給菲利波・布魯內萊斯基（Filippo Brunelleschi）設計的「大理石運輸船」；一四七四年，威尼斯頒布專利法，財產權相關法律的整備工作值得關注；一四五三年，東羅馬帝國（拜占庭帝國）為鄂圖曼帝國消滅，羅馬帝國終究迎來終局；到了一四九二年，西班牙攻陷伊斯蘭在西歐最後的據點——格拉納達（Granada），導致地中海明確分為東部、南部的伊斯蘭信仰與北部、西部的基督教信仰。義大利商人與西班牙的野心從地中海移向外部海域，歐洲的中心也逐漸離開地中海地區，向北移行而去。

話說回來，哥倫布本非西班牙人，而是熱那亞出身的水手。時下用語將之形容得像創業家一樣勇於冒險。哥倫布對印度並無憧憬，只是想闖蕩出一番新事業。為了尋求贊助者，他寫了好幾份企畫書，並加入《東方見聞錄》[1]介紹過的「Zipangu」（黃金之國）。哥倫布努力找門路並到處演講，演講對象包括法國的安茹公爵[2]、西班牙國王、梅迪納—西多尼亞公爵（Duque de Medina-Sidonia）[3]及葡萄牙的王公大臣，乃至於遠方的英格蘭，儘管不是本人親自前往。雖然哥倫布的構想不太受青睞，他卻沒有因而放棄，反而依據不同對象靈活調整其演講內容。正是這種頑強的態度，成為哥倫布將雞蛋立在桌上的關鍵。[4]

實則，如哥倫布一般懷抱冒險精神者大有人在。一四八八年，巴爾托洛梅烏・迪亞士（Bartolomeu Dias）接受葡萄牙資助；他繞過好望角回到里斯本，哥倫布目擊此一過程，失望於自身想法為他人搶先完成，並意識到葡萄牙已喪失橫渡大西洋前往亞洲的興趣，因此改為尋求西班牙的贊助。

一四九二年，哥倫布因為獲得西班牙贊助而發現西印度群島。一四九七年，約翰・卡伯特[5]（Giovanni Caboto）從北美的紐芬蘭島經佛羅里達返回英格蘭。同年，瓦斯科・達・伽馬（Vasco da Gama）航向大西洋。一四九八年，卡伯特再次橫渡大西洋，並發現德拉瓦與乞沙比克灣（Chesapeake Bay）。一五〇〇年，卡布拉爾（Pedro Álvares Cabral）（偶然）抵達巴西。這時，距離「會計之父」帕奇歐里的《算術、幾何、比與比例概要》拉丁語版本問世，不過二十九個年頭。大航海時代的地理大發現並非細水長流的成果；從世界史的進程來看，根本是轉瞬間就達成的成就。

哥倫布是熱那亞人，之後接受西班牙的贊助。Caboto以英語名字「卡伯特」（John Cabot）聞名於世，事實上他是威尼斯出身，然後接受英格蘭贊助。於是，Giovanni Caboto在紐芬蘭島上同時升起英格蘭與威尼斯兩國的國旗。

揭開大航海時代序幕的探險活動，宛如日本明治維新，其成就在於人與人相互影響下，在短而緊湊的時間內達成。哥倫布與卡伯特掌握到大西洋的信風與墨西哥灣內的潮流，於是得以任意往返同一地點，這說明了「新航路的發現」。哥倫布一生共橫渡大西洋四次，不過直到第三次遠航時才意識到他發現的新大陸並非印度，儘管其身邊的人似乎早已知曉此事了。

值得注意的是，即使巴爾托（Bartolomeu Dias）[6]拓展好望角航線後，大量胡椒得以經此運抵歐洲，伊斯蘭信仰圈經手的胡椒價格在威尼斯仍有足夠的競爭力。只是在此一過程中，貿易據點也從地中海深處的威尼斯，轉移到向歐洲各地消費市場打開航路的布魯日與安特衛普。

另一方面，有必要先說明的是，從亞洲邁向海外的動向也出現了。歐洲的大航海時代正值中國的明朝。在早於大航海時代的一四〇五年至一四三三年間，鄭和的龐大船隊受永樂皇帝之命，七度航向大西洋。此一船隊以六十二艘一三七公尺長的巨艦為核心，組成擁有兩萬七千八百名船員的巨大艦隊。任何首次見到此一情景的船員，必會直接受到震懾。順帶一提，哥倫布的聖瑪利亞號（Santa María）只有十八公尺長。若將時代大幅往後推到十九世紀，鄭和艦隊在印度洋的壯盛軍容，恐非前往日本、讓日本醒覺的佩里黑船奎哈納號（USS

Susquehanna）所能比擬。

鄭和艦隊經過紅海，抵達麥加與麥地那，然後往南直航肯亞的馬林迪（Malindi）。另有一說則是，部分船隻繞過好望角，望見非洲的大西洋端。或許，讓Pax Sinica（中國治世）取代Pax Britannica（不列顛治世）可能實現的偉大事業在鄭和過世後突然中斷了。究其原因，是將財政集中於興建萬里長城，以對抗北方遊牧民族的威脅，於是廢棄了造船廠，全國進入鎖國狀態。

賈德·戴蒙（Jared Diamond）在最暢銷的《槍砲、病菌與鋼鐵》（草思社發行日文版）書中指出，東、西方歷史性結構的差異就像哥倫布的贊助者一再替換那樣，並未處於大一統狀態的歐洲，存在著多元化的決策方式，但中國自古以來維持統一的政治體系，單就此一差異體現的決策方式，就決定了後來的命運。歐洲相較於亞洲，其優勢絕非所謂「歐洲人優等」的理由。「多元化決策」對於思考按國王主導的發展策略等當今的創新育成課題[7]而言，頗具啟發意義。

以大航海時代為分水嶺，開啟歐洲世界的巨大變貌，也啟動了西方對東方的優勢地位。

從新大陸進口的白銀：價格革命

距今約六十年前，賡續投入「西方崛起」研究的芝加哥大學榮譽教授威廉·麥克尼爾

（William Hardy McNeill），一直對於有「Conqueror」（征服者）之稱的埃爾南・科爾特斯（Hernán Cortés）何以僅靠少少六百人，就在短時間內征服阿茲提克帝國感到無解；他無法滿足於一般所謂歐洲人僅憑阿茲提克帝國沒有的馬匹及武器的優勢就能做到這些。雖然這位教授認識到，阿茲提克帝國施行暴政，導致許多部族選擇與征服者合作，仍認為單憑這些理由實屬不可思議。

在今天，我們受惠於這位教授的好奇心，得以了解到真正的原因是歐洲傳入的傳染病，導致無免疫力的當地土著滅絕。一五〇〇年，新編入西班牙帝國的美洲原住民人口還有五千萬人，但一六五〇年卻減少到只剩四百萬人，如此人口數還有歐洲移民算在其中，可見傳染病的殺傷力至為關鍵。

麥克尼爾在長年暢銷全球的《世界史》（中央公論新社發行日文版）指出：大航海時代帶動的疾病傳播、美洲大陸傳出的植物栽培及後述之「價格革命」等，大大改變了文明社會與未開化民族的生活。

牛隻、馬匹與豬隻都是從歐洲帶到美洲大陸。因此登場於美國西部拓荒片的美洲印地安人，看來彷彿生來便善於騎乘，實則是在哥倫布發現新大陸後，印地安人才有馬匹可騎。英文單字「Mustang」意為野馬，本意為歐洲帶來的馬匹逃到荒野去。

相較於此，馬鈴薯、番茄、玉米、辣椒與菸草則是從美洲大陸傳到歐洲。轉瞬間，這些栽培作物普及於歐亞大陸的文明社會，並很快地擴大糧食供給，刺激人口增長。在大航海時代以前，義大利會將生火腿包裹哈密瓜食用，但卻無番茄醬可沾。沒有馬鈴薯的德國料理令人難以想像，印度咖哩也沒辣椒可放。[8]當然，泰國料理的辛辣感也異於往昔，當時更沒有泡菜、麻婆豆腐、乾燒蝦仁等料理可以享用。

西班牙人移居美洲大陸，以相當驚人的速度展開。一五二一年，科爾特斯征服阿茲提克帝國；一五三二年，法蘭西斯克．皮薩羅（Francisco Pizarro）以不到兩百人的規模消滅印加帝國。一五四五年發現波托西（Potosí）銀礦，隔年，墨西哥的薩卡特卡斯（Zacatecas）銀礦被發現；其中，波托西銀礦的消息一傳出，便有逾二十萬名西班牙人自歐洲蜂擁而至，導致當地人口數達到當時世界代表的大都市水平。

一五五七年，用水銀溶解金礦、銀礦的汞齊化法傳到美洲大陸，促使白銀產量躍升，並在一五九五年達到美洲殖民地各項出口商品額的百分之九十五。

往昔，亞歷山大大帝將希臘、小亞細亞、埃及、美索不達米亞等地搜刮而來的金銀財寶作為其軍團的酬勞，揮灑到整個地中海沿岸。一般認為，羅馬的貨幣經濟以此為基盤。到了十五世紀末，富豪富格爾家族（Fugger）獨佔歐洲的白銀生產，就連德國地區也有開採銀礦，但數量遠不及西班牙經手、自美洲運到歐洲的白銀。在這個世紀，西班牙物價成長四倍，影響及於歐洲其他地區；這種因為貨幣數量激增引發的歐洲長期通貨膨脹，泛稱為「價格革命」。

基於此一通貨膨脹，本在封建制度下，藉由地租收入獲取安定生活的領主階層及社會底端的平民百姓，在生活上受到威脅，但工商業發展反而得以促進。大航海時代發現新大陸與新航路，很快推動歐洲與新大陸之間的全球化風潮，白銀則是促使全球化順利開展的潤滑劑。玉米、紅茶、砂糖、小麥等農產品及低階的工業製品，開始在不同大陸之間交易，如同今日的全球化現象，在地農家與工匠也都受到影響。

當印刷術獲致實用階段，《聖經》也開始大量發行，進而激發出一五一七年馬丁路德推動宗教改革。這時，出現了勇於抗拒以羅馬教會為主體之傳統權威的人士，正是在這樣的時代，歐洲成為超越伊斯蘭與中國，進而征服全世界的分歧點。一五二六年，禁收利息的中世紀教會出現變化，來自佛羅倫斯梅迪奇家族的教宗——克萊孟七世（Clemens PP. VII）發行利率百分之十（每年定期支付）的教廷公債。另於一五一七年的第五次拉特朗大公會議上，撤回高利貸禁令（但卻認可了義大利專攻庶民融資的慈善典當業——Monte di Pietà[9]）。當時的教會也從富格爾家族借來鉅款。

美元的起源

在發現新大陸銀礦不久前，波西米亞的亞希莫夫（Jáchymov）[10]出現了新的銀礦。當時，這個區域的德語地名為「Thal」，意指山谷。一五一七年起，地主斯蒂芬・施利克（Steffen Schlick）便運用當地開採的白銀鑄造出尺寸較大、成色較佳的銀幣，與當時在歐洲社會被當作國際貨幣流用的佛羅倫斯弗洛林（Florin）金幣價值相等，得以流通各地。在新大陸白銀未獲開採的當下，歐洲社會的貨幣數量不足，因此施利克的銀幣迅速流通到歐洲各地。直到二十世紀，施利克的銀幣始終為各類型銀幣匯率報價的參照對象。

後來，人們稱施利克的銀幣為「泰勒」或「塔勒」（Thaler）銀幣，意思是「山谷的產物」，進而在西班牙稱為「Dolera」，英格蘭則名為「Dollar」。到了許久之後的十九世紀，塔勒銀幣傳入日本，日語翻譯為「ドルラル」（Doruraru），隨後將「ラル」（Raru）省略，簡化為現代日語對美元的稱呼——「ドル」（Doru）。

西班牙曾仿製塔勒銀幣，因而有了比索（Peso，意指一天的工作量）銀幣。英國人將比索銀幣稱為西班牙銀元（Spanish Dollar），並用鑿刀將之切成八份；大英博物館就有收藏，名之為「Piece of Eight」。[11]

「汞齊化法」問世以來，大量白銀快速流入歐洲，進而引發「價格革命」。這時，美洲殖民地收到西班牙國王卡洛斯一世（Carlos I）的命令，遵照殖民母國鑄造錢幣的規定生產銀幣；值得注意的是，從一五三五年至一九〇三年間，墨西哥銀元鑄造總額高達三十五・五億元（Dollar），但始終確保優質成色，因此持續作為貿易活動的國際貨幣並流通全球。

另一方面，英國邁向重商主義，[12]嚴格限制金銀通貨出口，造成英國殖民地——美國常有英鎊不足的狀況發生，墨西哥銀元於是替代英鎊，廣泛流通當地。

在此背景下，「Dollar」成為美國貨幣單位。二〇〇一年的美股報價均以八分之一美元為單位，便源自「Piece of Eight」，如十五又八分之一美元的報價為「Fifteen and one eighth」；進一步，美國債券會以十六分之一或三十二分之一為單位。這一切均源自以鉗子和鑿刀將墨西哥銀元對分的歷史傳統，也就是以二→四→八→十六的倍數分割。畢竟人工將貨幣切割成十等分實屬不易；因此或許可以這樣說，今天我們認為理所當然的十進位法，當時或許不受歡迎。日本也有類似歷史情節，池波正太郎的小說《鬼平犯科帳》中，有個場景就是在居酒屋結帳時，豪氣付了「一分金」後說了句：「不用找了」；「一分金」就是四分之一兩，重量也是「小判」的四分之一。這個金額「大氣到令人難為情」。一分等於四朱，因此一兩等於十六朱。一朱錢是輔幣，含金量被壓低，因此將十六枚一朱錢鎔鑄後，也無法得到相等於小判的含金量。

一八五三年，佩里（Matthew Calbraith Perry）現身日本浦賀時，停泊中的佩里艦隊提出飲用水、雞肉、鴨肉、雞蛋、蔬菜等新鮮食物和燃料等補給請求。這時，雖然日本幕府未與美方締結條約，但出於人道考量，仍答應上述黑船的需求。

面對此一人道援助，美方自行查定、估計價值，支付約三五〇美元的墨西哥銀元。幕府收到這筆款項後，立即分析成色，察覺到美方支付的貨幣成色不佳，盡挑選些銀含量低於正常基準的墨西哥銀元。顯然，當時日本鑄幣所的成分分析能力不容小覷。

墨西哥銀元流入中國後，因為中國硬幣為圓形，故稱為「銀圓」。中華民國成立之際，發行了與墨西哥銀元成色相同的銀幣，故以「圓」（YUAN）為貨幣單位，但因筆劃多、不易寫，而改用發音相同的「元」至今。中國人不會發「GEN」的音，「圓」在韓語讀作「WON」，起源於同一時期日本的「円」。總之，單就貨幣而言，中日韓三國就像一家人一樣。

打造英國繁榮基礎的海盜

《神鬼奇航》（*Pirates of the Caribbean*）電影裡，強尼・戴普（Johnny Depp）飾演的海盜傑克・史派羅（Jack Sparrow）是遭東印度公司解雇後，被印上海盜烙印的「亡命之徒」，時下用語也就是流浪漢。史派羅原任職於東印度公司，卻在十七世紀中期成為英國海軍追捕的對象。不過，海盜對大英帝國而言不一定是個麻煩。

美洲大陸的大量白銀流入歐洲，導致德國境內的銀礦關閉；作為英國毛織品出口對象的安特衛普，本身是資金中心，但購買力卻下滑了。因此，英國相當急於開拓新市場。在大航海時代初期，英國不像西班牙和葡萄牙一樣熱切於探索新大陸，但卻也面臨前往新大陸和亞洲開闢市場的必要性。

一開始，英國商人就一再投資滿載毛織品的船隻；航線則為了刻意避開西班牙和葡萄牙，而經由北極海展開冒險航行。在正值暖化的現代，北極航路雖受到關注，但在當時只會凍死一堆人。歷經與俄羅斯開展貿易後，英國逐漸將觸角延伸到西班牙與葡萄牙已留下豐碩成果的新大陸與亞洲。當然，英國與這兩國之間也產生了嫌隙。

一五七七年，也就是傑克．史派羅登場的約一個世紀前，英國在伊莉莎白一世的時代，海盜法蘭西斯．德雷克（Francis Drake）侵襲西班牙在新大陸運送白銀的樞紐——巴拿馬地峽。當時，太平洋一側之秘魯開採的白銀會先送到巴拿馬，再以陸路運輸到大西洋一側。德雷克將大量白銀帶回倫敦，立刻掀起一陣投資熱潮。某種意義上，這種海盜行為算是一種冒險事業。為了籌措航海費用，德雷克會在出發前招募出資者，英國女王也涉足其中。

後來，德雷克的事業重心不在原來的加勒比海，將目標轉移到新大陸的太平洋一側——波托西（Potosí）銀礦所在的秘魯。德雷克規劃在攻佔秘魯後橫渡太平洋，然後經亞洲返回倫敦，據以繞行世界一周，可謂野心勃勃。雖然如此企劃可說相當輕率，但正是德雷克如此旺盛的冒險精神，賦予後來大英帝國欣欣向榮的原動力。兩年十個月後，德雷克返回倫敦，其冒險航海的收益高達六十萬英鎊。伊麗莎白一世獲得的分紅利率高達百分之四千七百。

伊麗莎白一世利用這筆收益還清了外債，剩餘部分則尋求投資東部地中海地區商機的黎凡特公司（Levant Company或Company of Turkey Merchants）。黎凡特位於今日以色列周邊。很快地，黎凡特公司的利潤成為東印度公司的創設基礎。若說英國後來的繁榮基礎為德雷克等海盜的貢獻，也並不為過。

後來，英國的海事法庭頒發「私掠許可證」（Letter of Marque and Reprisal）給海盜，建構出非正規海軍的海盜可襲擊敵國船隊的持續制度。雖然有些船隻的投資者與傑克・史派羅等非法海盜船有明確區隔，但其行為本質上一致。

歷史學者增田義郎在岩波出版的新書《掠奪之海：加勒比》（略奪の海—カリブ）認為，雖然英國的歷史學家不願意承認這段過往，但著名經濟學家約翰・梅納德・凱恩斯（John Maynard Keynes）卻對其加以肯定。

凱恩斯在《貨幣論》（*A Treatise on Money*）第六篇第三十章〈歷史上的例證〉提到，新大陸白銀的流入引發「價格革命」。凱因斯提出解釋：新大陸流入白銀的好處，僅限於西班牙政府及政府相關人士，利潤推進型通貨膨脹（也就是好景氣）[13]的時間很短，並無促成資本累積；不過，在英國和法國，白銀流入的恩惠因為透過民間商業管道，因此可以長期沐浴在利潤推進型通貨膨脹的恩澤中。也就是說，與其讓國家干預，應該要放手民間。[14]凱恩斯寫道：「事實上，我們可以理解為，正是德雷克用金鹿號（Golden Hind）（從英國女王借來的船隻）帶回的掠奪成果，成為英國海外投資的資金源泉與起源。」因此，我們不用等到撰寫《超極資本主義：透視中產階級消失的真相》（*Supercapitalism: The Transformation of Business, Democracy, and Everyday Life*）的羅伯・瑞奇（Robert B. Reich）對我們訴說資本主義的橫行霸道；資本主義從其起源，就帶有流氓的色彩。

在北歐地區，國家將帝國主義委託給公司，東印度公司便是箇中典型。不過在南歐，國王直接染指帝國主義成為一種模式。歷史已然證明，在股東們監管下，經營者的表現比國王優秀。

另外，在議會掌管國家權力的北歐，透過保障私有權、放寬限制，實現了經濟體制的效率化；交易獲得規範、商事法庭設立、毋需擔心私有權受到侵害。如此一來，大批商人雲集在貿易障礙少、交易成本低廉的阿姆斯特丹和倫敦。

一五八八年，德雷克擔任英國艦隊副司令，擊敗西班牙的無敵艦隊。不過在此之前，德雷克持續在西班牙安達盧西亞（Andalucía）地區從事海盜活動，但其目標已非白銀。聽說直到最近，當地居民在孩子哭鬧不停時，都會威脅說「德雷克來了」，讓孩子們安靜下來，可見德雷克有多可怕。

相較於葡萄酒，德雷克喜歡在海上不易腐壞的雪莉酒（Jerez）[15]。雪莉酒是將白蘭地混入葡萄酒釀成。很快地，雪莉酒成為英國人鍾愛之物；英國人會在飲用完的空酒桶中，注入蘇格蘭純麥威士忌（Whisky）的原液，釀製成雪莉桶威士忌。直到今日，蘇格蘭威士忌都在為英國賺取外匯；仔細想來，這或許是德雷克留下的恩惠之一。

再探《威尼斯商人的資本論》

電影名星艾爾弗雷多・詹姆士・帕西諾（Alfredo James Pacin）為著名莎士比亞劇迷。一九九六年，帕西諾製作以自身排練《理查三世》（*Richard III*）到上映為止的紀錄片《尋找理查》（*Finding for Richard*）。二〇〇四年，帕西諾在電影《威尼斯商人》中飾演夏洛克這位貪得無饜的猶太高利貸商，可惜個人喜好與商業利益無法混為一談，電影票房十分慘澹。但話說回來，帕西諾的許多作品都是一段時日後才獲肯定，因而現在就下定論說這是「失敗之作」未免太早。

從經濟學的角度窺見《威尼斯商人》蘊含資本主義起源的是日本經濟學家岩井克人所著的《威尼斯商人的資本論》（ヴェニスの商人の資本論）[16]，該書出版於一九八五年，至今從各種角度加以評析的書評如潮。為了在閱讀此書前先掌握《威尼斯商人》的故事情節，先觀看艾爾・帕西諾的電影應是不錯的選擇。

莎士比亞以十四世紀完成的義大利小說為藍本，在一五九六年至一五九七年間創作出《威尼斯商人》，因此可將該劇視為莎士比亞時期威尼斯的再現。與其說這個時代是義大利的全盛期，毋寧說已進入大航海時代，距離哥倫布發現新大陸已過了一百年。

威尼斯商人安東尼奧（Antonio），在貿易城市威尼斯從事遠距交易，為降低營運風險，刻意將貿易對象的發貨地點散布在的黎波里（Ṭarābulus）、西印度、墨西哥與英國等地。從愛麗絲・歐瑞格（Iris Origo）筆下的《普拉托商人》（*The Merchant of Prato: Francesco di Marco Datini*）來看，安東尼奧的業務範圍相當廣，將中國和波斯的絲綢，印度和蘇門答臘島的胡椒轉運出口至歐洲，然後再分別進口西印度群島的砂糖、煙草和咖啡，還有墨西哥的白銀及英國的毛織品。

一五八〇年，法蘭西斯・德雷克（Francis Drake）完成航行世界一周的壯舉，而英國東印度公司成立於一六〇〇年，這意味著安東尼奧進口的絲綢、胡椒等，仍經由好望角的地中海航線運到歐洲。這時，歐洲人的愛好還不是中國及印度的紅茶，因此仍在交易西印度群島生產的咖啡。咖啡原本從葉門進口，但此一時期，加勒比海的殖民地已開始栽植咖啡豆。

歐洲經濟中心從地中海移向北歐之時，正是《威尼斯商人》所處的時代背景，也可說是中世紀向近代移行的歷史階段。當時的威尼斯不承認土地私有權，躋身於狹小猶太人聚居區的夏洛克等猶太人，或許為了謀求商機和自由，而考慮遷居荷蘭或倫敦。

岩井克人在《威尼斯商人的資本論》中以《威尼斯商人》為題材，對照夏洛克和安東尼奧各自代表的價值體系，探討中世紀末葉的威尼斯，基督教的禁息問題；異族的猶太人夏洛克以高利貸為業，以收利息維生可謂理所當然；劇中的安東尼奧看似一名勝利者，但實為亞里斯多德創造之狹隘城邦共同體經濟關係束縛著，並且被即將來到的資本主義時代拋棄，如此描寫安東尼奧，作為兩個價值體系的對照。因此，這本書描寫的是威尼斯商人開始沒落的故事。

「資本主義的本質以資本無限繁殖為目的，是追求源源不絕獲利之經濟組織的別名。利潤為差異創造。所謂利潤，就是誕生於資本介入兩個價值體系之間的差異。」

若說利潤來自差異，追求利潤的人便會消泯此一差異。若說距離創造差異，交通工具的發達將縮小差異。若說製造技術催生了創新企業產品的價值在現在與未來的差異，那別人的山寨可能會縮小差異。對新技術的開發而言，科學的理性主義不可或缺。在資本主義裡，創造出經常性利潤的源泉有其必要。

在封閉的價值體系中，異質性既然產生差異，那透過任何資本的媒介均會消泯此一差異，這講的不外乎是全球化。一九八〇年，日本股市因為允許海外資本參與證券投資而邁向自由化，並非一個古老的話題。面對當今跨太平洋夥伴協定（Trans-Pacific Partnership Agreement, TPP）議題及困惑於東京金融市場何以無法走向全球化時，《威尼斯商人的資本論》雖是一九八五年的著作，但將之與帕西諾的電影一起重溫著實不錯。

股票投資的利潤，來自對投資特定企業之現在價值和未來價值的差異。受到城邦共同體牽制，未能跟上全球化腳步的「威尼斯商人」，剛好是陷入「蛸壺化」（穀倉效應）之日本人的借鏡。雖然我們持續反省「失控的資本主義」，但或許仍然受到安東尼奧所處之中世紀以來的統治體系所束縛。

註釋

1 譯註：《東方見聞錄》又稱《馬可波羅遊記》，內容是馬可波羅在獄中口述自身旅遊經歷，特別是在中國的見聞為重點，出版之後隨即在歐洲引起廣大迴響，激起歐洲對於探訪東方的興趣。不過，對於馬可波羅敘述的真實性，從該書出版以來沒有中斷過。

2 譯註：安茹公爵，法語是comte d'Anjou，法國古老的貴族稱號，以其封地安茹得名。

3 譯註：梅迪納—西多尼亞公爵是西班牙王國最富有歷史的公爵封號之一。

4 譯註：發現新大陸後的哥倫布，受西班牙國王之邀參與宴會，宴席上遭到若干貴族嘲諷，他們不認為哥倫布完成什麼創舉。對此，哥倫布用一顆煮熟雞蛋能否站在桌上的過程來讓大家了解他的成就，關鍵在於是否想得到，而非是否做得到，也就是一種創新精神的展現。

5 譯註：約翰．卡伯特是義大利人，義大利文的本名是喬瓦尼．卡博托（Giovanni Caboto），另有法文、西班牙文的姓名譯音，這些譯音均可見於歷史文獻。卡伯特於十五世紀末葉受英國國王委託到海外探險，發現了北美洲。

6 譯註：中文世界都翻譯為狄亞士，這位率先發現好望角的探險家，打通了歐亞海上交通，歐洲人從此可以繞過伊斯蘭世界，直接前往東方貿易。

7 譯註：創新企業在當今日本社會備受重視，其功能是集合資金來投資有潛力的產業，因此這句話要表達的重點是，創新企業能像大航海時代的歐洲國王一樣，擁有多元化思考，才能挖掘出有潛力的產業，並加以投資。

8 有關印度咖哩的演進，可參見Lizzie Collingham、東郷えりか譯，《印度咖哩傳》（河出書房新社，二〇一六）。

9 譯註：專門提供庶民階層合理利率的貸款，資金來自慈善捐助者。

10 譯註：亞希莫夫位於今天的是捷克西端，遠在羅馬帝國時代是銀礦區，十六世紀初期又開始挖掘出銀礦，短短的百年時間發展為捷克最富裕的城市一。目前是全球有名的治療性溫泉城。

11 Neil MacGregor著、東郷えりか譯，《一百件物品訴說的世界史3—邁向近代之路》，（筑摩書房，二〇一二），頁一三四。

12 有關「重商主義」的內涵，可參見Rondo Cameron、Larry Neal著，速水融監譯，《世界經濟史概論1》（東洋經濟新報社，二〇一三），頁一八〇。

13 譯註：顧名思義就是利用利潤去推動通貨膨脹，讓物價升高造成短暫好景氣的現象。至於利潤來源就是壟斷，比如說當自來水、石油、電力等公共事業在政府獨佔經營之下，只要漲水費、油價或電費，就可以創造出高額利潤，物價自然跟著水漲船高。凱因斯在此處的意思是指，西班牙政府當時壟斷了白銀的獨佔權，因此是利潤推進型通貨膨脹。

14 譯註：相較於西班牙，英法的白銀獨佔權掌握在民間企業手上，讀者或許會好奇，為何獨佔權掌握在民間企業手上就能創造長期的好景氣。這是因為英法民間企業透過白銀獨佔權獲取的利潤，分配給來自各行各業的股東，不同於西班牙僅限於非常少數的皇宮貴族。也就是說，英法的利潤有一種雨露均霑的感覺，自然可以創造出整體社會的長期繁榮。

15 譯註：雪莉酒是西班牙葡萄酒獨享的名稱，現今歐盟透過立法確保了此一獨特地位，其酒精濃厚高於一般認知的葡萄酒或紅酒，口感從細緻到濃郁都有，非常適合用於佐餐飲用。

16 譯註：由筑摩書房發行。

第六章

東印度公司與證券交易所

公司的誕生：特許股票與無限責任

日本擁有全世界最古老的企業——金剛組，源自五七八年聖德太子為了興建四天王寺，招聘來自朝鮮半島百濟的寺廟興建專業工匠；雖然在日本泡沫經濟後歷經波折，至今依然健在，持續擁有超過一千四百年的歷史。日本人引以為傲的世界最古老企業，其實是家外資企業（百濟人）。直到江戶時代，金剛組都是四天王寺的專屬工匠組織，他們採用家族經營模式，也成為該企業跨越戰亂，經營卻沒被中斷的主要原因。一九五五年，金剛組採用股份有限公司的型態，與其悠久的經營史相比，實屬晚近之事。

法國南部加龍河（Garonne）沿岸有家名為Moulins du Bazacle的公司（company），至今仍存在。八五〇年左右，這家公司修建了麵粉研磨的水車工廠，並在一一五〇年時將公司股權分割成股份出售，真正體現了「股份」（share）的意涵。當時證券交易所並不存在，該公司卻留下了一四〇〇年以降的股價紀錄，後來在巴黎證券交易所正式掛牌上市。然而，根據金融史學家威廉・伯恩斯坦（William Bernstein）的看法，一九四六年這家公司遭到「不論對醇厚的歷史感或資本市場皆不表敬意之（當時的）法國政府」收歸國有。[1]現在的企業名稱是「EDF Bazacle」，是位於圖盧茲（Toulouse）的電力公司及觀光名勝之一。

專司包稅業務而誕生於羅馬的公司組織的鼻祖，伴隨著羅馬帝國的衰亡而絕跡，並未如義大利商人建立的公司一樣長壽。達迪尼的Compagnia每兩年更新一次，出資者僅限於同鄉、親兄弟、親戚等足以信賴、不會搞背叛的人。

法人的概念萌芽於教皇或歐洲國王承認其權利的特許基爾特（同業公會）及特許公司。其中不限於企業，還涵蓋都市、大學及宗教團體等，彼此之間的性質差異並不明顯。

十二世紀設立的倫敦市法團（Corporation of London），在日本的知名度不高，至今仍擁有整個城市四分之一的土地（參閱官網便可知曉）。現在的倫敦，有一位「市長」是來自倫敦市法團的「Lord Mayor」，另一位相當於日本自治體首長的「Mayor of London」，也就是「大倫敦市長」。雖然這只是形式上，但據說就連英國國王要進入倫敦市，都要得到「Lord Mayor」同意。過去在倫敦市法團的領土範圍內，只要加盟基爾特（同業公會）滿七年便不用服兵役，還可以獲得開業許可。[2]看來，倫敦市法團不同於今天我們理解的現代公司。

進入十三世紀後，股票交易興起。特許公司的股票交易雖可能，但要成立公司、籌集資金，就得獲得政府及國王特許，並非任何人都可隨意募股。股票若是售出，投資人數增加，就可以籌集到大筆資金。從這點來看，相較於個人經營、家族或同族經營，特許公司圖謀的經營風險辛迪加（Syndicate）化（共同投資）[3]，因而得以應付更大規模的事業。

不過基本上，當時公司的股東是無限責任。假如今天東京電力公司的股東們也需負無限責任，他們在福島第一核電廠發生事故後，將被請求超過其出資額的龐大補償。若股票投資為無限責任，股東就要更注意並深入審度公司的經營者；就像現代投資者一般，分散投資眾多股票，其越分散，也讓審度經營者變得越難。從內部控制的觀點來說，或許是有危險的投資行為。義大利的Compagnia立基於《羅馬法》，共同經營者的任何單一個體都需承擔公司所有債務，因此出資者選擇有命運共同體關係的家族或同族人士，實屬尋常。

在十六世紀時，英國的黎凡特公司（Levant Company/ Company of Turkey Merchants）的資金來源為莫斯科公司及海盜德雷克，黎凡特公司是一家冠上特權地區的特許公司[4]，往後，類似企業相繼成立。然而，這些公司都是無限責任，並擁有基爾特（同業公會）的性質。基於無限責任，在股票販售之際，要能洞見買家在緊急時是否擁有強大的支付能力。

一般說來，荷蘭東印度公司（ＶＯＣ）被認為是現代股份有限公司的嚆矢，因為ＶＯＣ的股東僅負有限責任。基於股東損失不會超過出資金額，只要有支付股票價格的能力，任何人都可以買進，因此其交易相當熱絡。

東印度公司

一五八〇年，與荷蘭敵對的西班牙吞併了葡萄牙，使得原本藉由葡萄牙隻手取得胡椒的荷蘭，陷入斷貨窘境。荷蘭為了自行取得胡椒，組織一支船隊直航亞洲。

荷蘭航海的成功，證明了即使不靠葡萄牙，仍有可能經好望角直接進行胡椒貿易。此一消息撼動了英國黎凡特公司的成員。這家公司嘗試經由中東，從亞洲進口胡椒，但此一路徑需支付仲介的印度商人與伊斯蘭教徒高額手續費，若能好好運用好望角航線，只需低廉的進貨成本。

當黎凡特公司的成員向伊莉莎白一世申請特許權之際，隨即有二一八位出資者在一六〇〇年底籌集了六萬八千英鎊資金，集結成有五艘船隻的船隊。國家特許其擁有十五年的東印度貿易特權，不過每次航海結束便要結算當次投資收益，因此還沒有有限責任的概念。首次航海以巨大成功收尾，投資者隨即被要求繳交兩百英鎊的次回航海資金。這就是英國東印度公司的起源。

另一方面，荷蘭東印度公司率先展示了直接與亞洲貿易的可能性，在稍遲於英國東印度公司的一六〇二年，透過十七位發起人募集到六五〇萬荷蘭盾（十荷蘭盾＝一英鎊）的資本額，公司正式設立。後來，英國的東印度公司基於經營印度殖民地而佔有一席地位，不過以設立最初的資本額規模而言，卻只有荷蘭東印度公司的十分之一左右。

英國東印度公司將單次航海獨立為單一事業，出資以單次計算。相較於此，荷蘭東印度公司將二十一年間所有的航海行為視為一個事業體，其精神相近於採用永久性營運資本（Permanent Working Capital）[5]，是以永續經營為目標的現代公司。一六〇〇年，三浦按針即英國人威廉・亞當斯（William Adams），搭乘荷蘭商船慈愛號（Liefde）經太平洋漂流到日本，平戶的荷蘭商館開設於一六〇九年，這一時期，剛剛建立基業的德川幕府接觸到的荷蘭是一個富裕且進步的國家。

綜言之，荷蘭東印度公司明確規定股東為有限責任，名副其實地成為現代股份有限公司的鼻祖。受惠於永續經營與有限責任，ＶＯＣ的股票交易容易進行且相當熱絡，因此在ＶＯＣ成立的一六〇二年，鄰近ＶＯＣ的阿姆斯特丹證券交易所也誕生了。既然荷蘭東印度公司是全世界第一家現代股份有限公司，阿姆斯特丹證券交易所也可算是全世界最早的證券交易所。

若依據已故經濟史學家安格斯・麥迪森（Angus Maddison）整理的資料，當時實質人均（GDP）以荷蘭最富裕，高達二一七五美元，英國則是一四四〇美元，當時最強大的西班牙是一三七〇美元，葡萄牙為一一七五美元。不過這個時期，荷蘭在形式上未脫離西班牙獨立。

荷蘭的國王並無封地，向來是民間推動土地開發事業，因此出現擁有私有土地的富裕階層；相較於英國，其民間投資資金充分。當時，英國就像荷蘭的後生晚輩一樣，在胡椒貿易上讓荷蘭搶得先機，只能後發而至地專注經營印度。然而，荷蘭也過分執著於當時利潤豐碩的胡椒貿易，很快地，一六六七年第二次英荷戰爭之際，荷蘭用曼哈頓島與英國交換東印尼肉豆蔻產地的倫島（Run Island[6]，因而當時的新阿姆斯特丹（New Amsterdam）更名為今天的「New York」（紐約）。此事在今天可謂難以想像，當時，倫島的價值遠高於曼哈頓島。

但是，英國未袖手坐視ＶＯＣ的成功。一六〇〇年以後的英國一如荷蘭，每年派遣艦隊經好望角駛向盛產胡椒的印度、爪哇與蘇門答臘等地區。一六一一年的第十次航行，創下單次航海最高的收益——百分之一四八。隔年起，英國效法荷蘭，不再將出資限定於單次航海，而改為以複數航行為對象，每次航行均展開多次股票發售，擴大公司規模。

如此一來，在英國東印度公司的經營型態趨向永久性營運資本（Permanent Working Capital）之際，隨即舉行股東大會，選出二十四名董事。總裁和副總裁透過會計、採購、通信、船舶、財政、倉庫、私人貿易等七個專門委員會展開業務。各地的駐外負責人稱為Factor，大股東的子弟充任此職，受到董事會嚴格監督，由此可見現代大型企業組織架構的雛形。

一六六二年，英國東印度公司開始實行股東有限責任制，一六八〇年，股東獲取百分之五十紅利，一六六二年入股該公司的股東，若於一六八八年賣出股票，可獲得百分之一二〇的收益。當時英國東印度公司的員工與股東，等於是暴發戶的代名詞。

然而遺憾的是，一六九〇年以前英國東印度公司的股價記錄幾乎沒被保存下來。即使發行了股票，但交易頗不熱絡，因為當時英國還未設立證券交易所，只有相當少數的股票進行交易。

另一方面，VOC在一六三二年發出百分之十二．五的分紅，從一六五二年到一六八八年之間的投資收益為百分之六八〇。此一期間，荷蘭爆發著名的「鬱金香狂熱」（Tulip Mania），但VOC的經營卻未受影響。VOC的企業成長速度不若英國東印度公司，其步伐卻頗為穩健。

證券交易所的歷史

既然現代股份有限公司的鼻祖是荷蘭東印度公司，世界證券交易所的發端，便是交易VOC股票的阿姆斯特丹證券交易所。十二世紀左右的中古歐洲，波羅的海、佛蘭德斯（Flandre）地區與地中海之間的貿易活絡，爾後開始出現了香檳市集一類的大型交易市場。雖然定期開市，卻未成為常設市場。為便利於來自歐洲各地的商人，義大利的銀行和商人在開始香檳市集利用匯票進行異地遠端結算。辦理匯兌和貨幣兌換業務的金融業店鋪與商品一起陳列於市集，票據交易逐步發展起來。

原本市集會定期更換場所，很快地，便因為有固定場所而邁向常設化，變身為商業市鎮；其中，現今比利時境內的「運河之都」——布魯日，被譽為「北方的威尼斯」，這座城市在十四世紀成為義大利與漢薩同盟各城市往來交易的中心，因而繁榮起來。若翻閱義大利商人相關書籍，布魯日是出現頻率最高的外國地名。

歐洲將倫敦以外的證券交易稱為「Bourse」，源自商人會聚集在布魯日的商人旅館——bourse，包括金融商品在內的各種交易都會在此進行。當然，雖說是金融商品，此時僅限於匯票和硬幣，交易的主體是商品與日常生活用品。

很快地，布魯日的運河淤積了，哈布斯堡王朝（Haus Habsburg）[7]的馬克西米利安一世（Maximilian I）取消了這座城市的自治權，商人紛紛遷移至安特衛普。於是，進入十六世紀後，安特衛普成為北歐最繁榮的都市，如同現代的樞紐機場（Airline hub）一樣，變身為商業網絡中心。歐洲各地的商人依傍商館修建倉庫，里斯本出發的貨船將亞洲的胡椒載來此地；尤其，當時歐洲各王室為了籌措經常性戰爭費用，而將安特衛普作為金融中心，對於該地的繁榮影響很大。

然而，一五八五年，安特衛普被西班牙軍隊佔領，西班牙要求當地的新教徒在兩年內搬走，想必猶太人面臨著同樣的處境。於是，商人搬到阿姆斯特丹，金融中心瞬間轉移。對商人來說，當下的自治權就意味著財產權。商業中心城市從布魯日遷到安特衛普、再遷到阿姆斯特丹的過程，在於追求包含宗教信仰在內的自由。突然間就必須拋棄家園、被迫離開原本的國度，商人無法安居樂業，因此也不會有發達的市場。

因「劣幣驅逐良幣」——格雷欣法則（Gresham's Law）[8]而聲名大噪的英國王室金融代理人湯瑪斯．格雷欣（Thomas Gresham），以其在安特衛普所見的證券交易所為藍本，在倫敦打造出辦理匯兌和日用品的交易所。之後於一五七一年，則成為皇室欽命的皇家交易所（The Royal Exchange）。

在英國，由於股票經紀人在整個一六〇〇年代累積的惡習惡狀，皇家交易所拒絕其進場，他們只能聚集在交易所外的大街上，後來轉移到附近的咖啡館。這就是舉世聞名的喬納森咖啡館（Jonathan's Coffee House）。喬納森咖啡館於一七四八年因火災而焚毀，之後重建的新喬納森咖啡館於一七七三年正式掛牌為「倫敦證券交易所」（ＬＳＥ）。這家有傳統的ＬＳＥ，相較於ＶＯＣ派生的阿姆斯特丹證券交易所，遲了一百七十一年之久。

如此十七世紀初期，阿姆斯特丹和倫敦在資金能力上可謂相差懸殊，這在前文介紹兩國東印度公司資本金時已有論述。一六〇九年，荷蘭東印度公司以熱那亞的聖喬治銀行為範本，創建世界首家中央銀行——阿姆斯特丹銀行，展開匯兌與轉帳業務。阿姆斯特丹銀行成為歐洲商人的交易結算中心，隔年，為了交易荷蘭東印度公司的股票，開設了世界首家證券交易所。

阿姆斯特丹證券交易所裡，所有類型的金融商品均可交易，涵蓋商品、匯兌、股票、海上保險及期貨。尤有甚者，一般認為荷蘭名產鹽漬鯡魚在漁獲期到來之前便開始交易，這是人類期貨交易的源頭。股票交易之際，可融資上限為上市股價的百分之八十，因此信用交易成為可能，期權交易[9]也已存在。一六一二年，荷蘭政府匆促決定禁止空頭交易、期貨交易及期權交易，此後亦屢屢發布禁令，如此現象反而顯示出，這些禁令在實際層面上沒有被嚴格遵守。以下所言是筆者沒有根據的臆斷之言，日本平戶的荷蘭商館開設於一六〇九年，亦有文獻顯示，日本於一六二〇年出現最早的大米期權交易，或者，這兩者之間存在若干關聯也說不定；想來，大阪堂島的大米期貨交易也受此影響。

鬱金香泡沫、喀爾文教派與貪欲

本節大膽地以「鬱金香泡沫」（Tulip Bubble）為題，事實上並非通用的歷史用語，鬱金香「bulb」一詞倒是存在，意指鬱金香的球莖。

雖然令人費解，「泡沫」（Bubble）一詞是一七二〇年「南海泡沫企業」[10]事件後才出現的。因此，十七世紀荷蘭的鬱金香球莖價格飛漲事件，一般稱為「鬱金香狂熱」（Tulip

Mania）。儘管如此，鬱金香狂熱名列世界史中的三大金融泡沫事件之一，即使到了今天依然如此。隨著時代演進，應載入史冊的泡沫事件應還有其他若干，但仍如此看重鬱金香狂熱的歷史意義，便和往昔人們不認為，這類泡沫事件會再度出現有關。

一六四八年，天主教和新教之間的宗教戰爭結束並簽定「威斯特伐利亞和約」（Peace of Westphalia）之後，荷蘭才脫離西班牙獨立。但事實上，自十六世紀末以來西班牙對荷蘭的威脅已然消失。東印度公司的經營績效良好，吸引歐洲其他地區的投資，也增添信用交易、期貨、期權等投資產品的多樣性。而且這段時期，正值荷蘭籌畫利用運河網絡連結主要城市，不動產價格不斷攀升之際，阿姆斯特丹的經濟正處於巔峰。

另外，荷蘭人向來習於高價收購鬱金香球莖的稀有品種，當各項條件齊備，時序進入一六三〇年代，球莖價格緩慢上漲，終於迎來異於平常的熱潮。

尤其，根據留下來的球莖價格飛漲時期相關紀錄，其實際樣貌也清楚呈現；從一六三六年十一、十二月到一六三七年一、二月間，球莖價格在二月三日抵達高點後直直落，這是原始且徹底的泡沫典型。也就是說，某日，市場的買方突然消失了，價值等同於一棟房子的鬱金香球莖，被當作洋蔥誤食等各種悲喜相交的故事也流傳了下來。

鬱金香球莖價格上漲的時期，正值球莖在土地上生長的季節，因此是暴漲於無法收穫交易的期間。取而代之的是期貨交易，結算採用差價合約（CFD）[11]，而且在收穫交易時可以使用個人票據。所有交易並非在正式的交易所進行，也不限於阿姆斯特丹或鹿特丹，而是將各地酒館當成交易所。

鬱金香球莖價格暴跌的原因很單純，因為進入三月後，便可以開始將收成拿去交貨，當初參與球莖買賣的人從狂熱的夢裡醒來，被拉回現實世界，相較於鬱金香球莖，人們更需要金錢。

筆者手邊有五本書都記載了鬱金香泡沫事件；堪稱經典的查爾斯・麥凱（Charles Mackay）所寫的《非比尋常的大眾幻想與人群瘋狂》（*Extraordinary Popular Delusions and the Madness of Crowds*）、經濟學家約翰・肯尼斯・高伯瑞（John Kenneth Galbraith）的《金融狂潮史》（*A Short History of Financial Euphoria*）、經濟史學家愛德華・錢塞勒（Edward Chancellor）的《金融投機史》（*Devil Take the Hindmost: A History of Financial Speculation*）、經濟史學家查理斯・金德爾伯格（Charles P. Kindleberger）的《瘋狂、驚恐和崩潰金融危機史》（*Manias, Panics and Crashes: A History of Financial Crises*），以及證券商經濟學家彼得・加伯（Peter Garber）的《首次的泡沫鼻祖》（*Famous First Bubbles: The Fundamentals of Early Manias*）。

以上五本書運用的檔案文獻，基本上與查爾斯・麥凱的《非同尋常的大眾幻想與人群瘋狂》有共通處，有關證券交易所的敘述也來自查爾斯・麥凱的說明。

一九八七年，黑色星期一（Black Monday）的股市暴跌後，目前任職於德國證券商的經濟學家彼得．加伯，從價格面重新解讀鬱金香泡沫事件，結論是，球莖價格暴漲有其合理之處，並非異常事件。

隨後愛德華．錢塞勒如此評價彼得．加伯的論述：「彼得．加伯意欲改寫鬱金香狂熱的歷史，有其特殊動機。一九八七年十月，股市暴跌後沒多久，其論文發表了，目的在於阻止股指期貨限制方案[12]的實施。」

查理斯．金德爾伯格對於彼得．加伯的研究成果，也有同樣的評價。

然而，筆者卻對彼得．加伯抱以同情，至少受惠於他的研究成果，鬱金香狂熱沒被誇大為對經濟基礎（景氣繁榮與蕭條週期等經濟活動）產生消極影響的重大事件。

沉迷於泡沫的，是支持宗教改革的改革派，也就是具質樸、節儉精神的喀爾文教派荷蘭人。喀爾文教派一如對抗英國國教會的清教徒，對抗西班牙、天主教等陳舊的教會體系。

喀爾文教派信奉預選說（Calvinistic doctrine of predestination），職業是上帝賦予，因此認為勤奮勞動產生財富累積，並非一種罪過，這是馬克斯．韋伯（Max Weber）宣稱的新教倫理教義。如此教義便有別於天主教，就連賺取利息收入與仲介費用的商人也將獲得上帝祝福。與此同時，對天主教國家來說，奢侈與浪費一樣被視為罪過，因此荷蘭累積了豐厚的財富。

值得玩味的是，荷蘭從象徵中世紀基督教束縛的西班牙解放後，便立刻爆發了利慾薰心的經濟泡沫；但毋庸置疑的是，若沒有繁榮，泡沫也無由產生。

註釋

1 William Bernstein著、德川家廣譯，《「富裕」的誕生》（日本經濟新聞出版社，二〇〇六），頁一八八。

2 譯註：封建社會的所有權利都是來自於國王的特許，因此此處是要表達出，如此特許在封建社會解體之後，仍然存在於倫敦市法團的領土範圍內，據以強調倫敦市法團是封建時代的產物。

3 譯註：投資者間形成利益共同體，共同分擔風險之意。

4 譯註：黎凡特公司創設於一五九二年，英國女王伊莉莎白一世特許這家公司獨占黎凡特地區的商業貿易，因此才會稱是「冠上特權地區的特許公司」。所謂是黎凡特地區意指東地中海地區，居於歐亞貿易的樞紐地位，因此如同稍後將提及，黎凡特公司肩負起歐亞貿易的重責大任。

5 譯註：所謂永久性營運資本，就是經常留在公司內部的現金、機械、設備、廠房、土地等，用於滿足公司日常營運所需。這裡的意思是說，過去的航海事業會在出發前集結資金、結束後便將所有盈餘分配給所有投資人，完全沒有保留下來。荷蘭東印度公司的經營理念是考慮到每次航海皆需要資金，因此不會將利潤分配殆盡，而會保留下次航海所需費用，這些保留下來的利潤，就是近似於永久性營運資本的概念。

6 譯註：位於印尼班達群島，也稱為香料群島。

7 譯註：哈布斯堡王朝是指由哈布斯堡家族建立的龐大政治勢力範圍，這一家族於十三世紀末成為奧地利君王，十五世紀成為神聖羅馬帝國的皇帝，其影響力一直延續到二十世紀初期。

8 譯註：所謂「劣幣驅逐良幣」，顧名思義是「差」的貨幣會趕走「好」的貨幣。貴金屬貨幣時代，貨幣的良莠取決其成色：黃金、白銀等貴金屬的含量，貴金屬的含量越高就是越「好」、反之代表「差」。如果今天市場上流通兩種成色的貨幣，一種貴金屬含量高、一種貴金屬含量低，卻有同樣的交易價值（比如說都被當作一元，可購買同樣價值的商品），大家一定會選擇優先使用貴金屬含量低＝劣幣，然後把貴金屬含量高的留在手中＝良幣，久而久之，市場上就會只剩下劣幣在流通。湯瑪斯・格雷欣（Thomas Gresham）發現了此一有趣法則，並在後來獲得廣泛延伸與運用，比如說在當代資訊軟體、影音娛樂世界，便有大量盜版品存在，這些盜版品的品質通常會不遜於正版太多（或者根本沒有差異），卻俯拾即是、入手成本遠低於正版，很快成為市場主流，許多人可能終其一生都未使用過正版軟體。

9 譯註：期權交易的內容，後面的章節有許多篇幅進行解釋。

10 譯註：有關南海企業泡沫事件，後面的章節會介紹。

11 譯註：差價合約是一種衍生性金融商品，買賣雙方協議，僅以結算價與合約價的差額作現金結算的交易方式，不涉及實體商品或證券的交換，可以讓少額資金操作高額投資。

12 譯註：這裡是指熔斷機制，當股票市場或者期貨市場出現異常、劇烈波動達到一定比例（熔斷點），便中止交易一段時間或者限制價格波動幅度，主要目的是給市場一段冷靜期，讓投資者充分消化市場資訊。

第七章
國債與保險的起源

國債的誕生：財政制度的大幅改革

威廉．麥克尼爾（William Hardy McNeill）在其《世界史》（*A World History*）中提到，一六八八年以後，英國議會政治獲致成功的要因在於「內閣制」及新穎的「貸款制度」，這便是國債的發明。那麼，麥克尼爾所謂「國債的發明」究竟為何？在此之前，所謂國債並不存在嗎？另外，在學校教育中，一六八八年是英國爆發光榮革命的年度，光榮革命究竟帶給英國怎樣的改變？

在中世紀以前，國王的平時稅收用於經常性開支。也就是說，將平時稅收全部花光實屬尋常，因此沒有存款；戰爭一旦爆發，軍費只能靠借款籌措。不過，既然平時收入有限，即使借來軍費，若說要充作還款的資金，只能仰求戰爭中的掠奪或戰勝後取得的賠款。自然而然，若戰爭雙方未分勝負或戰勝卻無所獲，國王就無法償還借款，因而屢屢出現拖欠債務，也就是所謂的Default（債務不履行）。貸款者面對這樣的王室，基於還款能力的不確定性，就會索取高於一般商人的融資利率。

另外，貸款者會要求以租稅徵收權為擔保，不過既然法庭受到國王支配，拖欠還款或倒帳便頗為常見。前文提過，承購政府發行之「借款憑證」（國債前身）的倫敦金匠銀行家破產，成為銀行的源頭。不過，就連富格爾家族等中世紀有名的融資巨頭，也無一例外地因為貸款給王室而破產。

義大利的城邦國家對於特別支出，會在所謂政府一般會計之外額外設立基金和辛迪加（企業聯合組織），將用於準備償還債務的徵稅權移交由這些組織管理，並由其發行投資證券。如此機制將債務與還款資金來源（稅收）的關係，明確地直接連結起來，已具備現今目的稅（purpose tax）[1]的性質。話說回來，即使現代政府想運作此一機制也難以如願，正如新聞報導提到，即使是二〇一一年東日本大地震恢復及重建預算究竟用於何處，也是一個謎團。

一三四四年，威尼斯民營的里阿爾托銀行（Rialto）破產，感到不安的資產家將存款領出，並購買威尼斯的國債。結果導致威尼斯的國債價格上升至其面額的百分之一〇二。這恐怕是世界首例金融市場上的「Flight to quality」（安全投資轉移：民營銀行存款、民營企業股票、公司債等出現信用不明朗的情況時，投資者將資金轉移到公認信用度高的國債）。威尼斯實現繁榮的秘訣，似乎就在於健全財政制度的理念。荷蘭金融業界繼承了這種確保還款資金來源的方式，荷蘭商人也很快將之帶到英國，於是到了光榮革命時期，便得以正式確定其制度化。

一六八八年英國光榮革命的成果，便是隔年頒布的《權利法案》（the Bill of Rights）。依據日本山川出版社的《世界史研究詳解》（詳說世界史研究）可知，法案第一條規定：「國王依其大權、未經國會同意便中止法律效力，或停止法律實施之權力等主張，乃是非法。」也就是說，法律實施需獲議會批准。略過第二、三條來看第四條則是：「以國王大權為藉口，未經國會同意或超出國會准許的時限與方式，徵收供國王運用的金錢，乃是非法。」也就是說，徵稅權被議會奪取了。基於如此規範，主權（sovereignty）從原來的擁有者國王移轉到議會，國王再也無法隨心所欲地借款了。

基於議會替國債償還擔保，過去帶有強烈國王私人財務性質的債務，成為國家債務。一六九二年，首部國債相關法律發布，正式宣告國債的誕生。可以說，光榮革命也是財政制度的一大變革。

依據一六九二年頒布的法律，最初發行的長年期國債，稱之為「唐提式」（Tontine，聯合年金制）。從投資者的角度來看，這是具備年金性質的國債。若國債持有人死亡，本應返還給該位持有者的本金，將分配給其他活著的國債持有人。如此機制意味著，若其他國債持有者提前離世，活著的人回收的資金將更為豐厚。可惜這種國債業績不佳。之後，英國政府推出利率百分之十四的「終身年金型國債」，似乎廣受青睞；與收益不確定的投資標的相較，能夠穩定獲得百分之十四利息的產品比較受人喜愛。

然而，一六九四年，名為「Million Adventure」之具彩票性質的國債博得人氣。對投資者而言，即使沒中獎，十六年持有期間結束後也能獲得百分之十的利息。若從發行者的角度來看，即使加計支付給中獎者的金額，實際利息為百分之十一．五，相較於利率百分之十四的終身年金型國債，發行成本壓低了。爾後，英國政府壟斷彩票性質國債的發行權。在日本，民間發行彩票將被《刑法》認定為犯罪；若未來國債消化遭遇困難之際，或許有機會看到日本政府仿效往昔英國的成功模式，發行具彩票性質的國債。

財產損失保險的誕生：勞埃德咖啡館

類似財產損失保險的商品，由來已久。究竟如何認定其最初源頭，實屬困難。舉例來說，便可確認《漢摩拉比法典》裡有其原型。此外，若探訪美索不達米亞平原的泥板，將找到很多記錄行商旅行險的契約。前文提到，古希臘時期便已存在類似航運險之所謂「冒險借貸」，內涵觸及金錢借貸與投資專案。這種冒險借貸在中世紀基督宗教禁收利息的時期，為避免被認定為利息，僅被當作一種保險形式予以運用。

此外，鹽野七生在《海洋城市物語》寫道：威尼斯商人不會替海上運輸投保。的確，莎士比亞《威尼斯商人》劇中的安東尼奧，也會分散商船的行駛目的地以降低風險，不過也沒有投保的相關描述。另一方面，達迪尼文書裡紀錄的普拉托商人則會在貿易過程中投保，以防萬一。

一六〇一年，英國哲學家法蘭西斯・培根（Francis Bacon）向議會提出規範海上保險的法案，致使「不知從何時開始，不僅在我國，在世界各國的商人之間，海上保險也日趨普及。」換言之，這段時期，海上保險的運用已極其普遍，從而現存最古老的財產損失保險證書，是一三八三年義大利比薩發行的證券，收錄於經常提到的達迪尼文書中。

讓我們換個話題。咖啡是七〇〇年左右發現於衣索比亞地區，此後據傳在十五世紀，伊斯蘭教徒開始在葉門的摩卡種植，藝人西田佐知子與The Peatnuts演唱過，最近再由井上陽水翻唱為〈咖啡倫巴〉，歌中描述一位阿拉伯偉大的僧侶教一位男子種咖啡的軼聞。[2] 一五〇〇年，咖啡館在吉達城（Jidda）內流行開來，就像當今有「咖啡之都」之稱的西雅圖。

一五一一年，麥加城很早就開始實施咖啡禁令。但就如同截至目前所談的案例，只要史書禁止記載，便意味著當時正在流行。一五五五年，君士坦丁堡的咖啡館已達數百家，咖啡也以驚人之速經威尼斯傳入基督教世界。

一六〇五年，羅馬教皇推崇咖啡為基督教徒的飲品（為咖啡洗禮），隨即在歐洲世界傳播開來；巴黎至今仍存在的普羅可布咖啡館（Café Procope），似乎開業於一六八六年，至今仍可一窺當年的氣息。

讀者閱讀至此或許感到不解，為何明明談論財產損失保險，卻沒完沒了地講述咖啡的歷史。理由在於，就在普羅可布咖啡館開業之幾乎同一時間的一六八七年，愛德華．勞埃德（Edward Lloyd）在倫敦開設了二十四小時營業的勞埃德咖啡館（Lloyd's Coffee House）。

葉門產咖啡的出口，經英國東印度公司之手，以銷往倫敦為最大宗。英國人開始飲用紅茶，則是稍晚之後的事情了。

當時，報紙等大眾傳播媒體還不發達，因此水手、船東及投資人會群聚於擁有豐富資訊的勞埃德咖啡館。一六九六年，《勞埃德船舶日報》（*Lloyd's List*）出刊，上頭刊載航線資訊、船舶出入港、船舶買賣及興建資訊，以及勞埃德海外特派員傳回的情報。這家咖啡館裡也逐漸出現海上保險的交易。

若投資人（保險承保人）在記載保險合約條款的文件上簽名承保，便會獲得保險金的分成，所要付出的代價則是，出現虧損之際，需負擔無限責任。現今的社會中，一旦投資者聽到「無限責任」，都會讓人稍感遲疑，但將當時的一般股份有限公司皆理解為無限責任制，此事並非多離譜的想法。

一七七一年，七十九位承保人，每人出資一百英鎊創設勞埃德協會，百年後的一八七一年，依據《勞合社法案》取得法人資格，成為現在的「勞合社」（Society of Lloyd's）。在今天，「勞合社」已經發展出具法人與再保險（Reinsurance）交易所[3]的雙重性質。

在十六世紀左右，日本的朱印船實行所謂的「拋金」制度。金融業者每次航海都會融資給船隊，航行順利結束後收回本金和利息。不過，遇到海難時，船隊可以不用支付一毛錢，與古希臘時代到中古歐洲流行的冒險借貸如出一轍，似乎與古希臘的「冒險借貸」有一定的淵源。

紛歧的壽險起源

一般來說，在銀行或證券公司的官網上，看不到金融與股票起源的介紹。但不論產險或壽險，一般保險公司在官網解說保險史的情形，比比皆是。箇中原由或許在於，保險僅是金融的種類之一，因此易於闡述、聚焦主題。不過，只討論壽險的話，商品種類相當豐富，除了保障死亡可領回保險金，也有儲蓄性質的年金保險與定期壽險，以及具投資理財性質的投資相連保險（在可選定理財方式的投資理財中加入壽險）等。

「國債的誕生」一節提到，相較於稱呼為債券，僅在存活期間獲取利息的終身年金型公債，在歷史書中多稱為年金。從消費者的角度來看，其性質與當今的年金型壽險相近。一本介紹荷蘭鬱金香泡沫事件的書中寫道：「連老年人都賣掉自己的年金，購買鬱金香的球莖」。這裡的年金就是年金型公債。另外，歐洲的手工業者同業公會的基爾特裡實施互助制度，也可謂壽險的前身。日本「LifeNet生命」的出口治明先生在其著作《生命保險入門》（岩波書店）指出：相較於萬物皆從羅馬到義大利尋求源頭的西方史觀，伊斯蘭世界及中國也存在互助的思想與制度，日本也有作為互助組織之各種形式的「講」。

如此一來，壽險的起源便存在分歧。保險學者、一橋大學名譽教授木村榮一的研究認為，全世界最早的海上保險證明書源自義大利的比薩地區，時間為前述之一三八三年，一四〇一年亦似有將奴隸生命視為投保物件的保險。不過，保險契約的內文同於上述海上保險，未將投保物件的奴隸當成人，而是當成商品，但無法認定為壽險。

之後，一四二二年的佛羅倫斯地區留下一份史料，內容關於將他人的性命作為投保對象的保險賠償請求權。這份史料不算保險證明書，卻被認為是以訂定壽險契約為前提而寫，大概是全世界最早的壽險。順帶一提，當初調查這份史料的論著，並非以探討世界最早壽險契約為研究目的，旨在探究義大利壽險的興起。

十六世紀時，流行著這種以他人生命為投保對象的投保行，特別是與要保人無關的名人。舉例來說，就如同今天的明星，當時則是王侯貴族，不過後來這種契約不被理解為保險，而因為以他人性命為賭注，因此遭到禁止。若保險受益人缺乏信譽，從身作投保對象的人物來看，不得不面臨任何時候都可能被殺或遭遇危難的情況。這種保險將成為謀殺事件的溫床。

現代壽險公司中，有一群稱為保險精算師（Actuary）的專業人士，進行著複雜的保費計算工作，精算的依據為統計人口壽命資料的生命表。一般認為，這種統計方式的運用為近代壽險的源頭。一六六二年。約翰・格蘭特（John Graunt）以倫敦為研究範圍，出版了《對生命表的自然與政治觀察》（*Natural and Political Observations Made upon the Bills of Mortality*）。一六九三年，因哈雷彗星而享譽的愛德蒙・哈雷（Edmond Halley），利用德國弗羅茨瓦夫（Wroc aw，現波蘭西里西亞地區）留下之詳載當時居民死亡紀錄的資料進行統計分析，製作出生命表。這些資料不僅作為壽險計算之用，對於透過死亡人數來察知鼠疫的爆發及政府掌握役男人口，進而估算兵力動員能量均有益處。

最早在如此數理基礎之上，採用平準保費（無論青年期或死亡機率提高的老年期，月付保險費均一的架構）的是一七六二年的英國保險衡平社（The Equitable Life Assurance Society）。爾後，壽險公司相繼成立。一八四三年，「十七公司表」[4]發布並沿用至今，這是過往資料累積出來的新型生命表。壽險既然將人的壽命當作投保對象，在投資領域便被認為是長期投資布局的主要標的。

註釋

1 譯註：具有特定用途的稅收，又稱為特別稅或特定稅。

2 譯註：這首歌的歌詞一開始提到：「從前一位阿拉伯高僧　告訴已忘掉戀愛憐的男子　一種充滿了令人興奮麻痺般香氣的琥珀色飲品」。

3 譯註：「勞合社」是保險交易所的成功典範，其本身並不直接去承擔風險，而是提供給取得會員資格的保險商進行承保的場域，承保內容有直接保險與再保險，直接保險就是個人或企業向保險公司購買保險，再保險則是保險公司將自身販售的保險，再拿去給第二家以上的保險公司進行保險，等於是保險的保險，達到分擔風險的目的。再保險的設計有助於保險業務的拓展，讓飛機生產、核電廠建造、海上石油探勘、衛星發射等鉅額或高風險的投資計畫獲得實現，因為單一保險公司不見得有足夠償付能力去承保這些投資計畫，即使有足夠償付能力，也不見得願意擔負起背後的高風險。不過透過再保險，就可以將上述投資計畫的保單，拿去給第二家以上的保險公司投保。事實上，許多上述投資計畫失敗或者出現營運問題（例如海上石油鑽景平台爆炸）之際，鉅額保險金都是世界各地幾十家保險公司共同分攤。

4 譯註：生命表反映了過去幾年生存率、死亡率、平均壽命等變化。台灣在二〇二一年七月一日才發布最新的生命表（第六回），若以二十五歲男性死亡率為例，九年前發布的前一回（第五回，二〇一二）為萬分之八點二一，但是新版（第六回）下降為萬分之四點九六，公司承擔風險下降近百分之四十，壽險商品的價格就可能會調降，反觀儲蓄險是期滿後持續存活就可領取生存保險金的商品，因為平均年齡增加，保費反而可能調漲。

第八章

密西西比公司與南海公司

處理戰爭債務：南海公司的股票募集

一六七二年，英王查理二世（Charles II）拖欠債務，沉重打擊了愛德華．巴克維爾（Edward Backwell）等金匠銀行家巨頭，未承購政府債券的小型銀行業者則一如往常，依照客戶存放的金銀發行存款證書。此一存款證書不必搬運沉重的金銀，擴大了資金決算的市場規模（匯票決算市場）。收取金銀後，以金銀存款證書為替代，憑此便可前往金匠店兌換金銀。於是一六九〇年代，匯票（金銀存款證書）的數額早就超越國內貨幣（硬幣）的供給量，這是英國紙鈔的起源。另外，此一時期，英國的東印度公司已能提供高額紅利（投資收益），相較於債務纏身的政府，民間經濟能量充沛。交易帶來的成長及海盜船長德雷克的努力（慾望）與重商主義等，促使新大陸輸入西班牙的白銀開始在英國積累。一六八八年的光榮革命爆發於好景氣當中，實為歷史罕見。

喬納森咖啡館裡，以東印度公司為中心的股票交易日益熱絡，此一時空背景下的一六八七年，威廉·菲利普斯（William Phillips）船長在加勒比海海域，從西班牙沉船打撈出三十二公噸白銀和寶石。對投資團體來說，這是促進企業化經營的題材；發給出資者的紅利高達投資金額的一百倍。此次成功鼓舞了倫敦的投資人。伴隨於此的是，許多新創企業（賺錢的買賣）成立並賣出股票。

因為期待沉船寶物，光是懷抱守株待兔之心而新設的潛水用具公司就多達十餘家。其中當然有若干專門吸金的偏門公司，這在古今皆同。喬納森咖啡館裡不僅充斥著股票的現貨交易，為了投資人方便，也有期權交易與信用交易。

一六八九年，法國國王路易十四（他是好戰分子）向新任英國國王——奧蘭治親王威廉一世發動大同盟戰爭[1]，但英國股票市場非但沒有暴跌，反而基於政府禁止進口法國商品，利用國產品代替舶來品的新創企業紛紛成立。雖然英國政府為戰費所苦，民間卻資金充盈。如果英國是像法國一樣的極權專制國家，便無如此光景。當然專制國家中並無設立新創企業的風潮。

如此背景下的一六九四年，為解救苦於緩解財政困難的英國政府，出現了資金籌措法案，官方許可的紙幣發行（蓋章票據）銀行——股份有限公司型態的銀行誕生了，這家銀行需以百分之八的利率貸款給政府一百二十萬英鎊。此一想法源於金匠的運作架構，即以投資者繳納的金銀為準備來發行紙幣，再將之貸款給政府。這家銀行就是「英格蘭銀行」（Bank of England, BOE），其在募股過程招集到一二七二位投資人，以他們繳納的金、銀為準備發行嶄新的紙幣，並將之融資給政府。英格蘭銀行的股價在拋售後，立刻上漲了百分之二十。

不過，基於英國政府無法負擔戰費而選擇改鑄貨幣（降低硬幣的金銀成色），一六九〇年代的股市熱潮也迎來終局。此一時期還輪不到紙幣出場，成色高的貨幣紛紛被囤積，貨幣在市面上難以充分流通。手頭上擁有成色高與成色低的兩種銀幣，如果不論那一種面額都一樣，人們會傾向不使用成色高的銀幣。這波不景氣讓股份有限公司的家數從一六九三年的一百四十家，到了一六九七年減少到剩下四十家，可以說，這是後來南海泡沫事件的前哨戰。

為了稍微減輕因大同盟戰爭及接踵而至的西班牙王位繼承戰爭（一七〇一—一七一四）導致之政府債務的膨脹，一七一一年英國開始進行南海公司的募股。這家公司如同東印度公司，都是從事貿易業務的特許公司，起先為了壟斷南美洲的奴隸貿易而設立，也兼具消化英國政府積累之龐大債務的角色。在政府債務中，償還本金無法獲得確保的是信用度最低的流動負債（unfunded debt：無備償基金之保障），合計有一千萬英鎊。面對這些債權持有者，南海公司提出的方案是用股票與流動債券的票面價值（價格已大幅下跌）進行交換。投資者認為，票面價值可能恢復，因而接受了南海公司的募股。以現代金融來說，這是Debt Equity

Swap（將無法償還的債務轉換為股票，以減輕債務人償還負擔的手段），債務的股票化。

南海公司承受的債券（流動債務），依其原先與英國政府的約定，從還本付息的短期債務轉變為只支付利息的長期債務，可從政府獲取年利率百分之六的利息。這是將短期債務轉變為長期債務、暫時擱置本金償還的架構。政府每年償還的債務減少，雖然原本的國債持有者轉變成為南海公司的股東，卻能按照債券的票面價值出售。另一方面，南海公司的資本是不能變現的長期國債，收入僅政府提供的百分之六國債利息。儘管南海公司取得了南美洲奴隸貿易的獨佔權，但南美洲原本就是西班牙與葡萄牙的領地，英國的特許公司無法按其規劃展開貿易。

約翰．羅的密西西比公司收購故事

蘇格蘭出身的野心家——約翰．羅（John Law），在觀察了倫敦金匠的匯票與英格蘭銀行（BOE）的紙幣發行過程後相信，若能讓市面貨幣的流通量從金、銀數量的限制中解放出來，並藉由紙幣增加其流通量，景氣肯定會一直處於良好局面。他基於此一想法提議，在故鄉蘇格蘭創設發行紙幣的銀行，但很遺憾地，這個提議遭到駁回。約翰．羅認清貨幣真正的價值並非來自金銀，而是對其購買力的信用程度。對約翰．羅而言，只要有信用，紙片就足以充當貨幣。約翰．羅還認為，若自己經手紙幣發行的業務，市面上的景氣將會轉好，甚至還能大撈一筆。

此後，約翰．羅遊歷歐洲，將上述想法提供給義大利的薩伏依公國（Ducato di Savoia），但卻遭到拒絕。不過，他在一七一五年獲得長年苦於戰亂、財政困難的法國路易十四王室青睞，落實了紙幣發行銀行的設立企劃。

英、法兩國政府的盤算，都是利用特許公司的股票減輕因戰爭而膨脹的債務負擔。基本架構是將等額本息償還的短期債務，暫時轉換為收益率低且不用償還本金的長期債務，達到降低財政支出的效果。同時，既有的短期國債持有人，得以將價值下跌的短期債權，以票面價值兌換特許公司的股份。

一七一六年，約翰．羅獲得法國王室許可，設立發行紙幣的通用銀行（Banque Générale）。約翰．羅的計畫是藉由導入紙幣以減輕政府債務負擔，同步拯救苦惱於硬幣不足及通貨膨脹的法國經濟。兩年後，通用銀行改組為皇家銀行（Banque Royale），發行可兌換黃金的紙幣；政府同時下令，國民需以紙幣納稅；金幣要先兌換為紙幣後再納稅。紙幣開始在市場上流通，法國景氣一舉復甦。

約翰．羅進而希望，皇家銀行扮演紙幣發行的中央銀行角色之餘，還能兼作具投資仲介功能的投資機構；意即，若將英國東印度公司的機能納入到英格蘭銀行，必會成為最強的組合，宛如銀行與避險基金（Hedge Fund）的合體——類似晚近發生在華爾街的故事。

約翰．羅設立專門從事北美開發的密西西比公司，並讓這家公司同步承擔王室債務，相對而來的好處是取得王室賦予的各項特權。起初，密西西比公司與英國的南海公司一樣，向國債持有人提出，以公司股票交換國債的請求。之後，伴隨著股票發行金額的增加，密西西比公司支付紙幣給政府，用以償還積欠國民的債務；密西西比公司以公司募股來從國民手中回收紙本，孕育出紙幣循環的模式。於是市場上充斥著紙幣；過程中，密西西比公司需募集股票買主。為此，他只能祭出集中法國貿易權限、實施高股息收益率後再降低，以及提供既有股東購買股票的優惠、股票擔保融資、十次分期付款購買股票等手段；當然，這之中亦充斥著描繪公司輝煌前景、散布股價上漲的流言在內等不當方式。

一七一九年，密西西比公司貸款十二億里弗爾（Livre）給王室，並取得收稅承包權為回報。也就是說，王室負債為密西西比公司獨攬，還債資金的稅收與貿易所得的利潤則統整在密西西比公司手上。若規律發行貨幣，密西西比公司將獲致成功，不會出現任何問題。

投資人對密西西比公司的期待膨脹，新發行的股票人氣高漲，甚至到了沒有約翰．羅的人脈便無由入手的程度。約翰．羅的住宅附近，終日有貴族與資產家前來求見，盼能將自己的名字列入下期股票買家的名單，甚至有三萬名投資人為了尋求投資機會而從英國造訪巴黎；歐洲各地資金也彙集至密西西比公司。在一七一九年六月時，密西西比公司的股價為五五〇里弗爾，到了七月則漲到一千里弗爾，九月漲到五千里弗爾；到了十二月，終於來到一萬里弗爾。股票狂漲的理由並不複雜，雖然投資人不清楚密西西比公司的經營內容，但股價上漲卻說明了其績效肯定不差：正因為是好的投資商品，大家才會購買，股價也才會上漲。

約翰・羅掌握了紙幣的發行權，因此當他依據上漲的市價發售新的股票，也會同步印製紙幣，作為償還政府債務的資金，導致貨幣的流通量增加。這已非金本位制，而是股票本位制了。如下的循環進而形成：貨幣流通量增加，用其購買股票，進而刺激貨幣流通量提升。貨幣發行量從一七一八年的一千八百萬里弗爾，到了一七二〇年四月，增加到十六億里弗爾。在這個時代，企業家＝entrepreneur、百萬富翁＝millionaire等法語新詞也紛紛誕生。

一七二〇年年初，投資人對密西西比公司股票的不易購買心生嫌惡，開始賣出手上的股票，引發了拋售潮。這樣一來，與股價上漲之際的相同原理開始產生作用，因為有人賣出，股價就會下跌；因為下跌，就有人急著賣出。如同約翰・羅一開始的洞察，貨幣是基於所謂信用的共同幻想而成立，那密西西比公司的股票便是一齣貨幣與股票的雙重幻想。過往，歡喜於用黃金交換紙幣、購買股票的投資人，現在賣出股票，厭惡將自身命運與密西西比公司綁在一起的銀行發行的紙幣，因此紛紛湧入銀行，要求換回原本的黃金。

當時，歐洲的貨幣要跨越國境已變得不太容易，投資人開始將資金轉移到更安全的倫敦與阿姆斯特丹。現在，他們的需求是將約翰・羅印刷的紙幣換回黃金，再兌換為英鎊與荷蘭盾。瞬間，曾比黃金值錢，進而一股難求的密西西比公司股票及依託於股票發行的紙幣，完全沒人願意接受。於是當年夏天，密西西比公司宣告破產，約翰．羅也於年底逃亡海外，苟全性命。

約翰．羅並非行騙，他將賺到的錢全部投資法國境內的不動產及其他資產便是證據，他沒有將任何資金轉移到國外。

英法泡沫經濟的破綻：資本積累的光與影

截至一七一九年九月，英國政府發行的長期公債累計到約五千萬英鎊。其中，英格蘭銀行（BOE）持有三百三十萬英鎊、東印度公司持有三百二十萬英鎊，一七一一年，南海公司承購了一千一百萬英鎊，並將剩餘的三千兩百五十萬英鎊在資本市場出售。

南海公司的事業範圍，位於西班牙與葡萄牙在南美洲的領地，業績並不理想。有位董事約翰．布倫特爵士（Sir John Blunt）注意到法國密西西比公司的成功。當時，密西西比公司的股價如日中天，投資熱潮蔓延到整個歐洲。有人想效法密西西比公司大賺一筆，也是人之常情。

一七二〇年一月二十一日，南海公司仿效法國密西西比公司，對外公布將全面接收市面上流通的三一五〇萬英鎊國債（年金債券），股價應聲上漲。所謂接收，意指將國債換成股票。此時，剛好英國在與西班牙交涉直布羅陀的領屬問題，南美擁有利權的期望值影響到英國，因此投資人腦海中浮現出正值鼎盛輝煌的密西西比公司，於是購進了南海公司的股票。不過，約翰．布倫特爵士在以債換股的條件中，潛藏狡猾的機制；只要在股票發行之初，稍微有點購買的人氣即可，南海公司便獲得以「時價」發行「轉換過後的國債」及「面額等值的股票」——此等官方賦予的特權。

所謂狡猾機制的意涵，上述說明可能不夠。舉例來說，當股票面額是美股一百英鎊，每股股價也是一百英鎊時，將一千英鎊的國債兌換為股票，國債持有人便可獲得十股股票。但如果每股股價上漲到一千英鎊，再將之與國債交換，那只要交付給國債持有人一股，整個交易就結束了。這便是以國債面值兌換股票時價所致。

另一方面，南海公司可以發行面額等同國債的股票，因此股價為一百英鎊時，該公司能保留的股份為零，股價為一千英鎊時，就會有九股的剩餘股留給該公司。剩餘股售出後不會算入南海公司的資本額，而是成為利潤，只有購入的國債會算入資本額。在此一機制下，南海公司只要在股價上漲時發行股票，就能獲得相應的利潤。

諷刺的是，就在法國密西西比公司設法遏止股價下跌之際，因為法國資金轉進英國，刺激南海公司股價急遽上揚，在英國掀起了炒股狂潮，新設公司的申請驟增，倫敦市法團的交易所胡同（Exchange Alley）裡，股票經紀商湧現街道；只要一成立公司，不論經營什麼事業都能賺錢。約翰．布倫特爵士擔心類似南海公司的企業大量出現，將壓迫到資金供給，於是遊說政治家在一七二〇年六月通過《泡沫企業禁止法案》（The Bubble Act）。約翰・布倫特爵士想透過這個法案，限制自身以外如泡沫般湧現、接連提出設立申請的小資本企業。

「泡沫」是生活於現代的我們非常熟悉的詞彙，其所冠名的法律規定如下：「股東超過六人的企業，股東的有限責任特權只能由議會賦予。」基於這點，若要在英國設立稍具規模的公司，都需要龐大的費用和時間，而且連公司何時能夠正式成立也是未知數。

《泡沫企業禁止法案》在接下來的約一百年發揮效力，嚴重阻礙英國公司制度的發展。在當時，此一法案的存在也是倫敦證券交易所延遲設立，南海事件導致股票信用喪失等事件的關鍵因素。

諷刺的是，此一禁止泡沫企業設立的法案成立後不久，約翰・布倫特爵士的南海公司本身也化為泡沫，其股價和密西西比公司一樣開始暴跌。對政府來說，國家債務已經減少，接下來會發生什麼事都無關緊要。不過，結局是投資人慘遭損失後，英格蘭銀行仍提供些許救濟。

當時英國兩大政黨之一的托利黨（Tory Party），是南海公司設立的背後勢力。另外，英格蘭銀行的成立則與托利黨的對手輝格黨（Whig）有關。在這樣的政治因素下，南海公司並未如同約翰・羅的密西西比公司那樣，與銀行結為利益共同體。約翰・羅的作為出於強大私欲及對共同幻想的過分自信，但某種程度來說，約翰・布倫特爵士的南海公司的股票發行模式包藏禍心，不正是所謂精湛的詐騙術嗎？物理學家艾薩克・牛頓爵士（Sir Isaac Newton）在南海泡沫事件損失了兩萬英鎊，他如此感慨：「若是天體運行，便可以計算，至於人們的瘋狂，卻未能估計。」然而，牛頓在稍早之前已有過一次重大的計算錯誤，但並非出現在物理學而是金融史。這段故事稍後也將提及。

這次騷動後，英國對股票便存在偏見。即使如此，後來的個人投資者廣泛持有國債，據以取代股票，銀行也未失去信用。在法國，投資人不僅不再信任股票，對銀行也抱以懷疑眼光。就連進入十九世紀後，此一影響也持續著，相較於英國，法國銀行存款餘額一直面臨成長的瓶頸。如同記者出身的英國經濟學家沃爾特・白芝浩（Walter Bagehot）在其名著《倫巴底街：貨幣市場記述》（*Lombard Street: A Description of the Money Market*，日譯本為岩波文庫出版）指出：法國邁向工業革命的資本積累，與英國差距頗大。

法國梧桐樹下

英國正值南海泡沫騷動之際，大西洋彼岸的美國仍是英國的殖民地，還未設立證券交易所。一七五二年，曼哈頓總算出現了類似證交所的機構，不過此一機構僅交易奴隸和玉米，既沒有公司，也沒有國債、公債，根本未見可供交易的商品。

美國證券市場問世於獨立戰爭（一七七五—一七八三）的最高潮，此一市場最初的交易商品，正是新聯邦政府為籌措戰爭經費發行的債券；證券始於戰爭經費的籌措。在美國獨立後的一七九〇年代，新政府許可了二九五家特許公司；一七九二年三月，定期股票交易的開盤也孕育而生。然而，當時的交易採拍賣方式，拍賣官裁量權過大，讓投入市場經紀人心生不滿。於是同年五月十七日，華爾街六十八號的法國梧桐樹下群聚著心懷不滿的經紀商，他們簽訂排除拍賣官的協議，名為「梧桐樹協議」（Buttonwood Agreement），這份載有二十四位經紀人簽名與住址的協議書，至今仍存在。

這份協議書的歷史意義在於，其為紐約證券交易所前身的團體發起，他們決定不與團體成員以外的對象交易，最低傭金為約定交易價格的百分之〇．二五。要言之，這個團體是基爾特（同業公會），但未獲得國王或政府特許。雖然後來傭金比率有所更動，但此一協議簽訂於五月，因而被稱為「傭金表」（May Tariff），一直沿用到一九七五年傭金自由化之際，而且時間點還是當年的五月。

實務上來說，美國股票交易的傭金在一九八〇年代為止，依據May Tariff為基準，訂定其貼現率。在傭金尚未自由化時代的日本，對美國股票的委託交易都直接以May Tariff為標準。即使是傭金自由化時代當下的美國，雖然人們意識到，這將導致證券公司經營困難，但後見之明告訴我們，股票仲介業務的比重的確下降了，但美國證券業走向繁榮。股票經紀人在簽訂「梧桐樹協議」的一七九二年，將股票交易所從華爾街二十二號，搬遷到該街街角的唐提咖啡館（Tontine Coffee House）。

此際，聯邦公債與州公債的交易已存在，但幾乎沒有股票買賣，經紀人僅靠證券業務無法維生，於是兼營彩票及其他產品變得普遍。如同英國，美國的公司制度存在無限責任的問題。即使是在特許公司成立當初，募集到願意承擔無限責任風險的投資者，股票發售時也需覓得願意承擔無限責任的投資人，因此股票無法頻繁交易。一八一二年，紐約家首家有限責任公司獲得認可，不過有限責任制度普及於一般公司，要到一八五〇年代以後才逐漸實現。

一八一二年，美國對英國開戰，並且為了籌措戰費而發行聯邦債券。此一時期，費城的栗樹街（Chestnut Street）相較華爾街而言，股票交易量較多，不過一八一九年，透過哈德遜河連接五大湖區與紐約的伊利運河（Erie Canal）開通後，大量穀物運輸成為可能，物資也集散於對歐洲的出口港——紐約市。一八二二年運河股變得熱門，英國對美國的熱絡投資立即可見，華爾街獲選為交易投資的大門。連英國著名財閥的霸菱集團（Barings）都選擇一、兩位美國人為合夥對象，至於其競爭對手，經營商業銀行的羅斯柴爾德（Rothschild）家族，也在一八三五年將代理人派去美國。

證券交易所搬出唐提咖啡館後，頻繁更換地點，今天的紐約證券交易所建於一九〇三年，也就是日俄戰爭前一年。

大阪堂島米穀交易所

一六二〇年的日本，距離豐臣家覆滅的「大阪夏之陣」[2]不過五年。同一時期的美國，初代移民的清教徒搭乘的五月花號（Mayflower）正從英國的普利茅斯港（Plymouth Harbor）出發，抵達位於今天麻薩諸塞州的普利茅斯；在荷蘭，東印度公司的股票交易與鯡魚期貨交易正進行著，鬱金香仍專屬於植物愛好者。雖然西班牙的商船已往返於墨西哥與菲律賓之間，但澳洲大陸尚未為人知曉；在中國滿州，努爾哈赤統一了女真族並從明朝獨立出來，但清朝尚未建立。位於如此世界遠東的日本，名古屋的旅館裡記錄著一種買賣雙方當場協商的期權交易——延米交易。

若用現今期權交易的概念來理解延米交易，這是預付百分之十二的訂金（期權費），加上名目本金的百分之三為利息，百分之一．二的經紀人傭金，在夏天約定交易價格，然後隔年春天決算的米穀ATM（at the money＝契約簽訂時米穀市價為基準）買權（Call option）。

簡單說來，夏天先預付當下米穀市價的百分之十二為訂金，隔年春天米穀市價若上漲到超過原本約定的交易價格，仍然依據約定價格支付扣除訂金的餘款，取得米穀；若米穀市價下跌至低於約定價格，則放棄訂金，終止契約。不過，這並非在交易所裡眾目睽睽下完成的交易，而是個人與個人面對面的交易，故若無法取得交易對象的信任，便無法成立。因此，難以期待如此交易會帶來市場經濟的整體發展。但這種期權的紀錄已在日本出現，著實令人驚訝。

江戶時代，各藩在大阪擁有的藏屋敷（倉庫兼藩邸）在出售米穀之際，若買家支付三分之一的貨款，便會給予兌換米穀的米穀票據。三十天內，買家持米穀票據與剩餘款項，便可以完成交易。雖然米穀票據只是保證金的收據，但達到可以單獨買賣的階段，因此實現了米穀交易證券化。而且，若使用米穀票據，還可以交易到同等金額現貨交易的三倍數量米穀。

儘管有買家過了三十天仍未前來兌換米票，而且付了全部款項卻未領取米穀，但對藏屋敷而言，就如同無息借款，對此並不會有意見。況且藏屋敷理解到，若將運輸中的米穀一併計算，其實可以發行米穀證券的額度可以略多於實際的庫存量，等同於藉由銀行來創造信用的始祖英國——倫敦金匠的故事，只是米穀票據沒發展成紙幣。一六五四年，大阪奉行所發布公告給各藩藏屋敷，不得發行超出庫存米穀數量的米穀票據。

一六六〇年和一六六三年的公告規定：「嚴守三十天的期限，禁止轉賣米穀票據，禁止市集以外的交易。」可見當時米穀票據的兌換期限在實務運作中獲得延長，非官方認定的市場亦已形成。

一般認為，上述米穀票據在後來演進為「淀屋米市」，也就是當時大商號淀屋門前的米穀票據交易市場；淀屋是傳說中建造淀屋橋的巨賈淀屋常安。

最終決算時，是以米穀票據交付米穀，但也開始出現不交付現貨的交易，稱為「つめかえし」[3]，即單純依據買入與賣出的價差（差額決算）的期貨交易。奉行所反覆取締如此僅賭上米穀價格變動、純粹進行差額決算的空頭交易。學者將如此交易解釋為形同賭博，造成米價上漲，導致武士與百姓苦不堪言。

很快地，基於交易所在地的噪音問題，地點從淀屋遷移到堂島。淀屋常安高額貸款給西國、九州等地的大名，被以奢侈與不實貿易的元凶定罪，一七〇五年，其財產遭到沒收與流放異地。如此一來，幕府將大名們的借款一筆勾銷，與中古歐洲王公貴族的作為如出一轍。

堂島在不老實的空頭交易遭禁止期間，表面上只進行米穀票據交易。不過一七二二年之後，幕府態度出現轉變。向來的耕地面積增加與米穀豐收引發米價下跌，造成依賴米穀交易的武士經濟收入不足的問題。於是，如今幕府態度丕變，反過來期待以不實交易抬高米價。幕府認為，若期貨交易增加，米價就會上漲。一九九〇年代泡沫經濟崩潰後，出現過期貨交易為市場行情崩壞之罪魁禍首的「先物惡玉論」[4]，幕府可謂複製了此一想法，只是價格漲跌方向不同。[5]如此一來，商人不僅不再嚴守規定，還積極採取行動，期待獲得幕府承認。結果，一七三〇年，只有稱為「帳合米取引」（米穀帳面交易）之不現貨交付的差額決算——期貨交易獲得認可（可以自由交易）。依據米穀票據（享保年間，名稱從米手形改為米切手）的交易稱為「正米取引」（米穀現貨交易），四天結算，分為春米、夏米、秋米三期。「帳合米取引」也採用相同的分期方式。

此時，雖然世界各地紛紛出現期權交易與期貨交易，但堂島米穀交易所制度健全，當屬全世界最早的期貨交易市場。

經濟史學者高槻泰郎在《近世米穀市場的形成與發展》（近世米市場の形成と展開—幕府司法と堂島米会所の発展，名古屋大學出版）指出：若米穀現貨交易出現糾紛，代官所會受理其訴訟，但不予理會不交付現貨的米穀交易。原本各大名設立於大阪的藏屋敷，法律地位就不同於幕府的特設倉庫（江戶的拝領屋敷），只是興建於街市的倉庫，打官司也以代理人（名代）、倉庫出納管理人（藏元）等商人的名義進行；期貨交易市場形成的「健全制度」，並非幕府賦予，而是涉及米穀交易市場的商人，自發性地加以組織與整備。

儘管如此，處於鎖國政策的遠東國家日本存在著這樣的「市場」，著實令人驚豔。在明治維新階段，福澤諭吉等人殫精竭慮地編造政治經濟學的日文翻譯，而在市場相關用語方面，日語的對應詞已相當齊全了。

註釋

1 譯註：大同盟戰爭是法國國王路易十四在歐洲進行大規模擴張的第三場重要戰爭，從一六八八年進行到一六九七年，歷時九年，又稱為九年戰爭。路易十四發動戰爭後，荷蘭、神聖羅馬帝國哈布斯堡王朝和英國、西班牙等組成大同盟聯合對抗。雖然這場戰爭暫時阻止的路易十四的野心，但未改變法國是當時歐陸最強霸權的國際政治格局。

2 譯註：大阪夏之陣是終結日本戰國時代的著名戰役，對壘雙方是德川家與豐臣家，最終德川家的德川家康攻陷大阪城，統一了日本。

3 譯註：「つめかえし」是日文專門用語，不適合翻譯，原意是重複裝填。

4 譯註：所謂先物惡玉論源自日經平均股價期貨交易在一九八八年開始之後，日本股價隨即在一九九〇年代初期大幅下跌。事實上，這兩種之間並不存在任何連帶關係。

5 譯註：不同於「先物惡玉論」的觀點，認為熱絡的期貨交易是導致市場行情崩壞的罪魁禍首，幕府期待熱絡的期貨交易帶動市場（米穀價格）行情看漲。

第九章
從阿姆斯特丹到倫敦

蘇格蘭寡婦基金與聯合公債

對金融界人士，特別是資產管理業務相關人士而言，「蘇格蘭寡婦基金」（Scottish Widows plc）的名號非比尋常，頗令人敬畏。倫敦的城市可謂現代金融業的發源地。另一方面，蘇格蘭首都愛丁堡則可說是資產管理的聖地。雖然如此，在金融理論最興盛的現代，金融中心或許在美國，但相對於內需主導型（國內擁有豐富投資機會）的美國，英國基於殖民地經營的傳統，很早就開始布局全球的投資，其運用手段的成熟絲毫無損「蘇格蘭遺孀」的歷史價值。

十八世紀初，羅伯特．華萊士（Robert Wallace）和亞歷山大．韋伯斯特（Alexander Webster）兩位蘇格蘭國教會牧師居住於蘇格蘭。兩人都有好酒量，因此若喝醉便會成為話題，他們在酒醉時仍難以釋懷人間的不幸。每當看到牧師朋友英年早逝，留下孤兒寡母艱難度日，他們便感到痛心。

兩人的數學也和酒量一樣好，他們想到一種牧師之間相互扶助的保險模式。當時，作為現代壽險基礎的「哈雷生命表」（Halley's Table）已經問世，他們以之為參考，將牧師的平均壽命與家庭組成進行精確統計，計算出每位牧師需支付的年均保險費，收繳而來的資金不僅充作保險基金支付遺族，還將剩餘資金拿來資產管理（投資）。

一八一二年，「蘇格蘭牧師的寡婦年金」（Scottish Widows）吸引了其他若干年金，投保物件從牧師擴大到一般民眾，走向企業化經營。長久引領資產管理領域的這家歷史性保險公司，迄今仍持續運作於駿懋銀行集團（Lloyds Banking Group plc）旗下。現今，這家公司馳名於世的形象是，怎麼看都不像需要援助的美麗寡婦海報。

那麼，正當華萊士和韋伯斯特費心於基金所需的資產管理之際，十八世紀中期的英國證券市場狀況如何呢？對年金基金的管理而言，風險低的穩定資產類別（股票、債券等）成為必要。

當時的倫敦證券業者多為商人兼職，他們一方面在皇家交易所買賣商品，時而出現在喬納森咖啡館，交易東印度公司股票與國債等證券。如此情景之下，英國發生了簡化國債的革命，將當時發行的龐雜國債進行整理，彙整成單一種類。

國債發行日如果不同，票面利率（Coupon rate）與償還期限（到期日期）便會產生差異。這在今天的日本也一樣，國債交易時，是何年何月發行的第幾次國債等指定的交易種類必須明記。有五年期國債、十年期國債及十年期國債發行五年後，剩餘期限五年的國債種類。基於品項繁多，若分類過細，每個品項的持有者就會減少；想賣出或買進時，就不容易找到對應的買家或賣家，這會導致交易無法頻繁進行。證券業的用語將這種狀況稱為「流動性差」。對投資人而言，這是想賣時賣不掉的商品，變現能力低，因而價值減少，價格也大打折扣。當時，對發行方的政府或購買方的投資人而言，國債都是無利可圖的商品。

於是一七四九年，時任首相兼財政部長的亨利．佩勒姆（Henry Pelham），便針對過去以來發行的各類型國債之票面利率和償還期限進行整合，創造出永久國債，稱為「聯合公債」。因為國債只剩單一種類，交易時便無指定品項的必要，亦不用計算剩餘期限的收益率。自然而然，同一種債券的持有者會增加，當流動性一上升，就會召喚出新進的投資者，厚實交易基礎。

英國國債發行額的膨脹，是政府為因應接連不斷的戰爭而有籌措軍費之必要，從一七三九年的四千四百萬英鎊，到拿破崙戰爭結束後的一八一六年，增加至七億英鎊，但都能依靠投資人的資金順利消化。英國國會掌握主導權之後，再無債務不履行的問題（財政崩潰），這在全世界實屬罕見。英國經濟學家沃爾特．白芝浩（Walter Bagehot）認為，當時英國國債在擁有信用的同時，也擁有如諺語：「統一公債在週日也賣得掉。」（can sell Consols on a Sunday）所強調的變現能力。對蘇格蘭遺孀們的年金基金管理而言，這種既安全又穩定的金融商品必不可少。

拿破崙與倫敦市場

所謂七年戰爭，是發生在普魯士及其盟友英國與其他歐洲國家之間，結果在一七六三年簽訂《巴黎條約》（Treaty of Paris），以普魯士取得有利條件作結。至於英國，則在北美及印度與法國作戰，確立其在各地的優勢地位，打下後來晉身霸權國家的基礎。

這場戰事之後，以英國為中心的世界貿易擴大且國際分工體系日趨整備，另一方面，阿姆斯特丹持續發揮其作為金融市場的能量。當時英國仍是債務國，其一部分國債仰賴阿姆斯特丹的資金消化。十七、十八世紀包括英國在內的多數歐洲國家，融資都仰賴阿姆斯特丹市場；若要發行債券，也會選擇在阿姆斯特丹市場。當地金融巨頭之一的霍普商會（Hope & Co）獨自承擔發行十次瑞典政府國債與十八次俄羅斯政府國債。這些金融業者負責的銷售範圍不限於阿姆斯特丹，而是歐洲全境，因此這些國債在歐洲各地也有販賣。打從一開始，國債交易就是跨國的全球性商業。

《巴黎條約》簽訂後，倫敦的物產交易市場透過北美、印度之間的貿易，趨於熱絡，阿姆斯特丹及歐洲各地的商人紛紛將子弟、族人派往倫敦。

義大利北部倫巴底出身者，在倫敦創建出一條與家鄉同名的街區，聖奧古斯丁修道會（位於Broad Street Ward）周遭則有荷蘭人聚居；不過，雖說是荷蘭人，事實上大都是歐洲各地的猶太人。爾後將城市勢力一分為二的霸菱家族（Baring），在霍普商會協助下從布萊梅來到英國，店鋪也於一七六三年在倫敦開張；至於來自法蘭克福的羅斯柴爾德家族，來自漢堡的施羅德家族（Shroder），來自亞爾薩斯（Alsace）的拉扎德兄弟（Lazard）都齊聚倫敦。他們擁有處理貿易票據與匯兌交易的實務經驗，連結歐洲各城市的人脈網絡及外語能力。

十八世紀末葉的英荷戰爭（一七八〇年）與法國大革命戰爭導致的法軍入侵（一七九五年），將荷蘭建立為法國衛星國——巴達維亞共和國（Bataafse Republiek），此後再被拿破崙改國名為荷蘭王國（一八〇六年），削弱了金融都市阿姆斯特丹。伴隨著拿破崙佔領法蘭克福與漢堡，許多德裔猶太人移居倫敦，拿破崙軍隊的進駐亦導致阿姆斯特丹的繁榮邁向終局；拿破崙驅逐了冀求保全資金與自由的金融業者，結果便是，倫敦成為占盡優勢的金融中心。

另一方面，此一時期的倫敦聯合公債交易熱絡；同時，政府需籌措對法戰爭的軍費，因而公債市場獲得整備；這個時期，倫敦交易所從事債券交易的金融業者，從一七九二年的四三〇人，增加至一八一二年的七二六人。

拿破崙戰爭成敗的要因是英、法兩國資金籌措能力的差異。從路易十四掌權到法國革命

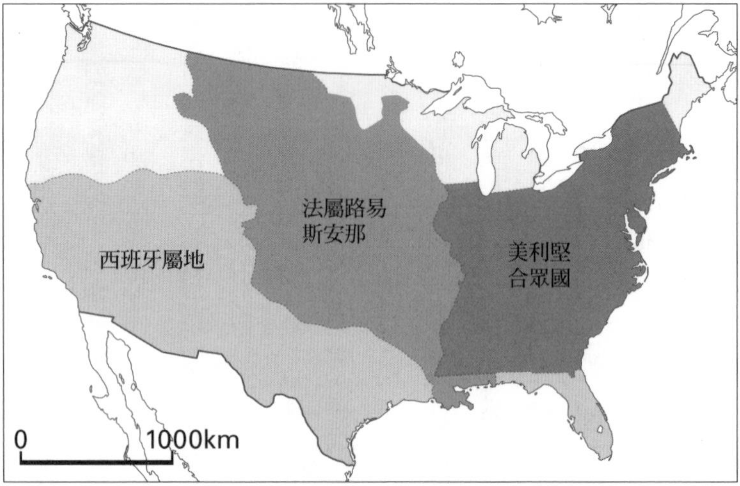

橫跨今天愛荷華、阿肯色等十五州廣大區域的法屬路易斯安那

為止，債務不履行的情況一再上演，導致法國國債失去信用，透過發行國債籌措軍費日趨困難。拿破崙於是利用佔領地區的賠款確保軍費來源，限制國債發行，實現財政平衡。基於此舉，法國國債信用恢復，但不到再次發行的程度，最終軍費仍告枯竭。為求安全，飽受戰亂的歐陸資金移轉到倫敦。

一八〇三年，困擾於軍費的拿破崙將法國在北美的屬地路易斯安那（La Louisiane），以一千五百萬美元賣給美國政府。雖然稱為路易斯安那，但完全迥異於今天的路易斯安那州。法屬路易斯安那是橫跨今天愛荷華、阿肯色、奧克拉荷馬、堪薩斯、科羅拉多、南達科他、德克薩斯、新墨西哥、內布拉斯加、北達科他、密蘇里、明尼蘇達、蒙大拿、路易斯安那、懷俄明等十五個州的廣大區域，相當於今天美國領土的百分之二十三。

這段時期，美國政府發行了一一二五萬美元的聯邦債券，將之作為部分購買資金交付給拿破崙，但以法國銀行為首的法國本土金融業者拒賣這批債券。於是，美國政府代理人的英國霸菱商會便聯手阿姆斯特丹的霍普商會，將這批債券售出，替拿破崙變現。英、法兩國政府都不反對霸菱商會的商業行為。後來，霸菱商會也是透過籌劃發行法國國債來解決法國戰敗賠償金的融資問題。如此一來，倫敦確立了其在國際金融市場上的支配性地位。

牛頓帶來金本位制

二〇一二年，美國總統大選初選中，一位共和黨候選人——眾議員羅恩・保羅（Ron Paul）主張藉由金本位制或銀本位制來穩定各項物價。對此，諾貝爾經濟學獎得主保羅・克魯格曼（Paul Robin Krugman）在《紐約時報》上撰文，將黃金價格除以消費者物價指數所得的實際金價繪製成統計圖，展示出黃金價格多麼不穩，並諷刺：

「金本位制下的美國沒發生過大規模金融危機，除了一八七三年、一八八四年、一八九〇年、一八九三年、一九〇七年、一九三〇年、一九三二年和一九三三年。」

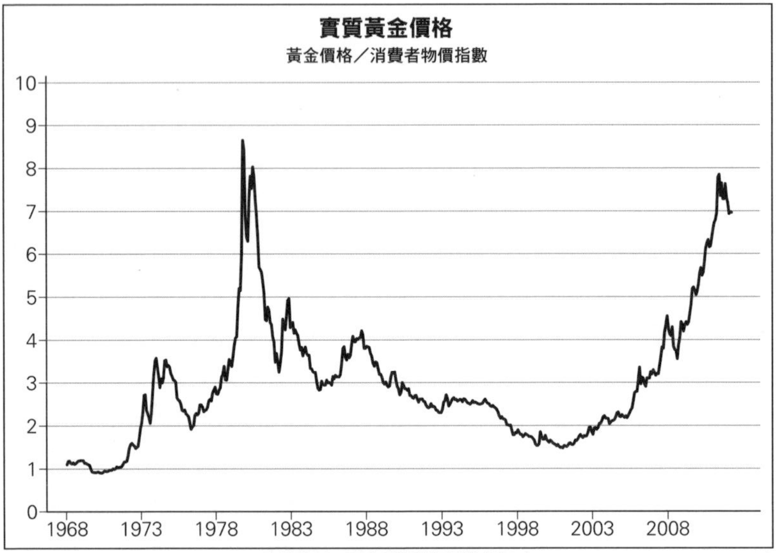

資料來源：聖路易斯聯邦儲備銀行（Federal Reserve Bank of St. Louis）

統計圖將黃金價格相對於一般物價的劇烈波動展現出來。反過來說，這意味著若以黃金價格為基準，物價會大幅波動。從過去四十年的資料來看，即使維持著金本位制，各項物價保持穩定仍難以想像。

西方文明裡的貨幣，自希臘文明時代以硬幣之姿登場以來，向來是利用有價值的黃金、白銀等貴金屬為素材所鑄造。即使後來出現紙幣，也是因為確保能與金銀交換，人們才會相信其價值。然而，若金、銀混用，二者相對價值的比價，將因供求關係發生變動。若在某處發現了蘊藏豐富的金礦，致使黃金被大量挖掘出來，白銀的相對稀有性將帶動其價值上漲；相對於銀，充斥的黃金價值將會下跌。

大航海時代拉開序幕後，中南美洲的白銀大量流向歐洲，導致歐洲的價格革命。在十七世紀前半葉的某個階段，英格蘭的金銀兌換比是一比十五，還未遭到價格革命滲透的印度，金銀兌換比是一比十。假如在印度用十個銀幣兌換一個金幣，將其帶回英國，可兌換十五個銀幣，之後再將銀幣帶回印度，這樣一來便可兌換到一．五個金幣。如果不計成本，每次可獲得百分之五十的利潤。東印度公司熱中於這樣的套利行為，從美洲新大陸經西班牙進入歐洲的白銀，進一步為印度及東方的中國吸收。門戶開放後的幕末日本，也利用金銀進行套利交易，導致大量黃金流向海外，原因在於日本與各國的金銀兌換比率不一致。順帶一提，這段歷史在佐藤雅美《將軍的貨幣》（文春文庫）中變成了小說。

天才物理學家艾薩克・牛頓（Sir Isaac Newton）在一七二〇年的南海泡沫事件（South Sea Bubble）[1]中損失了兩萬英鎊。彼時的牛頓，已非象牙塔中的物理學家了，他從一六九六年起任職於倫敦塔的造幣局。在這段時期，雖然政府規定一枚堅尼（Guinea）金幣兌換二十二先令銀幣，但在市場上可用更好的匯率兌換，套利交易仍在繼續。一磅牛排約四五三克重，但貨幣單位的一鎊，等於金衡制（Troy weight）[2]的三七三克白銀。作為英鎊基準的英格蘭銀幣被熔解後，為東方諸國吸收，當然，相對而來的則是黃金儲存於英國。

西班牙王位繼承戰爭結束後，一七一三年簽訂《烏得勒支和約》（Peace of Utrecht），戰爭期間中止之對印度的金銀套利交易隨即恢復。一七一七年，就在東印度公司剛運出三百萬盎司的白銀之際，時任造幣局局長的牛頓改訂最適金銀比價，以一枚基尼金幣兌換二十一先令銀幣（金銀兌換比率為一比十五．二），致使套利交易終結。

在此之前，英國主要流通貨幣是銀幣，牛頓的金銀比價大大低估了金幣的價值（將一枚金幣兌換二十二先令銀幣改為二十一先令銀幣）。因此套利交易停終止，變成銀幣被囤積，金幣廣獲使用，進而到處流通。這就是為何後來英國採用金本位制，而非銀本位制的理由。人們都說，牛頓計算錯誤創造出金本位制，但他弄錯的不是計算本身，而是如同制定金銀比價，打算透過公定定價壓抑供需變化導致的匯率浮動。話說回來，錯誤根本不存在，這正是克魯格曼想表達的意思。

在之後的短暫期間，英格蘭銀行採用牛頓制定的金銀比價兌換紙幣和金銀（金銀複本位制），但一七九七年爆發的法國戰爭，一度導致兌換業務終止。

戰爭結束後的一八一六年，英國實施貨幣法（An Act to provide for a New Silver Coinage, and to regulate the Currency of the Gold and Silver Coin of this Realm），引進索維林（sovereign）金幣，取代原本可兌換二十一先令銀幣的基尼金幣，恰好將兌換比定為一鎊索維林金幣兌換二十先令銀幣。若換算成重量，每盎司黃金（約三十一克）的價值是三英鎊十七先令十．五便士。這就是金本位制的開端。索維林金幣的鑄造和熔解都是自由，貨幣價值就是黃金本身的重量。另外，依據一八一九年的兌換銀行條例，自一八二一年五月起，英格蘭銀行券只能兌換金幣，無法兌換白銀，可謂從金銀複本位制走向金本位制。但其他國家並未立刻追隨英國，採用金本位制。

國際貨幣會議與貨幣聯盟

一八六七年，正值日本年號的慶應二年與三年之際，除了大政奉還，坂本龍馬還在年底遭到暗殺。西方歷史的這一年也頗不平靜。美國從俄羅斯手中買下阿拉斯加，卡爾．馬克思撰寫了《資本論》，另外在巴黎召開萬國博覽會，幕府與薩摩藩皆代表日本提供展覽品；幕府派去法國的，便是後來的澀澤榮一。還有，同樣在巴黎法國主導下，二十多個歐陸國家齊聚一堂，舉辦國際貨幣會議，這是世界首次國際貨幣會議。法國在會中表達對以金本位制為基礎之世界貨幣同盟的支持。表面上，貨幣制度不同，產生的匯率風險和交易成本將阻礙自由貿易發展，但事實上，拿破崙三世的霸權構想才是顧裡子的想法。當時，只有英國和葡萄牙實行金本位制，比利時、義大利、瑞士等與法國共組拉丁貨幣同盟的成員國，都實行金銀複本位制，普魯士則為銀本位制。此處，法國懷抱的構想是建立以法郎金幣為基礎的歐陸通用貨幣。

然而，拿破崙戰爭後的各國復興資金，都在倫敦市場以發行英鎊計價的債券來籌措。另

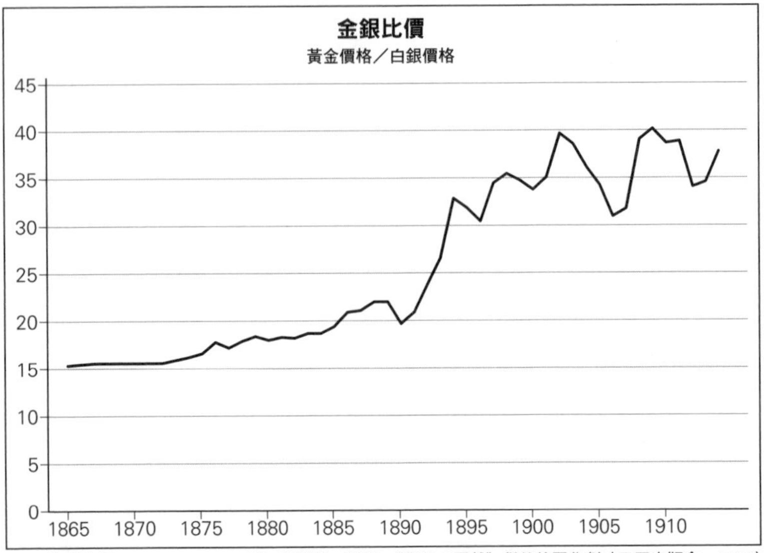

資料來源：Milton Friedman 著，斎藤精一郎譯，《貨幣の悪戯》貨幣的惡作劇（三田出版會，1993）

外，國際貿易中也多以保證能兌換黃金的英鎊為媒介。倫敦已經發揮國際金融市場中心的機能，特別是英國國債的聯合公債收益率，與今天的無風險利率（Risk-free interest rate，最安全且無風險的投資對象收益率）相當，在當時是最安全的投資標的，利率也最低。因此，法國的提案在英國眼中不值一顧。各國側目英國的繁榮，摸索著如何導入金本位制，但為了獲得作為本位貨幣的黃金，需採取相應的財政措施。金銀比價隨著供求關係而波動，想獲得黃金，就需要大量的白銀。

於是，普法戰爭成為重要契機。德國從法國獲得黃金支付的賠款，立刻在貨幣會議召開後第四年的一八七一年，過渡到金本位制。以此為開端，一八七二年斯堪地那維亞各國歷經北歐經濟會議，也相繼過渡到金本位制。法國則與義大利、比利時、瑞士同於一八七八年過渡到金本位制。各國為了紙幣和黃金的兌換準備開始賣出白銀，買入黃金。此一過程也展現出逐漸上漲的金銀比價曲線。九〇年代的金銀比價超過三十，是受到最後的大國——美國——過渡到金本位制的影響。

一八九七年，日本以中日甲午戰爭賠償金為基礎，採用金本位制。同年，俄羅斯也採用金本位制；但對兩國來說，若要為了籌措後來日俄戰爭的經費而發行外債，若不實行金本位制便不可能。因日俄戰爭的花費而背負高額外債的日本，期待在朴茨茅斯（Portsmouth）會議中，從俄羅斯的賠款取得黃金，但最後未能如願。

之後，日本為了維持償還外債以及準備用於兌換的黃金儲備而大費周章，但戰端並未蔓延到第一次世界大戰帶動的特別需求，致使出口增加，因而得以籌集大量本位貨幣的黃金。日本基於國內財政狀況，未脫離過金本位制，但在第一次世界大戰期間，則為了配合各國動向而停止兌換黃金。

註釋

1 譯註：相關內容請參見第八章。

2 譯註：金衡制是英國導入十進位系統之前的駐羈單位基礎，格令是最小單位，等於〇・〇六四克，二十四格令＝一本尼維特、二〇本尼維特＝一盎司、十二盎司＝一磅。

第十章
從英國到美國

有限責任制與股票市場發展的基礎

在南海泡沫事件最鼎盛的一七二〇年，英國頒布了《泡沫公司禁止法》（Bubble Act），此一法律用於約束輕率籌資的股份有限公司設立，但反而陷入過度管束，阻礙了十八世紀到十九世紀初期英國股份公司的發展[1]。然而，若說此一期間英國皆無新公司成立，也非事實。十八世紀中期以降，英國掀起了建設運河的熱潮，從一七五八年到一八〇三年間，共有一六五條運河法案被提交到國會；每家運河公司的設立，各自有其需要的立法程序，並從議會獲得特許權。另於一八二〇年，類似蘇格蘭寡婦基金性質之保險公司提出的特許權申請就有近二五〇件。至於普通的製造業，幾乎不需特許權，以合夥經營便足夠。合夥經營的話，能自由買賣所持股份，不參與經營的匿名會員僅負有限責任。話說回來，需透過股票上市來廣泛募資的資本密集業種則還未出現。

一七七六年，發明蒸汽機的詹姆士．瓦特（James Watt）苦於創業初期資金匱乏，一邊兼職測量師、土木技師，一邊進行研究。後來，瓦特與富商馬修．博爾頓（Matthew Boulton）共同創立作為發明事業基礎的博爾頓—瓦特公司（Boulton & Watt），這也不是一家股份有限公司，而是合夥經營。

另外，美國的情況也相同。若要廣泛集資，就需申請特許公司。蒸汽輪船發明者羅伯特．富爾敦（Robert Fulton）從英國訂購了前述博爾頓—瓦特公司生產的蒸汽引擎安裝於船隻，打算成立蒸汽船運公司，經營從紐約到奧爾巴尼（Albany）的航線；此際，便需取得河川航行的蒸汽船事業獨占特許權。當然，特許申請頗費周章，但卻能享有排擠其他競爭對手的好處。

改變如此情況的，是需籌集大筆資金的鐵道事業。從招商競爭的觀點來看，相較於英國，以州為單位進行立法的美國，對這個問題早就有所應對。

一八三七年，康乃狄克州規定，針對股份有限公司的設立，不用像特許公司那樣逐一制定法律，只要登記即可。於是，各州競相往去除障礙的方向發展。今天我們熟悉的，「僅憑註冊便得設立公司的制度」，便始於這個時期。

英國稍晚於美國，在一八四四年制定了《共同出資法》（Joint Stock Companies Act），股份有限公司變成可以自由設立。一八五六年的《股份有限公司法》取消了有限責任法的各種限制條件，股東的有限責任普及化。只要註冊便可成立股份有限公司，股東毋須承擔超過出資額度的損失；與此同時，承擔無限責任支付能力的要求不再是必要條件，不用擔憂害怕交易對象，而能自由買賣股票，股價也不會跌到零元以下。接著是一八六二年的《公司法》（The Companies Act），以及追隨英國之其他各國制定的新法律，都將公司從束縛中解放，創造了十九世紀末首次全球化的黃金時代。《公司的歷史》（*The Company: A Short History of a Revolutionary Idea*）的作者約翰．米可斯維特（John Micklethwait）與亞德里安．伍爾得禮奇（Adrian Wooldridge），將相關法律稱為「股份有限公司的發明」。

亞當．史密斯對於股東的有限責任制持批判態度，他擔憂：所謂有限責任等於不負責任，讓輕率之徒涉足公司經營，但只將風險轉嫁給債權人或供應商。若將某人的責任加以限定，一定會波及周遭。另外，這類代表那個時代的自由主義人士，還談到了現今所謂的所有權與經營權分離——「代理問題」（經營者是股東的代理人）；股份有限公司不同於個人經營或合夥經營，相較於經營權與所有權一致的模式，先天上就有許多問題。他們洞悉到，受雇的經營者不像擁有所有權的經營者那樣付出「謹慎小心」，「一定會經常發生錯誤與濫用資金的問題」。此一問題在雷曼兄弟事件時再次獲得討論，也就是報酬不會被刪減之經營者的高額報酬問題。

在第二次產業革命需要巨額資金的背景下，募資相關法律的完備化展開推動。同時，就如同今天，投資人可以自由買賣的現代股票交易市場也準備就緒。透過英國博爾頓—瓦特公司製造的引擎發明出蒸汽輪船的是美國人而非英國人。大家難道不覺得，博爾頓—瓦特公司的蒸汽輪船與蘋果公司集眾家科技之長生產的 ipod 與 iPhone 概念相似；也或許，這樣的見解有點牽強。

鐵道與股票市場

卡麥隆（Rondo Cameron）在其《世界經濟簡史：從舊石器時代到今天》（*A Concise Economic History of the World: From Paleolithic Times to the Present*）中提到：「產業革命」這個詞彙會令人聯想到急遽、激烈的變化，但實際上的變化更和緩且連續，而且相較於產業，知識的變化毋寧才重要。此一詞彙受到如此批判是一九八〇年代之後的事，因此並非專家學者的我們無從得知。在此，姑且使用「工業化」這個詞。在英國工業化初期，作為運輸方式的運河打開了獲得特許權之路。一七六一年，布里奇沃特運河（Bridgewater Canal）開通後，直至十九世紀中期，運河總里程延長為六八四〇公里，達到歷史高峰。在那之後，作為嶄新運輸方式的鐵道登上歷史舞臺。

鐵道公司的特許權申請起於一八〇一年，截至一八二一年，共有十四家公司取得。但早期鐵道一如當時的收費公路——Turnpike，僅是鋪設路線來徵收通行費的道路租借業務。斯托克頓—達興建靈頓（Stockton and Darlington Railway）鐵道公司在一八二一年獲得特許，但在路線期間，決定引進自家公司製造的蒸汽火車頭；一八二五年，其以世界首家鐵道營運企業之姿開張。這家企業引進了著名的喬治・史蒂文生（George Stephenson）研發的「運動號」（Locomotion）火車頭運送煤炭。稍遲於這家企業的是，曼徹斯特（Manchester）至利物浦（Liverpool）之間的鐵道建設申請案，經營者也引進了運動號火車頭。此一申請案引起運河業者——搶先一步的既得利益者——的強烈反彈。但比起運河單程航行需花費三十六小時，鐵道可縮短為五小時，而且鐵道的運費僅為運河的三分之一，因此通過特許權申請。曼徹斯特至利物浦之間的鐵道，提供的分紅高達年利率百分之八至百分之十，當時聯合公債的收益率為百分之三・三左右。進而，這家企業的股價上漲到票面價格的三倍，投資人開始意識到，鐵道股可以發財。

十九世紀初期的倫敦市場，以國債與外國公債的交易為主。一八三八年的倫敦證券交易所記錄顯示，六七五位會員中有二七八位經紀人從事股票交易，其中十五位會員僅操作特定的鐵道股票。雖然鐵道股票捲入一八四五年首次的股價崩盤，但在一八五三年，倫敦證券交易所上市證券面值總額的四分之三仍是政府證券；從行業別來看，即使是最顯眼的鐵道股票，也只值兩億英鎊，僅占百分之十六而已。這些投身於證券市場的投資人，其興趣逐漸轉

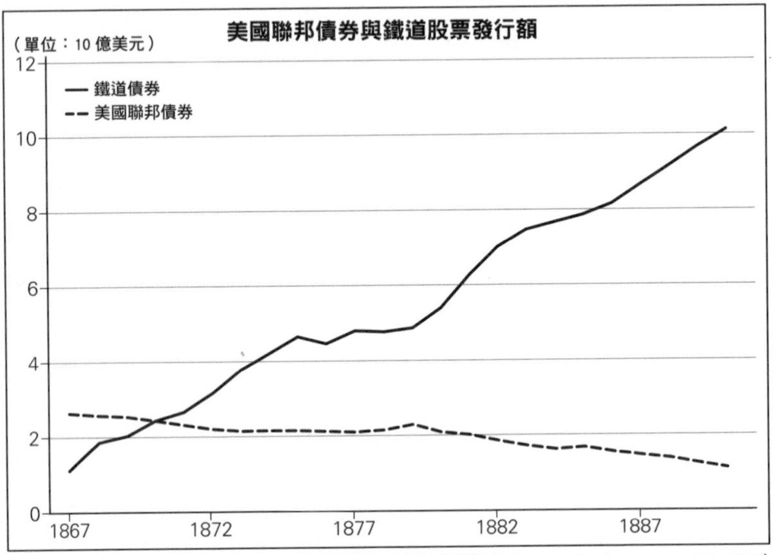

資料來源：美國歷史統計（Historical Statistics of the U.S. 1960）

移到擁有廣袤處女地的新興國家——美國。

時序進入十九世紀後半葉，南北戰爭結束，美國有多間鐵道公司設立，隨之發行了大量鐵道證券（股票與債券各占百分之五十左右）。從證券的發行總額來看，交易重心從原本的國債與公債轉移到鐵道股票。

一八九九年的紐約股票市場，市值總額的百分之六十三為鐵道股票。早期的股市完全以鐵道股票為主體。如此的股市結構，清楚反映於一八九六年，道瓊公司（Dow Jones & Company）首次公布的股票價格平均指數。鐵道股價指數共有二十檔，用來計算工業股價平均指數的種類現為三十檔，當時僅有十二檔。就連在倫敦市場，鐵道股票占全體市值總額的百分之五十以上，當時的東京市場亦不例外。

南北戰爭與零售銷貨

「波瓦坦號」（Powhatan）與「咸臨丸」載著勝海舟、福澤諭吉與訪美使節團橫渡太平洋來到美國時，正值一八六〇年。同年四月份在費城，訪美使節團的監察官小栗忠順，針對因導致日本黃金大量外流故懸而未決的金銀兌換比率修訂事宜，向美方交涉。雖然美方接受小栗忠順實驗論證的正確性，但沒有回應修訂金銀兌換比率的問題。弱者是沒有話語權的。

同年十二月，南卡羅來納州宣布脫離聯邦政府。一八六一年二月，南部聯盟宣告成立，美國分為南、北兩大陣營。三月四日林肯（Abraham Lincoln）就任總統，五天後，「南方邦聯國會」（The Confederate States Congress）批准發行不同於北方陣營的財政部證券與獨立貨幣，是為南北戰爭的開端。

紐約證券交易所立刻決議，支持美利堅合眾國（北軍）。即使如此，南方出身的證券業者依舊留在華爾街。但即使是少額掛賣，都會被認定為南方支持者，因此沒人進行掛賣。受惠於此，南北戰爭爆發後的股價保持穩定。交易所還決議要獎勵出征的士兵，但即使如此，聽說當自己收到徵集入伍令時，便會花錢找人代替自己參戰。雖然此事有其時代背景，但不

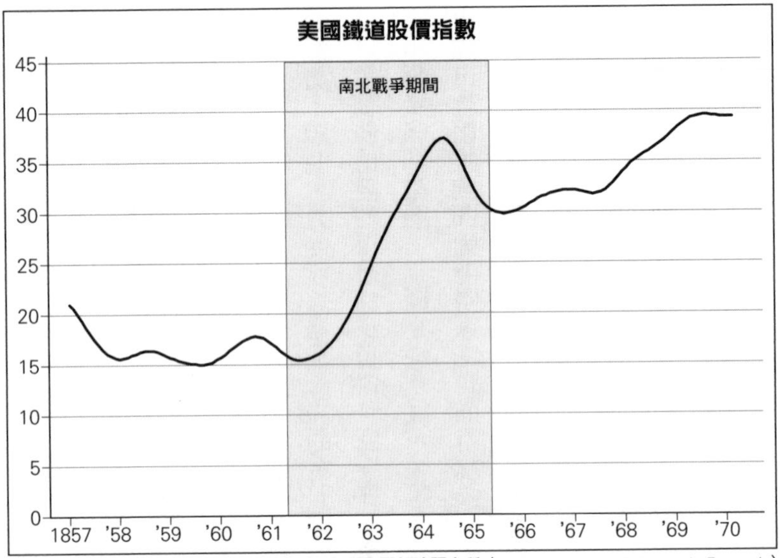

資料來源：美國全國經濟研究所（National Bureau of Economic Research）

正說明了，華爾街向來都是精明人士的匯聚之所。

聯邦政府對於作為籌措軍費的國債滯銷傷透了腦筋。戰爭與國債是想切割也切割不了的關係。北軍的賓夕法尼亞州曾嘗試發行三百萬美元的州債，但在一八四一年曾有不履行債務，導致其信用喪失，完全沒人要承購。

此一情況之下，當地的青年民營銀行家——傑伊．庫克公司（Jay Cooke）承擔了債券銷售任務，透過「訴諸於州民的愛國心」，想設法全數賣出州債。

庫克將州債的單位交易額降低為一般個人都有能力購買的五十美元，擴大投資人的範圍，並充分利用地方報紙的廣告欄提高州債的知名度。

如此一來，銷售對象不限於原本就認識的富商社群，而是廣及普羅大眾。

之後，聯邦政府（北軍）以償還期限二十年，票面利率百分之六，五年後可隨時兌換為條件，發行五億美元的國債；然而南北戰爭後，因為政府停止使用本位貨幣（黃金）支付而失去信用、乏人問津。陷入窘境的財政部在得知費城的庫克其公債銷售的業績後，便將國債銷售的任務委託給庫克。

如同銷售州債之際的判斷，庫克認為，銀行家與商人等固有投資家社群不會購買國債，遂決定成立特別銷售小組，從北部大城市、州政府和實業界選拔出兩千五百位銷售代理人，他們主要是小型銀行業者、保險推銷員與不動產經紀人等。這些銷售代理人遍及北軍轄下全境，對每位普羅小額投資人「喚起其愛國心」，向其說明為何這是一項有利的投資（因為百分之六的票面利率用金幣支付，金幣比鈔票有價值，實際收益率相當於百分之八），展開國債銷售。此次銷售，擴大了美國證券投資者的人口規模，奠定了日後美國證券投資業的發展基礎。

庫克進而運用當時剛開發的電信技術，將華盛頓總部與地方據點的銷售團隊網路化，並進行銷售資訊的一元化管理。過去需花費數週才能掌握的全美債券銷售狀況，透過電報，便可於當天全部統計完畢。

南北戰爭之際，華爾街將庫克運用的電信技術另作他用。當時的股價彙整與今日差異甚大，並非羅織所有資訊。尤其，經紀人為了最先掌握戰況，會雇人跟隨軍隊收集資訊。據說私設的專用電信設備設定多條線路，在大多數的情況下，華爾街比華盛頓政府更早接收到戰情資訊。另外，大膽的經紀人會派間諜混入南軍內部，這些間諜在南軍團長級別的軍官接到命令前，就已先掌握作戰部署的全貌。沒有任何事物能超越人類的欲望與誘惑。然而，就連橫空出世的前衛經紀人傑伊・庫克在一八七三年的經濟不景氣之下，也因購買北太平洋鐵道債券而破產。

媒體與道瓊股票指數

金融史學家羅伯特・索貝爾（Robert Sobel）認為，史上第一位「證券分析師」是一六九二年發行《倫敦商業週報》（London Business Weekly）的霍頓（John Houghton）。同一時期，勞埃德咖啡館也以每週三次的頻率，發行單張的海運業報紙《勞埃德船舶日報》。因而，此一時期應為證券分析的源頭。一六二二年，英國的《每週新聞》（*The Weekly News*）創刊，成為報刊業先驅。一六六六年，《倫敦公報》（*The London Gazette*）創刊，政府公報也刊載其中；十七世紀末葉時，這家報紙的發行量似乎達到一萬多份，從而推測，原本的讀者群就已相當可觀。光榮革命前後的倫敦，透過閱讀新聞收集資訊的習慣開始扎根，各種報紙陸續發行。即使這在今天已近乎過時了，但就像日本人喜歡在瀰漫煙味的傳統喫茶店看體育報紙，倫敦市

解讀電傳紙帶記載於價格公布欄的景象

民則是在咖啡館邊喝咖啡，邊閱讀各種報紙。一七八五年，約翰・沃爾特（John Walter）創刊全世界最早的日刊《泰晤士報》（*The Times*）。一八〇五年的特拉法加海戰（Battle of Trafalgar）期間，《泰晤士報》運用自身獨有的網絡，在英國海軍公布官方戰情報告的前數日，就已報導了戰勝的消息，致使其信賴度提升。一八一四年，其引進蒸汽驅動型印刷機取代傳統的手動印刷，大幅提升了印刷速度與印量，發行量也大幅上漲。藉此，在當時種類繁多的報紙中，《泰晤士報》是唯一依賴報紙發行存活的報社，於是也就沒必要仰求於政黨或個人賄賂這種過往報社普遍的收益來源，因此《泰晤士報》更能確保其報導的中立與正確性。

另一方面，美國的亨利・瓦納姆・普爾

(Henry Varnum Poor)在一八四九年收購《美國鐵道雜誌》(*American Railroad Journal*),運用鐵道債券的供需分析提出投資時機的建言。一八八二年,道瓊服務公司創立,發行彙整股票與債券收盤價的《致顧客下午信》(*Customer Afternoon Letter*)——人稱手寫《薄紙》(*Flimsies*)的簡易印刷品問世。一八八九年,此一出版品變身為《華爾街日報》(*Wall Street Journal*)。這段期間,道瓊公司的顧客抱怨人工派送印刷品會拖到獲取資訊的速度。為此,該公司開始利用電信和電傳紙帶(印有文字的細長紙條)[2]將股價資訊附加其上,也開始有了新聞通訊服務(newswire service),也就是今天的道瓊工業指數。如此運用電傳紙帶,讓證券公司與投資大戶坐在辦公室就可以瞭解最新行情與新聞。在士兵凱旋遊行[3]中看到的紐約百老匯紙帶遊行,就是將電傳紙帶剪碎,然後向空中拋灑。

至於一九〇〇年,相對於普爾公司(H.V. and H.W. Poor Co.)的鐵道股票分析,約翰·穆迪(John Moody)開始進行普通事業體的股票分析。這兩家公司後來發展為穆迪投資者服務公司(Moody's Investors Service)與標準普爾(Standard & Poor's),都是信用評等機構。

一八九六年起,道瓊公司發布的平均股價指數中,最初只有工業股票指數與鐵道股票指數兩種,工業股票價格平均指數由十二檔組成,鐵道股票價格平均指數由二十檔組成。順帶一提,當初的十二檔工業股票中,現今只有通用電氣公司仍為道瓊指數採用者。此外,在鐵道股票的平均價格指數方面,二十檔公司有十八檔為鐵道公司,其餘則為太平洋郵船公司

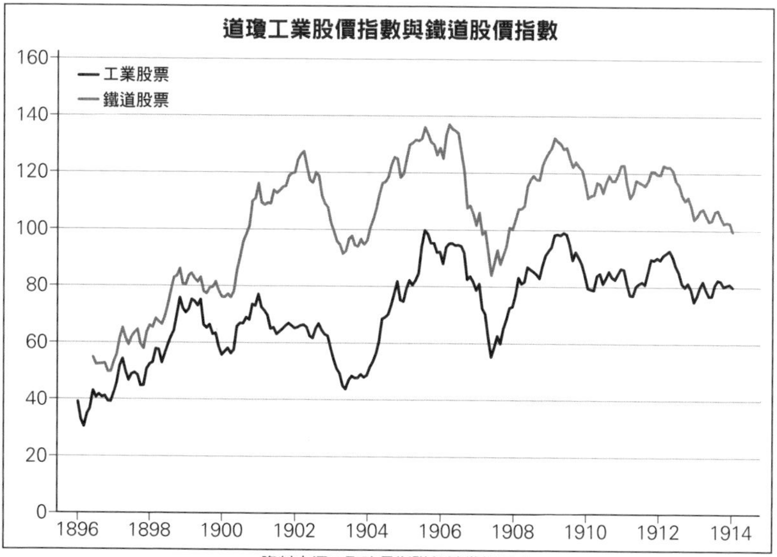

道瓊工業股價指數與鐵道股價指數

資料來源：聖路易斯聯邦儲備銀行（Federal Reserve Bank of St. Louis）

（Pacific Mail Steam Company）與西聯國際匯款公司（Western Union）這間電報公司。

此後的日本，日經指數的計算方法同於道瓊指數；直至一九八五年，都有日經．道瓊平均價格指數之稱。當大阪證券交易所欲推出期貨指數之際，道瓊公司拒絕讓自家公司名稱用於期貨交易；不得已，日經指數更名為日經平均指數（NKI）。當時，相較於現貨股票，期貨等衍生性金融商品（派生商品）都被認為是次級商品。後來，道瓊公司的想法改變了。道瓊平均指數的衍生性金融商品交易始於一九九七年，距離其開始計算股票指數已過了一〇一年。

一九〇二年，克萊倫斯．巴隆

（Clarence Barron）以十三萬美元買下道瓊公司，成為該企業日後蓬勃發展的契機，不過，三萬美元在當時相當於六十五萬日圓，是當時機靈的日本證券分析師都買得起的價格，可見道瓊公司仍處於中小企業的階段。

註釋

1 John Micklethwait、Adrian Wooldridge著；高尾義明、日置弘一郎監修，鈴木泰雄譯，《股份有限公司》（ランダムハウス講談社，二〇〇六），頁五八。

2 譯註：這是運用電傳打字機來完成一系列工作，此一打字機又稱電傳或電報交換（Telex），在按下某一字元鍵，就能將該字元的電碼信號自動發送給對方，無須經過電信單位；收訊方能自動接收來自通道的電碼信號，並列印出相應的字元，無須轉碼，提高訊息流通的即時性。

3 譯註：這裡突然跑出士兵凱旋遊行或許有點突兀，意思是每次美國打勝仗後，軍人們都會聚集在紐約舉辦慶祝遊行，其場景通常為軍人整齊劃一地列隊通過街道，接受兩旁夾雜人群的喝采，人們會向空中拋灑紙花，營造出熱鬧的氣氛。

第十一章

戰爭與恐慌

日俄戰爭下的國際融資合作

當代日本人對日俄戰爭的認識，深受司馬遼太郎最暢銷的《坂上之雲》（坂の上の雲）影響。相對於從事愚蠢戰爭[1]的昭和陸軍，這部小說將明治時期軍部與元老們建構的統治體制描寫得理性明智。因此，在兒玉源太郎領導下，明治陸軍的剽悍與東鄉元帥領導之日本海海戰的出奇制勝，紛紛烙印在人們心中。但從金融史的觀點來看，金子堅太郎在美的外交宣傳活動與高橋是清的軍費籌集工作，貢獻度並不亞於陸、海軍的戰功。

交戰雙方的俄羅斯和日本，同在一八九七年採用金本位制，把和英國等發達國家的匯率固定下來。當時，採用金本位制被稱為「承認的印記」，是躋身先進國家的標誌，亦是為了在國際資本市場進行資金調度的先決條件。兩國開戰後，立即同步宣布維持金本位制，目的

日、俄兩國國債收益率趨勢

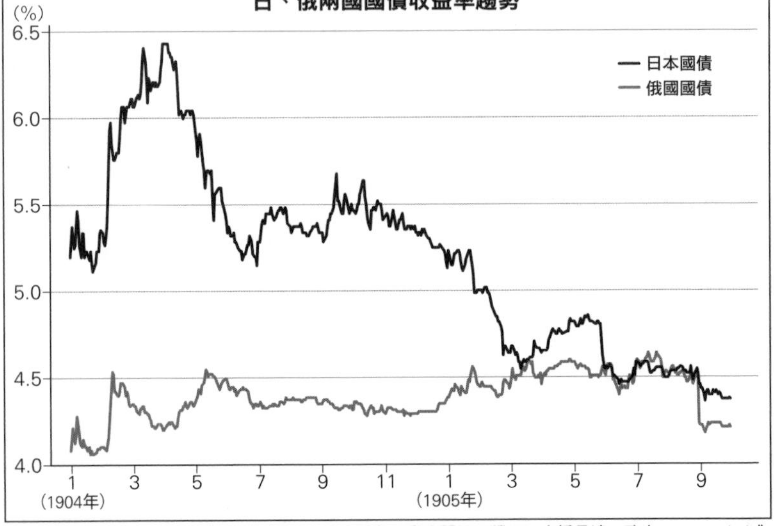

資料來源：板谷敏彥，《日露戦争、資金調達の戦い—高橋是清と欧米バンカーたち》
日俄戰爭、資金籌集的戰爭：高橋是清與歐美銀行家們

就是為了避免本國匯率下跌，導致戰爭物資的進口受到影響，同時也是為了籌措軍費。

日本依恃英日同盟，認為英國政府會給予有利於日本國債發行的保證，但當時的英國，尚未擺脫南非波耳戰爭（Boer War）帶來的財政負擔，導致日本期待落空。另外，即使學術界已將日俄戰爭類比為「第零次世界大戰」，視為產業革命後首場正式的機械化戰爭，但日、俄兩國政府都忽略這點，嚴重低估軍費開支。

日本在倫敦市場發行公債，俄國則以法俄同盟為後盾，於巴黎市場發行公債。上圖描繪的是，戰時日、俄兩國國債在倫敦市場的收益率變化。

一九〇四年二月開戰之際，日本國債大量賣出，兩者之差一度達到百分之二．二三。後來，原本被評估為陷入絕望境地的日本國債發行，經美國金融業者庫恩—洛布公司（Kuhn, Loeb & Co.）之手，決定在美國發行，兩國的價差迅速縮小至百分之一左右。很快地，日本取得攻陷旅順要塞的戰果，加上一九〇五年一月「血腥星期日」（Bloody Sunday Incident）[2]引發的俄國內亂，讓倫敦金融市場的投資人想起法國革命時不履行債務的紀錄，招致當初支持俄國的法、德兩國背離；相比於日本國債，俄國國債的發行毋寧陷入困境之中。最後，日本在一九〇五年五月的日本海海戰取得壓倒性勝利，苦於軍費不足的俄國則難以為繼，不得不坐到談判桌前講和。最終，日、俄兩國國債收益率的價差縮小到近乎為零。

戰時的日本發行了四次國債，戰後則發行了兩次償債債券（refunding bond）；第一次到第三次在英、美市場發行，第四次增加了德國市場，戰後的第五次，則在英、美、法、德等所有先進國家的市場同時發行債券，也是全世界首次大規模的國際融資合作。日俄戰爭也是日本進入國際金融市場的處女秀。

日俄戰爭之前，日本國債發行總額為五千六百萬日圓，到了戰後的一九〇七年，膨脹為二十二．七億日圓。基於日本並未自《普茨茅斯條約》（Treaty of Portsmouth）獲取來自俄國的賠款，戰後的公債利息及償債債券發行成本，總計為政府預算的三成左右。因此到了戰後，此一債務與依然居高不下的軍事費用，持續施壓給日本國家預算。之後，日本以第一次世界大戰期間的「特需」償還債務，但同樣負債累累的俄國，卻因為革命而出現債務不履行的情況。拙作《日俄戰爭：籌資之戰》（新潮選書）中便有詳述日俄戰爭的融資，及當時日本財政官僚高橋是清的行動。

第一次世界大戰與有價證券的大眾化

查理・卓別林（Charles Spencer Charlie Chaplin）演出的第六十四部電影名為*The Bond*，意為債券。一九一八年秋季，卓別林自費製作這部電影，作為第一次世界大戰期間以自由公債籌募軍費的促銷。影片最後，卓別林手持寫著Liberty Bond的大鐵錘，痛打扮演德國威廉皇帝（Wilhelm II）的人物。這部影片有美國象徵之「山姆大叔」（Uncle Sam）登場的美國版，英國象徵之「約翰牛」（John Bull）登場的英國版。

第一次世界大戰始於一九一四年七月二十八日，結束於四年後的一九一八年十一月十一日。直到戰爭前，美國的道瓊指數都沒意識到，席捲全歐的大規格戰事即將爆發。開戰時的股價跳空缺口顯示，當時的人相信「戰爭應該不會爆發」，因此完全沒預料到接下來的發展。一九一四年七月三十日，道瓊指數突然下跌百分之七左右，次日休市；到了年底的十二月十四日，持續下跌百分之二十一後再次開盤。

第一次世界大戰爆發後，以英、法兩國為中心的各國隨即在紐約市場發行約二十億美元

資料來源：聖路易斯聯邦儲備銀行（Federal Reserve Bank of St. Louis）

的外國公債。這讓華爾街的金融業者賺足了手續費，同時也是美國由債務國變身為債權國的契機。藉著第一次世界大戰，國際金融中心從倫敦移轉到紐約；之後，倫敦市場於第二次世界大戰日漸式微。倫敦再次恢復其國際金融市場的中心地位，要等到一九六三年美國的甘迺迪政府實施「利息平衡稅（日本企業等不願交稅，便開始在倫敦市場融資），另外則因為一九七一年的尼克森震撼（Nickson shock）而創造出歐洲美元。

第一次世界大戰對金融市場影響甚鉅，尤其華爾街的商業模式。除了出售外國政府的債券，美國政府也發行了兩百一十億美元的自由公債。以卓別林為

第一次世界大戰時美國政府宣傳自由公債的海報

首的電影明星學起傑伊．庫克（Jay Cooke），帶頭「呼喚民眾的愛國心」，展開促銷活動。對華爾街來說，自由公債交易迥異於單純的外國公債，其帶來的手續費收入微乎其微，但因為許多國民購買公債，因此一口氣推進了有價證券的大眾化。

一九一七年，美國的投資人總數粗估為三十五萬人，自由公債的交易單位僅僅一百美元，利息方面亦採取免稅措施；因此戰後的一九一九年，共計有一千一百萬名國人購買自由公債。另外，一九一二年，美國投資銀行公會（Investment Bankers Association of America）的企業會員僅三百五十家，但之後由於（以投資散戶為對象之）證券零售業務相當興盛，戰後十年——終結「咆哮的二〇年代」的一九二九年，企業會員竟增至六千五百家。

戰後，參加《凡爾賽和約》會議的威爾遜總統，帶著多位摩根公司的人才同行。各國宣稱，「和平會議有多位摩根公司相關人員參與，彷彿他們才是這場秀的主角。」當時，摩根公司的領導者——以湯瑪斯．拉蒙特（Thomas W. Lamont）為首的各家投資銀行，匯聚了眾多深諳全球商務的優秀人才，其立場不同於共和黨或民主黨，專門為政治家建言。外國政府的公債發行孕育出外交關係，這也仰仗於投資銀行家們擁有的全球人脈。投資人的階層擴至一般民眾，金融業者開始接觸政治；整個時代也進入費茲傑羅（Francis Scott Key Fitzgerald）在《大亨小傳》（*The Great Gatsby*）描繪之暴發戶橫行的「咆哮的二〇年代」。不過在此之前，讓我們先看看一次世界大戰後德國發生的惡性通貨膨脹。這段歷史常被拿來當作反對過度寬鬆金融政策的依據，因其預告了物價飛漲的到來。

威瑪共和國的惡性通貨膨脹

「通貨膨脹作為一種徵稅手段，特殊優勢龐大。因此，每當遭遇困境或絕境時，通貨膨脹便一再獲得運用。」引自德國經濟學家威廉．瑞格（Wilhelm Riegers）。

一九二〇年代，威瑪共和國（以下稱為「德國」）的惡性通貨膨脹，並沒有在第一次世界大戰期間或戰爭結束後立即爆發。德國在一戰中投入的軍費與英、法兩國相當；一戰前，其公債發行總額為五十億馬克；相對於此，一戰後則膨脹到一五六五億馬克。但從通貨膨脹率來看，戰爭結束時的德國通膨率為戰前的二．四五倍；美國的此一數值為二．〇三倍，英國為二．二九倍，法國為三．二五倍，義大利為四．三七倍；相較下，德國毋寧受到控制。基於此一背景，德國人對戰爭責任的意識淡薄，所謂「刀刺在背的傳說」廣為流傳。也就是德國軍隊明明已經獲勝，但那些無能的中央文官暗中背叛軍隊，才導致瞬間戰敗。

這次著名的惡性通膨歷經以下三個階段：①在一九一九年一月戰後「巴黎和會」上提出天文數字般的巨額賠償方案；②一九二一年五月賠償金額確定後；③從一九二三年一月法國軍隊為了制裁未支付賠款的德國而進駐魯爾地區，到十一月德國經濟崩潰為止。當時的德國政府並不認為，承購國債的中央銀行過度發行鈔票會導致通貨膨脹，如此想法在今天可謂難以想像；基於過去德國馬克經常貶值，反而認為，因為物價上升，因此發行鈔票有其必要。另外，產業業主根據過往的經驗認為，只有馬克持續下跌，德國產品才能在市場上保有競爭力。

準確地說，開戰以來，德國採取讓中央銀行暫時承受短期債務的手段，之後再藉由發行長期國債來償還短期債務；但過程中，長期國債銷售冷清，中央銀行只是不斷累積本應為緩兵之計的短期債務承受數額；並於此一構造下無節制地印製鈔票。

始於一九一九年一月的通貨膨脹，馬克貶值帶動德國產品出口暢旺，與此相伴的是，美國產品進口量大幅增加。通貨膨脹率在數倍左右，當時的德國被認為是世界經濟的唯一原動力，情勢一片大好；失業率低，股票票面價格上揚，數家高級夜總會在柏林開張營業。有借款途徑的民眾、企業家、貿易商紛紛借錢投資實物或不動產；通貨膨脹之下，還款輕鬆，因此累積了巨額財富。在此一投資風潮中，猶太人相當醒目，這與之後納粹的反猶太政策有關。另一方面，高階官員、大學教授及領退休金等收入固定的中產階級，則受到數倍通膨影響，生活陷入困頓，連飽餐一頓都不容易。至於勞動工會則充分發揮集體談判的力量，一再要求依據通膨率提高工人工資。於是，體力勞動者的工資超過了腦力勞動者。由於存錢已無意義，人們努力花錢消費。馬克貶值還吸引外國人前來購物；據說當時許多日本人在德國搶購相機。[3]

德國大城市的居民中，有人陷入饑饉，但對外國人來說，這裡卻是享受奢侈美食之旅的天堂。從國外的角度來看，消費旺盛的德國經濟正處於榮景之中，激起了戰勝國法國的復仇心。另外，德國人則親自體驗到，只要馬克貶值獲得控制、通貨膨脹獲得抑制，失業率與破產的企業就會增加。通貨膨脹成為透過麻痺、創造短暫快感的毒藥。

一九二一年四月二十七日，德國的戰爭賠款額度確定下來，共計一三二〇億馬克，每年償還二十億，再將德國出口總額的百分之二十六，透過鈔票馬克支付關稅。賠款的所謂黃金馬克，依據金本位時代確定下來的固定匯率，一英鎊兌換二十．四二九馬克；在此一時間點，鈔票馬克的兌換匯率已是一英鎊兌換兩百馬克。

德國必須增加出口，以賺取外匯來償還戰爭賠款，但割讓領土削弱了德國的生產力，剩下的唯一手段是讓當時的央行——德意志帝國銀行——承購國債來印刷鈔票，並出售馬克來籌集用於賠款的外匯。結果，一九二一年十月，馬克的匯率為一英鎊兌換七一二馬克；到了一九二二年底，暴跌至一英鎊兌換三萬五千馬克。

在普法戰爭和第一次世界大戰中，法國總理雷蒙·普恩加萊（Raymond Poincaré）的家鄉洛林地區，兩度遭到德軍戰火蹂躪。因此，他抱著加倍的報復心，以嚴懲不貸之姿參加對德交涉。此事關係到後來希特勒崛起及他對法國的強硬報復。

一九二三年一月，普恩加萊基於德國拖欠賠款與接管魯爾地區，於是派軍進駐。對此，德國政府採取消極抵抗的策略，以政府資產支付魯爾地區罷工工人的工資。德國政府讓央行發行國債來承擔此一費用——債務貨幣化（增加貨幣發行），進一步導致通膨加劇。一月底的匯率跌至一英鎊兌換二二·七五萬馬克。至此，馬克的價值已剩下戰前的萬分之一。這年，購物時要推著載滿整捆鈔票的手推車，因而有「手推車之年」之說，這也是惡性通膨的一年。

政府允許銀行、企業和地方自治體發行鈔票，以彌補流通貨幣的不足。七月的匯率為一英鎊兌換一百萬馬克，八月份則超過一千萬馬克，十月份為十五億馬克；十月底時，則達到三千一百億馬克。政府才剛準備好面額為十萬億馬克的鈔票，十一月份的匯率就達到一英鎊兌換二十萬億馬克，剛好是戰前一萬億分之一的價值。很快地，工會提出的工資上漲要求趕不上通膨之速，廉價的鈔票因不敷成本而難以續印；這是購買煤炭不如直接燒鈔票划算，小偷盜竊購物客人的旅行箱時，會扔掉裡頭鈔票的時代。人們對鈔票的共同幻想破滅，最終沒人願意收鈔票。十一月八日，希特勒發起啤酒館暴動之時，便以此時代為背景。當鈔票無法用來交換食品，惡性通膨終於迎來尾聲。若將一九一三年的生活消費指數設定為基期，一九二三年十一月已經達到二一八〇億倍。

就在一兆馬克鈔票等於一元黃金馬克之際，以黃金價值為基準新設的地租銀行（Deutsche Rentenbank），發行了過渡性貨幣——地租馬克（Rentenmark）鈔票[4]。地租馬克設定了鈔票發行總額的限制，並擔保可與戰前的黃金馬克債券（German Goldmark Bond）進行交換，匯率為一英鎊兌換二十．四二九地租馬克。德國藉由抑制央行無限制發行鈔票之舉，消解了通貨膨脹的危機感。一九二三年十一月的流動負債，最終達到一．九一六億乘以十的十八次方馬克，而且幾乎都是對中央銀行的負債。從戰前到戰時，國債購買者達到九十二萬人，並以中產階級為主，得以債券面值的四十分之一交換新國債，並非剩下一兆分之一。投資人損失的部分被稱為通貨膨脹稅。

威瑪共和國的惡性通膨在極為特殊的情況下發生。《財政法》中設有預防性措施的現代日本，幾乎不可能重演這齣歷史。遭此經歷後，德國民眾及作為德國央行的德意志聯邦銀行

以失業者為主角的卓別林電影《城市之光》

（Deutsche Bundesbank），都對通貨膨脹抱以敏感態度。當然，這不單是體驗過惡性通膨造成經濟生活的困苦，也因為通貨膨脹催生了此後希特勒領導的國家社會主義體制，奉行納粹主義的德國成為整個歐洲甚至全人類的敵人。

股市崩盤與卓別林的《城市之光》

一九二九年的華爾街股市崩盤，始於十月二十四日星期四，所謂「黑色星期四」。事實上，股市崩盤非一朝一夕所致；若僅看當日跌幅，下週一及被稱為「扼殺百萬富翁之日」的星期二，跌幅更猛。若觀察道瓊工業指數，則是從一九二九年九月三日最高價的三八一．二七，到了一九三二年七月八日，跌至四一．二二；三年內，股價下跌至百分之十，行情長期走跌。

截至股市崩盤為止之所謂「咆哮的二〇年代」是為美國泡沫經濟的階段，剛好與美國第三十任總統——共和黨人小約翰・卡爾文・柯立芝（John Calvin Coolidge）的任期重疊（一九二三—一九二九）。柯立芝是第一位運用普及於所有家庭的收音機演講的美國總統。這段期間，貝比・魯斯（Babe Ruth）和盧・格里克（Lou Gehrig）聯手開創出紐約洋基隊的黃金時代；一九二七年，查爾斯・林德伯格（Charles Augustus Lindbergh）獨自完成橫越大西洋的飛行。之後九個月，生產其座機的萊特航空公司（Wright Aeronautical）股價飆升十倍。由於開始實施禁酒令（Prohibition），艾爾・卡彭（Al Capone）橫行於芝加哥，其他黑幫則在各大城市飛揚跋扈。大型連鎖超市及按月分期付款登上歷史舞台，民眾瘋狂購買收音機、冰箱及汽車等。一九二六年，百分之六十五的汽車銷售及百分之四十的百貨公司銷售都採分期付款。受惠於此，一九二〇年代的美國汽車數量從七百萬輛增加到兩千三百萬輛。早在一九三〇年代，美國鐵道的總里程數已達高峰，於是便將陸上交通的主角大位讓給汽車。

一九一三年，稍晚於世界其他先進國家，掌管金融政策的美國聯邦準備理事會（FRB）成立；人們普遍認為，美國應該不會再發生週期性經濟蕭條。另外，哈佛大學開設MBA課程，人們認為科學式的經營管理保證了美國企業的未來榮景。人們還堅信，一九二〇年起實施的禁酒令將導致美國醉漢減少，工廠生產效率提高（華爾街以為，只要自己酩酊大醉，其他人便是如此）。經濟學權威爾文・費雪（Irving Fisher）教授相信，經營技術進步會促成美國企業的高度繁榮；從泡沫經濟伊始至股市崩盤發生，他都持續其立場堅定的言論。所幸，後來有段時間，凱因斯以外的多數經濟學家都對股票市場敬而遠之。

電影界也掀起了一批技術革新潮流。一九二七年，世界首部有聲電影《爵士歌手》（*The Jazz Singer*）上映，整個社會陷入有聲電影的熱潮中。查理・卓別林則認為，這就像給雕塑上色，因而否定這種新技術。有聲電影《紅伶秘史》（*The Broadway Melody*）風靡一時，美國每家電影院都裝了音響設備，此一情況下，卓別林仍將下一部電影《城市之光》（*City Lights*）設定為無聲電影。

「咆哮的二〇年代」終結於一九二九年十月二十三日星期三的股市崩盤前夕。當時正拍攝《城市之光》的卓別林與詞曲作家歐文・柏林（Irving Berlin）共進晚餐。柏林也是名曲《白色聖誕》（*White Christmas*）及美國第二國歌《天佑美國》（*God Bless America*）的作者。

卓別林在自傳中提到：他在共進晚餐時自言：「現在有一千四百萬名失業人口，不能再相信股票了！」柏林則隔桌怒斥卓別林：「你要把美國賣空嗎？」俄羅斯移民歐文・柏林對於舒適宜居的美國懷抱強烈愛國情操，並藉由信用交易買進許多股票；但卓別林眼見有大量失業者，因此對股票失去信心，並在前一年將所有持股處分完畢。在隔日的黑色星期四，柏林在暴跌的股價中瞬間損失全部的財產，甚至無法堅持到下週「扼殺百萬富翁之日」。兩天後，柏林黯然來到卓別林的片場，對之前的盛怒平靜致歉後，如此詢問卓別林：「然而，您是從哪裡獲得清倉的消息呢？」

當時拍攝中的《城市之光》以失業者為主角。這段卓別林的回憶顯示，早在股價到達最高點時，整座城市早已是滿滿的失業者。

一九二五年，重視海外債務存在及大英帝國英鎊威信的邱吉爾，不顧凱因斯反對，稍稍不理性地以第一次世界大戰前的較高匯率恢復金本位制。當時，英國為了避免黃金外流，藉由調高利率來增加英鎊魅力。反之，美國聯邦準備委員會為了支持英格蘭銀行（Bank of England），而在景氣過熱的憂慮中降息，如此做為是導致美國國內泡沫經濟形成的助力之一。一九二八年，美國聯準會改變方針，多次提高官方利率[5]，後來人們對此的評價是：「這些利率調整對抑制投機來說過低，但之於整體經濟的影響又過高了。」

長期投資的幻影與股價反彈

泡沫經濟的開端——「咆哮的二〇年代」始於一九二四年，證券商勞．狄克遜公司（Low, Dixon & Company）所屬的分析師愛德格．勞倫斯．史密斯（Edgar Lawrence Smith）出版了《普通股作為長期投資工具》（*Common Stocks as Long Term Investments*）。史密斯對當時流行的「股票只是投機對象」之說提出質疑，並認為「公司收益若高於股息支付金額，再投資利益就會附加於該企業價值之上，因此即使是普通股，未來也會持續看漲。」史密斯分析了十九世紀中葉以降的債券與股票收益率，並主張：股票投資即使在短期內虧損，若長期投資，股票通常有優勢。即使在高點錯誤買入，贖回時機必會到來。」

有關史密斯的想法，當代信奉「長期投資能成功」的傑瑞米．西格爾（Jeremy Siegel）博士在《長期股票》（*Stock for the Long Run：The Definitive Guide to Financial Market Returns and Long-Term Investment Strategies*）書中也有類似觀點與題名，與擁護指數投資的時下股票分析師看法雷同。史密斯的學說廣為當時的投資人接受，截至大崩盤為止的多頭市場中，便以此作為股票投資理論的骨幹。就連讀了史密斯著作的凱因斯，也基於相較債券，股票在保留盈餘（Retained Earnings）[6]產生的複利效果「會達到驚人規模」，進而十分擁護其「股票有優勢」的觀點。基於此書被奉為圭臬，史密斯創設了長期投資操作公司，並遭逢股市崩盤。所謂「即使在高點錯誤買入，贖回時機必會到來」的學說固非虛假，但就如同在日本泡沫經濟時期購買指數基金的投資人，對壽命有限的人類而言，這種想法只是個虛無縹渺的事實。

證券公司掌握了第一次世界大戰期間，一千一百萬名購買自由公債的顧客清單。對於只投資一張紙，美國民眾已習以為常。根據估計，一九二八年有三百萬名股票持有者，多數受薪階級一如日本的「持株會」[7]，持有自家公司的股票。也如同汽車、家電的分期付款，股市中出現了以借款購買股票的「保證金貸款」[8]信用制度，並普及到一般投資人身上。第一次世界大戰之前，從事信用交易的投資人仍屬罕見，但在泡沫經濟高峰的一九二九年，信用交易總額已達到股票總市值的百分之十八。許多投資人應該有和《白色聖誕》詞曲作家的歐文．柏林有類似遭遇。無論股票投資或有利於企業盈餘預期之旺盛的家電、汽車消費，所有的基礎都是「借款」。

美國首家現代投信公司是一八八九年設立的紐約安全與信託公司（New York Security and Trust Company）。一九二〇年後，已有數十檔基金設立；到了一九二七年，投信企業達到一百六十家，一九二八年超過三百二十家，光是一九二九年，就有二六五家採用公司制度的投信企業成立。當時的投信公司主要發揮「金融槓桿」（利用借款進行超過創業資金的投資）之效，投資人再運用保證金交易來借錢，購買這些基金。

我們無法詳列泡沫經濟出現的原因，而且這些原因之於我們絕不陌生。一九八〇年代日本的泡沫經濟、二〇〇八年全球金融危機及之前海外的泡沫經濟，雖不能說與此雷同，但消費者和市場參與者對未來過於樂觀，以及據此信念，靠著「槓桿交易」來擴大消費和投資的情況，卻是始終如一。

黑格爾（Hegel）在《歷史哲學》（*Philosophy of History*）中的論述，常被用於詮釋證券市場的運作：「經驗與歷史教導我們的是，民眾與政府從來沒有從歷史學到什麼，也完全遵循歷史萃取出的法則行事。」

股市震盪已是過往雲煙，但大崩盤後，股價反彈所需的時間，意外地並未得到充分重視

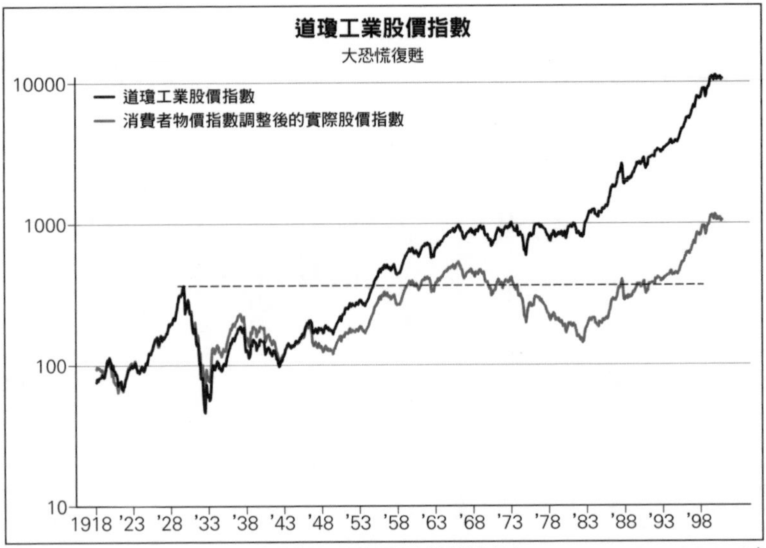

資料來源：聖路易斯聯邦儲備銀行（Federal Reserve Bank of St. Louis）

與理解。誠如愛德格．勞倫斯．史密斯所言，股價確實（遲早）會反彈，但如上圖所示，道瓊指數恢復到高股價的水準，花了約二十五年之久。而且，此一期間的物價持續上漲，故需一併納入考量。就其實際，若以消費者物價為基礎，將通貨膨脹率也算入道瓊指數，便可看出三十年後，道瓊指數才一度回到以前的水準；其正式恢復元氣，則要等到五十年後的一九八〇年代後半葉。

若聚焦於金融史，泡沫經濟肯定是熱門話題。這是因為唯有探究股市暴跌的原委，才能避免泡沫和股市震盪再次發生。因此，無論如何討論，盡是些失敗的經驗。不過，換個角度想，若無「咆哮的二〇年代」，今天，包涵發展中國家的全球各地人民憧憬嚮往之構築於汽車、家電、郊外別墅之上的「美國夢」生活，是否還能如此早地實現？答案為何？可以說是建立在「借款」基礎上的「槓桿交易」加速人們實踐幸福的腳步。當然這僅限於美國；歷史上泡沫經濟若沒發生，也不會有大蕭條。

裴柯拉聽證會與《格拉斯—史蒂格爾法》

一九三二年的美國，相較於「咆哮的二〇年代」的高點，GNP（國民生產總值）剩下百分之六十、股價跌至十分之一，失業率為百分之二十五。如此背景下，何以至此呢？貨幣銀行委員會（Committee on Banking and Currency）[9]舉行了邀集華爾街金融巨頭的聽證會，用以探明股市崩盤的原因。尤其，違背股票交易與投資者利益的聽證會，由費迪南·裴柯拉（Ferdinand Pecora）主持，故被稱為「裴柯拉聽證會」。就連在日本，一九九〇年代末期，北海道拓殖銀行和日本長期信用銀行宣告破產，日本版「裴柯拉聽證會」的召開蔚為話題，但不像美國那樣徹底追究與徹查責任。

這場聽證會中，藉由與華爾街金融巨頭的交鋒，金融界的內幕暴露於國民眼前，因而針對「梧桐樹協定」以來，證券業者自主營運的證券交易所，達成了需賦予若干管制的共識。一九三三年美國陷入銀行危機，在銀行紛紛停業之際，取代胡佛（Hoover）就任美國總統的，是民主黨的富蘭克林·羅斯福（Franklin Delano Roosevelt, FDR）。羅斯福的名言如下：「我們唯一應該恐懼的就是恐懼本身。」羅斯福還說：「匯兌商人已從文明的神殿落荒而逃。現在，正是好好重建神殿的時刻！」

羅斯福依循古希臘文明的道德觀，將華爾街的商人貶為形象惡劣的「匯兌商人」，並祭出對金融業界的規範。

一九三三年的《銀行法》（Banking Act of 1933）通稱《格拉斯—史蒂格爾法》（Glass-Steagall Act），該法決定將銀行業與證券業劃分開來，並禁止銀行控股公司持有其他金融機構的股票，也禁止商業銀行在證券市場的收益超過百分之十。事實上，商業銀行本就沒有涉足股票與證券，但銀行都是以設立證券業務子公司為對策。第一次世界大戰期間，為促進債券發行以籌措軍費，此一事實沒受到官方特別關注。這項「銀證分離」的法案不僅支配了日後的華爾街，也影響戰後日本的金融管理。

另外，該法案在規範存款利息的同時，決定成立「美國聯邦存款保險公司」（Federal Deposit Insurance Corporation, FDIC）。

當時，華爾街營業規模最大的JP摩根公司便顯示出，若選擇從事投資銀行（證券公司）業務，將被賦予向美國證券交易委員會（United States Securities and Exchange Commission, SEC）提交年度報告的義務；於是，JP摩根公司選擇其主體仍維持商業銀行的型態，再將公司拆分為JP摩根銀行和摩根史坦利證券公司（Morgan Stanley）。JP摩根公司成立以來至該法案推出為止，從未將年度報告公諸於世。

時光飛逝，眾人遺忘了過往的教訓——作為經濟大恐慌經驗對策的美國證銀分離制度。終究，一九九九年《格雷姆—里奇—比利雷法案（Gramm-Leach-Bliley Act）》[10]還是通過了；據此，因此將證銀分離制度廢除。羅斯福所謂「文明的神殿」再度充斥「匯兌商」，後果之一便是「雷曼兄弟事件」[11]。

早在一九九〇年，撰寫《金融狂潮簡史》（*A Short History of Financial Euphoria*）的約翰·肯尼斯·高伯瑞（John Kenneth Galbraith）便寫道：

> 「在人類眾多職業領域中，如金融世界般徹底忽略歷史的，幾乎未見。」

事實上，沒有行業會比包含經營者、銀行家、銷售人員、股票分析師及基金管理人在內的金融業界人士，更愛訴說歷史的重要性。然而，再次巨大化的金融巨頭們遭遇「雷曼兄弟事件」時則是，任一企業遭到波及都會衝擊到整體經濟社會，因而面臨了「大到不能倒」（too big to fail）的新問題。

證券業方面，一九三三年《證券法》（The Securities Act of 1933）要求，需公開發行企業的呈報內容及財務狀況。這是過往便有議論的規定，只是當時甚難實現。相對於規範證券發行市場的一九三三年《證券法》，一九三四年設立的《證券交易法》（Securities Exchange Act of 1934, SEA）則是關於證券流通市場的規範，之中最重要的內容是美國證券交易委員會（U.S. Securities and Exchange Commission, SEC）的設立，其英文縮寫「SEC」中的「S: Securities」，意指一九三三年的《證券法》，「E: Exchange」意指一九三四年的《證券交易法》。向來是金融社群自主營運管理的證券交易業者們，自此需向SEC登記，走進國家的監視體制內。

在公司治理領域方面，一九三二年美國法學家阿道夫・伯利（Adolf A. Berle）與經濟學家嘉迪納・敏斯（Gardiner Coit Means），出版了探討所有權與經營權分離的《現代公司與私有財產》（*The Modern Corporation and Private Property*），大大影響了證券相關法案的制定。

第一次世界大戰後，美國的股票持有結構從向來的數名大銀行家擴至三百萬投資人的隊伍。公司經營委託給沒有持股的代理人，他們與委託方——股東——的利益並不一致，因此經營者可能會為了貪圖私利鋌而走險。亞當・史密斯所謂的「代理人問題」也成為現實。

立基於《現代公司與私有財產》的一九三三年《證券法》與一九三四年《證券交易法》基於公開正確資訊，經營者有向股東彙報的義務且須承擔接受董事委託的責任。至今，美國證券交易委員會官網的企業財務資訊公開系統EDGAR（Electronic Data-Gathering Analysis, and Retrieval System）都還明確標注法律依據為一九三四年的《證券交易法》；日本「基於《金融商品交易法》（金融商品取引法）的有價證券報告等公開書類的電子公開系統」（EDINET）

便是效仿美國。

此後的一九三八年，由金融業界自主規範組織的美國證券商協會（NASD）成立；一九三九年，《信託契約法》（Trust Indenture Act 1939, TIA）規定了債券發行時的證書格式，一九四〇年則制定了《投資公司法》（Investment Company Act of 1940）、《投資顧問法》（Investment Advisers Act of 1940）等法律，現代金融業運作秩序的法律整備工程，乃進行於此一階段。

註釋

1 譯註：日本陸軍在昭和年間發動的一系列對外侵略戰爭。

2 譯註：血腥星期日的確切日期是一九〇五年一月二十二日清晨，當天民眾聚集在俄國皇宮面前，打算提交請願書給沙皇，期盼沙皇能答應推動各項社會改革、改善勞動環境，並且終止日俄戰爭。不幸的是，當天俄皇不在皇宮，守衛的士兵向民眾開槍，引發全國民眾不滿，一連串大規模的罷工在各地發生。

3 譯註：Adam Fergusson著，黑輪篤嗣、桐谷知未譯，《ハイパーインフレの悪夢》（新潮社，二〇〇六），頁八八。

4 譯註：地租馬克又稱為地產抵押馬克，發行準備是透過地租銀行向美國抵押不動產與工業產品，讓馬克與美元掛鉤，藉以解決通貨膨脹問題。

5 譯註：升息之意。

6 譯註：企業營運產生獲利（收入減除支出），就稱為保留盈餘，也可以稱為未分配盈餘。至於企業處份盈餘的方式不外乎以股利形式發放給股東，或者是將之繼續投入於生產行動（比如擴大產能、增添設備）期盼能在未來獲取更多收益。

7 譯註：這是日本企業的福利措施之一，每月的工資中自動扣除一部分，用於購入本公司的股票。一般而言，購買股票時不能只買一股，必須至少以百股或千股為單位，比如每股金額為兩百日圓，至少要兩萬日圓才能入手股票。但是員工加入企業內部的持股會之後，就不受此一約束，可以按月提撥一萬日圓，便能買到等值股票，並且逐月累積。

8 譯註：保證金貸款就是投資人向銀行貸款買股票，其性質如同向銀行貸款買房子，因為銀行不會提供全額貸款，因此需要自行準備部分金額，就是所謂保證金，如果用買房子來類比就是頭期款。

9 譯註：這是指美國眾議會的一個委員會。一般國會為了彰顯為了尋求議事效率，而設置足以對應政府各類公共事的委員會，官員與國會代表的辯論功能都會在委員會進行，委員會再將討論的結論送到院會表決。可見委員會在國會議事過程扮演舉足輕重的角色。

10 譯註：隨著二戰後美國金融業的快速擴張，相關業者開始認為一九三三年的《格拉斯—史蒂格爾法》成為發展業務的阻礙，許多商業銀行都在內部設有性質等同投資銀行的部門，只是不能明目張膽將招牌掛出。直到一九九九年，美國政府提交監管改革綠皮書（Green Book），對於金融機構處理個人私密資訊有明確規範，此一白皮書經國會審議通過，便是《格雷姆—里奇—比利雷法案》，正式名稱是《金融服務現代化法案》（Financial Services Modernization Act），亦稱《格雷姆—里奇—比利雷法案》（Gramm-Leach-Bliley Act）。

11 譯註：二〇〇八年九月十五日，受到所謂次級房貸風暴連鎖效應波及，一八五〇年創辦的美國第四大投資銀行——雷曼兄弟控股公司（Lehman Brothers Holdings Inc）宣布破產，引發全球金融海嘯。

第十二章
第二次世界大戰前後的日本金融市場

二戰前的股價指數

雖然江戶時代的日本處於鎖國狀態，但擁有獨樹一幟發達的金融體系，現代意義上的有價證券，最早為一八七〇年（明治三年）的「九分利英鎊公債」。此一公債年息百分之九，十三年期，用於進口資材所需的外匯。畢竟即使當時的日本想發行本國公債，連相應的法律與貨幣制度都沒有，只能在倫敦市場發行以英鎊結算的公債。此次資金的確切用途是新橋——橫濱之間的鐵道建設，發行規模為一百萬英鎊，以本國關稅為擔保，並由英國商業銀行的施羅德商會（Schroders）承受。緊接著的一八七三年，日本第一國立銀行以股份有限公司的形式設立。五年後，《股票交易所條例》制定，證券交易所因而得以設立。

此後，大約過了三十年，一九〇四年日俄戰爭爆發之際，東京股票交易所的主要股票除了日本郵船、日本鐘紡、東京瓦斯、日本電燈（電力）之外，幾乎都是鐵道股票。此一現象與當時的倫敦、紐約雷同。但一九〇七年，日本出於國防考量，進一步來說，是軍部擔憂來自海外資本的收購，如此背景下，日本政府將主要的鐵道公司收歸國有，並將其屏除於股市之外。其實，日本正值日俄戰後的創業熱潮，不少至今仍在營業的企業都創立於此一時期，但股票投資對象減少[1]，熱錢都流向定期存款。

同一時期，美國道瓊公司展開了道瓊工業指數及鐵道股票指數的計算，但日本還無法呈現股市整體動向的股票指數；取而代之的是，東京股票交易所股或大阪股票交易所被當作預測市場走勢的指標。

當時的預測邏輯是股市行情上漲、成交額就會增加，交易所營業額隨之提高，利潤也隨之增長；因此，賣空交易所股票便能作為應對整體股市風險的對沖方法（股價下跌時的保障）。當時無論在大阪或東京，只要被問到「哪一檔股票有代表性」，答案無疑都是交易所股票。

進入大正年間後，日本銀行和東洋經濟新報社等開始獨自展開股票指數的計算。其中，東洋經濟指數的對象為九十一檔股票，以一九一三年（大正二年）的月平均為基數＝一百，此一計算工作持續到一九三二年年中。因為此一計算詳細分為十五個業種，也可作為各行各業發展趨勢的考察。但若根據《日本證券史資料戰前篇第七卷・上市企業（二）・股票市場

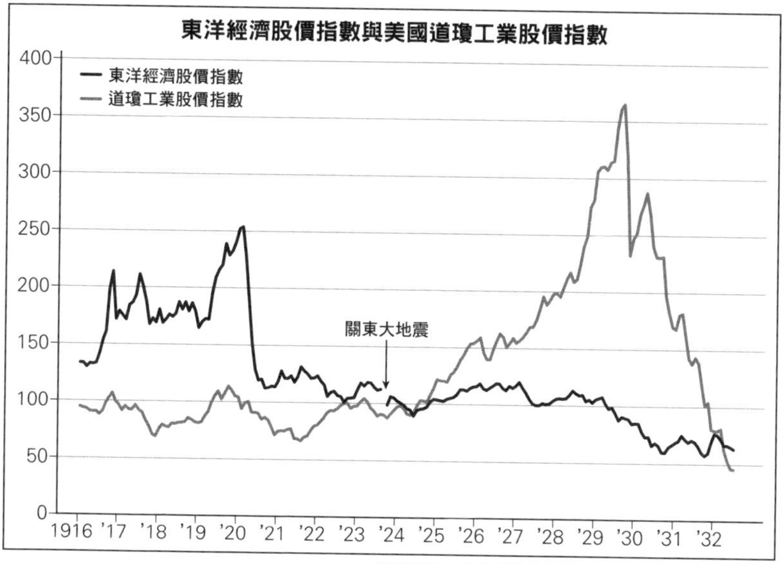

資料來源：日本證券交易所月報與美國聯準會（FRED）

的歷史》記載，當時日本社會對於股價指數的重要性所知有限，更遑論東洋經濟新報社。[2]因此，一九二七年國際聯盟總部向日本提出：「煩請寄送本國產業統計之一的股價指數」。日本被迫於此，需盡早開發股價指數；在當時的日本，國際公認的股價指數仍未存在。

因為國際聯盟的請求，東京股票交易所委託早稻田大學的統計學家小林新開發「東京股票交易所大指數」，該指數由一八一檔股票組成，後經修訂，增至二一六檔，並以一九二一年的平均股價為基數＝一百，一直計算到一九四四年十二月為止。一般認為，上述股票檔數影響了之後的日經平均指數；該指數的計算基礎為二二五檔股票。

於是，日本證券交易所從二戰結束之際的關閉到恢復營業前，都只能進行場外交易。若問這段期間採用的指數為何，那便是「東證綜合指數」；從一九四六年一月，計算到證券交易所恢復營業的一九四九年五月。

從證券交易所恢復營業的一九四九年五月起，開始計算日經道瓊平均指數，一路演變為當今的日經平均指數。另外，東證股價指數的TOPIX指數則從一九六九年七月開始計算。

上頁圖描繪的是，一戰期間的一九一六年至紐約股市大崩盤後的一九三二年，東洋經濟指數與美國道瓊工業指數的演變。

統計圖提供的訊息如下：①日本受惠於第一次世界大戰期間的戰爭特需，指數上漲，隨即反彈力道強勁；直到昭和初期，股市都持續低迷；②股市崩盤後，雖然發生關東大地震，但股票市場已處於跌勢，因此股市行情未如預期地受到太大影響；③日本股票完全沒搭上美國「咆哮的二〇年代」的順風車。因此，相較於美國的大崩盤，日本股票市場在緊接而來的股市震盪中表現相對平穩。藉由股價指數動向反映出的這個時代，世態絕非一片光明。

二戰前美元對日幣的匯率

基於一八七一年（明治四年）頒布的《新貨幣條例》，定下了一日圓可兌換一．五克黃金的匯率。若以黃金為換算基礎，一美元相當於約一．〇〇三日圓。看來彷彿日圓緊盯美元。不過，歷史學家東野治之在《貨幣的日本史》（朝日選書）指出，如此兌換比率應是承襲自幕末流通之萬延二分金（一兩金幣的一半）的比率，一日圓是一兩金幣。此後，貿易流通時使用的貨幣是同時期發行的一日圓銀幣。這種銀幣是前面第五章「美元的源頭」一節所提之墨西哥銀元的日本版。一八八二年，日本銀行成立並發行可兌換的鈔票，兌換對象也是一日圓銀幣。也就是說，儘管日本在《新貨幣條例》中，讓日圓價值為黃金所定，但卻採用金銀複本位制，而且實質上為銀本位制。到了一九世紀末期，每個先進國家都採用金本位制，金銀比價拉大（黃金升值），一八九七年日本立基於甲午戰爭的賠款，重新確立起金本位制；此際，白銀對應黃金的價值，已經低至《新貨幣條例》頒布時的一半。因此，日圓匯率也需順應當時市場，固定在一美元兌換約二日圓。

此後，日本歷經了日俄戰爭，並在第一次世界大戰期間效仿各國，暫時放棄金本位制。各國在戰爭期間停止實行金本位制的原因在於，若黃金繼續與貨幣的發行量連動，則無法充分支應軍事開支。

一戰結束後的一九一九年，美國立即恢復金本位制，其他各國也以此為目標。雖然日本也試圖在戰後重建金本位制，但一九二三年發生關東大地震，以及緊接而來的，銀行不良債權與擠兌引發的昭和金融危機，都導致金本位制的恢復遭到嚴重拖延。

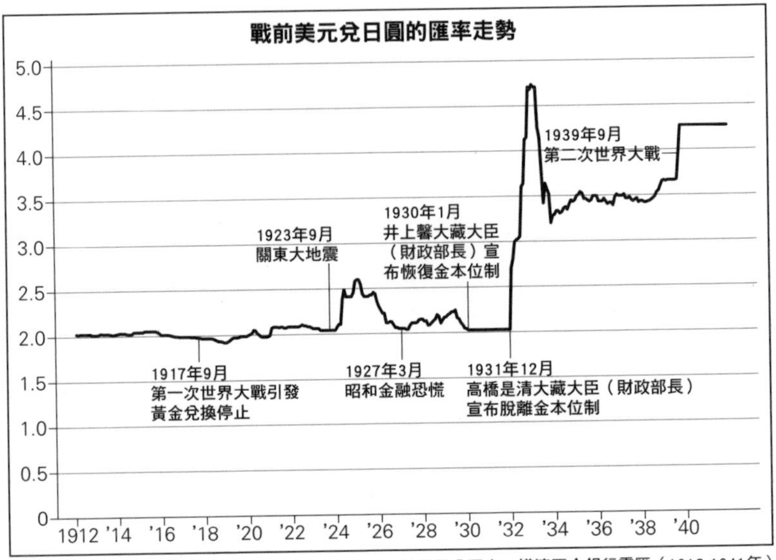

資料來源：日本銀行金融研究所統計，外國匯兌匯率．橫濱正金銀行電匯（1912-1941年）

對日本來說，藉由恢復金本位制以穩定匯率是身為先進國家的尊嚴（金本位思想）。與此同時，其也將此視為解決昭和金融危機以來所有問題的萬靈丹。因此，拖垮經濟發展的不良企業（即今天的僵屍企業）將被淘汰；這是一種出於「清算主義」的觀點，今日看來稍顯粗暴。當時，日本對於恢復金本位制，贊成方與反對方各執一詞，大藏大臣井上準之助對於恢復的意念格外強烈，民眾及媒體也有推波助瀾之效。[3]

然而，在當時多數國家停止黃金兌換的情況下，日本以稍微超過自身實力（高估日圓）的一美元兌換二日圓來恢復金本位制，加之紐約股市剛崩盤，後見之明來看並非理性之舉。結局是，外匯投機者發現日圓連結的日本黃金價格低於實際價值，於是繼幕末之後，日本黃金再次大量流向海外。一九三〇年、一九三一年，日本發行近兩千萬枚金幣，但幾乎都流向海外並被重鑄，因此至今仍留存者變得相當罕見，而且價值不菲。

此後約二年後，在高橋是清大藏大臣主導下，日本重新脫離金本位制（禁止黃金出口）。一九三一年十二月，日圓匯率為一美元兌換二·〇二五日圓，一九三三年一月急貶為一美元兌換四·七三四日圓。於是，高橋祭出包括收購日本銀行在內的一系列積極財政政策以復甦日本景氣。當時日圓急貶的幅度如統計圖所示，此幅度在近來頗受矚目。從海外的角度來看，這一切反映了日本運用日圓貶值的以鄰為壑（Beggar thy neighbour）[4]政策促進出口。經此大起大落後，日圓匯率維持在一美元兌換三·五日圓左右，從而闖進第二次世界大戰。

第二次世界大戰前的美國政府官方——美日相關外交檔案，大都在二戰結束隔年便解密了，但金融、經濟相關紀錄直到一九九六年才對外公開。另外，FRB（美國聯邦準備系統）的「評價外國政府活動」相關記錄，也在一九九六年解密。日俄戰爭後，美國針對日本不願開放滿洲地區的門戶，擬定了預備對日開戰的「橙色計畫」（War Plan Orange），之中涵蓋對日金融封鎖的相關戰略。基於上述資料，歷史學家愛德華·米勒（Edward Miller）在《殲滅日本經濟》（*Bankrupting the Enemy: The U.S. Financial Siege of Japan Before Pearl Harbor*）書中，分析了戰前日本黃金儲備的狀況。

日本是缺乏天然資源的國家，為了備戰需進口大量資源，而進口又仰賴基礎貨幣的美元＝黃金。愛德華・米勒在書中詳細分析道，當時，日本的美元來源幾乎全靠向美國出口女用長筒襪的生產原料絲綢（還沒進口，需用外匯結算的原料），但由於一九三九年發明了尼龍長筒襪，故此一來源終究會走向斷絕的命運。

無論如何，縱使美國並無詳列禁止出口到日本的產品項目，但只要凍結日本在美國的美元資產，使之難以獲得國際貿易結算所需的美元，日本即使有再多的黃金，也無法購買任何東西。美國對日本實施金融封鎖後的一九四一年七月後，美元兌日圓的官定交易市場消失，爾後上海黑市的匯率似乎為一美元兌換八至九日圓。

二戰與東京股票市場

日本即使停止了日圓鈔票與黃金的兌換，在支付外國進口費用之際，其仰賴蘊含黃金價值的美元這點仍然不變。一九三四年，美國決定黃金美元比由一盎司黃金兌換二〇・六七美元調整為三十五美元，實質上等於貶值了；此後直到二戰後的一九七一年，美元作為基礎貨幣，其流通均維持在此一匯率，直到尼克森總統宣布停止美元和黃金的兌換為止。

一九三六年，高橋大藏大臣在二二六事件遭暗殺，日本便擴張軍事預算，並於隔年發動盧溝橋事變，中日戰爭隨之爆發。就支撐日本對中國發動戰爭而言，石油、鐵礦石等天然資源必不可少，同時對日本來說，高度精密工作母機[5]是落後歐美的領域。為了進口天然資源或工作母機，日本需確保基礎貨幣的美元。

戰時的日本政府發布金屬回收令，舉凡寺廟大鐘、水溝蓋乃至廚房流理台都被要求上繳，全國各地的纜車也被視為非急需之物，因而遭遇拆除的命運，官方也回收了鐵軌。如此收繳而來的廢鐵則用於製造軍艦。

相較而此，較鮮為人知的也許是黃金獻納運動。這是新聞媒體主導，開端於一九三七年左右，鼓勵民眾自主捐獻硬幣、戒指、鐘錶、寶石等的活動。一九三九年六月，《內外商業新報》刊登社論，內容涉及國民的黃金等貴重金屬擁有狀況的國情調查：

> 民間捐獻活動並非無償，國家使用價值固定的日圓支付相應的價格。對當時的國家來說，需要的是能兌換成美元的黃金，反觀日圓鈔票，只要用紙幣印刷即可。一九四一年的英國，在藉由美國頒布的《武器租借法》（Lend-Lease Program）無償取得援助前，從美國進口物資都需支付美元。因此，英國政府便以英鎊結算的證券購入美元結算的證券，然後將之出售於美國市場，再換成美元。日本正在進行類似的作為。

日本的石油、鐵屑、稀有金屬等戰略物資，幾乎都從美國進口，照常理來看，日本向美

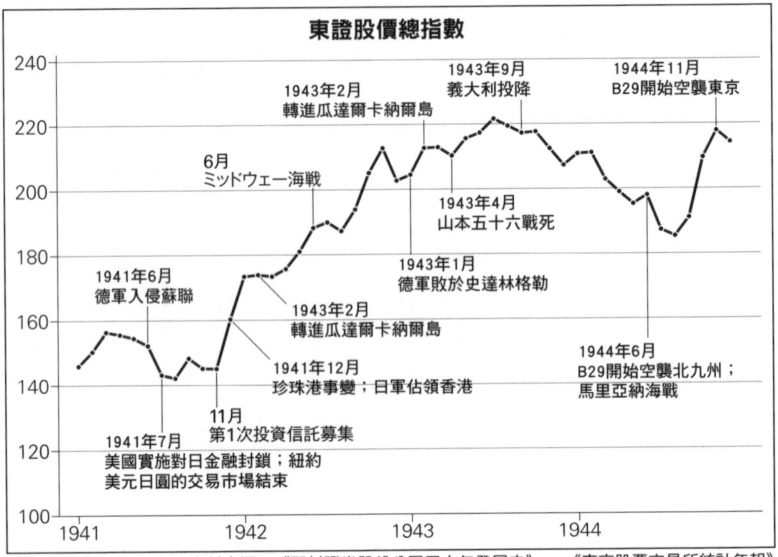

資料來源：《野村證券股份公司五十年發展史》、《東京股票交易所統計年報》

國開戰難以理解。

然而，身為盟友的納粹德國，正在歐洲大陸逐步實現Autarkie（自給自足經濟：自存自衛的基礎）。日本受其影響，也將涵蓋印尼石油及中國大陸之東亞全境的大日本帝國自身的Autarkie確立為目標。但此舉卻招致美國的經濟制裁，迫使日本不得不更加朝向Autarkie的方向發展，因而陷入惡性循環，最終走向戰爭之路。一九四一年七月，美國為了回應日本進攻法屬印度南部地區，凍結了日本在美國的金融資產。

自此，日圓在紐約外匯市場消失了，美國聯邦儲備系統關閉了日本的黃金美元兌換窗口；因此日本即使持有黃金，也不能兌換成美元或進行石油等戰略物資的進口結算。雖然日本大藏大臣宣稱，將利用美元結算的外債持續支付美元利息，但日本帝國的外債乏人問津，價格跌至票面價格的百分之二十至三十。既然無法透過金錢交易，日本國家的存亡之道只剩對美、英兩國大幅讓步或對外掠奪了。

在日本對美作戰之初的偷襲珍珠港、佔領香港與新加坡時期，東京股市呈現慶祝行情的上漲趨勢。有鑑於股價高漲，官方祭出抑制政策，甚至利用提高保證金率[6]來限制信用交易。

一九四二年二月，日軍利用巨港的空降作戰，在幾乎毫無傷亡的情況下佔領蘇門答臘島的油田地帶；光從外觀來看，Autarkie似乎已經成立。日軍捷報頻傳，兜町中開始有人打從心裡認為，東京市場就如同紐約與倫敦，將因躍升為大東亞共榮圈的金融中心而繁盛。更有急性子的人考慮移民澳洲，因為反正日軍佔領澳大利亞很快就會實現。然而，實際上的戰局是，日本的優勢僅維持半年左右，一九四二年六月中途島戰役失利以降，日本海軍完全陷於守勢。不過，國民並不知道戰爭失利，直到一九四二年十二月日本《證券交易法》大綱發布為止，股市一直持續走高。

一九四三年頒布的日本《證券交易法》，以加強管理金融市場為目的，進而實現全國證券交易所的國有化。基於此一法律，日本證券市場創設以來的代表性交易對象、作為兜町象徵的東京股票交易所股票——東股，只能在人們的留戀聲中退出市場。

在《兜町興衰記》一書中，長谷川光郎告訴我們，自此刻起兜町的人似乎不再相信大本營發布的訊息。一九四三年，政府合併商工省和企畫院，設置軍需省，並針對民間企業制定《軍需企業法》，將重要產業指定為「軍需企業」，給予企業代表人公務員資格，企業員工則為國家徵用；按照法律，其不能隨意辭職。

統計學家有澤廣巳監修的《日本證券史》（日本經濟新聞社）記錄了這個故事如下：以戰爭為契機，證券業的主管機關從商工省移回大藏省。根據明治七年（一八七四年）頒布的《股票交易條例》，證券業主管機關為大藏省，但之後移轉到農商務省、商工省；再以第二次世界大戰為契機，證券業連同保險業重返大藏省的管轄。證券交易與賭博僅一線之隔，對國家行政來說，總有重重內幕之證券交易所的改革長期懸而未決；有人因改革實踐而喜，但就如同至今的世界歷史呈現，唯有自由的證券交易所才能有所發展。另外，戰爭期間，日本證券企業一再合併，戰後的四大公司體制亦在此時打下基礎。戰後的經濟體制多處承襲自戰時體制，截至山一證券倒閉[7]為止的日本證券業也不例外。

正當日本的城市與工業區因空襲而燒得精光，年輕人全為戰爭動員之時；若觀察股價走勢圖則會發現，只有不知為何股價始終穩定成長。當然，在經濟管制下，日圓買不到任何東西，因此這不過是畫餅充饑而已。

二戰前日本的信託投資物語

桂米朝在上方落語《持參金》的引子中，有段中日戰爭期間的軼聞如下：「說起昭和十三、十四年（一九三八、一九三九年），政府接連不斷地印鈔票」如此的破題接著則是，當時就連經驗豐富的職人，月薪也只有八五、九〇日圓左右，很難達到一百日圓，因此生活在大雜院的人，一輩子都沒機會看到百日圓鈔票那樣的大面額貨幣。反之，若他們的年輕孩子接受動員、到工廠做工，就可以獲得獎金，將一百日圓鈔票帶回家。職人夫婦看到後感動不已，大雜院的鄰居老奶奶，透過薄薄的牆壁知悉此事，便手持念珠前來朝聖。結果，只要有人想看這張百圓鈔票，都讓他們開開眼界，因而在大雜院裡傳閱一輪，等到回到主人手中時，鈔票背面蓋滿了「已閱」的印章。「這又不是傳閱板」是箇中笑點所在。光是聽到這段相聲便知，戰爭期間的日本只缺物資，現金倒很充裕。理所當然地，這則《持參金》的落語就是在諷刺只有現金滾動、在各處流通，但絕非意味著景氣良好。

接下來的話題就有點像教科書內容。一般認為，投資信託起源於一八六八年英國創設的海外及殖民地政府信託基金（Foreign and Colonial Government Trust）。此一基金以海外及殖民地為投資標的，將向來為富人獨占的海外投資機會分散給普羅百姓，接受其小額資金。至今，此檔基金仍在倫敦市場交易。

另外，一八七三年羅伯特・弗萊明（Robert Fleming）創立的蘇格蘭美洲信託基金（Scottish American Investment Trust）可謂現代投資信託的基石。其運作模式以銀行為受託人，將資產保全委託給第三人，從而創造出防堵資產管理者舞弊的機制。此一機制不把資金交由操作股票買賣的人保管，資產餘額另尋可信賴的人士計算。近期發生的巨額證券醜聞，比如美國的馬多夫投資醜聞（Madoff investment scandal，二〇〇八年）、日本AIJ金融醜聞（二〇一二年）等資產運用相關的詐欺，都是因為不將此基本保障當一回事。一九二一年，美國設立公司型基金「International Securities Trust of America」（美國國際證券信託基金），特徵是基金本身就是股份有限公司，為公開企業資訊及交易帶來了便利。

以第二次世界大戰為探討投資信託的時代背景，與日本投資信託的誕生與戰爭有莫大關聯。大正中期的日本，已數次嘗試類似信託投資的金融商品。一般認為，一九三七年藤本票據經紀商（今大和證券公司前身）創立的藤本有價證券投資合作社，是日本投資信託的濫觴，其設立宗旨為：「以英國單位信託為藍本，因應日本國情而設計之首創的證券投資新模式。」此一機構的經營型態為《民法》上的合作社，與管理委託資金的信託銀行毫無瓜葛，因此信託業界因其從事近似信託的業務而加以反對，開業不到三年，就被大藏省勒令停募新的股票及債券。如此投資信託，既無法在《商法》及《信託法》中找到法源依據，也沒有主管機關，是遭致反對的問題根源。另外，當時證券交易所與證券公司屬商工省管轄，信託公司則屬大藏省管轄，這也是影響情勢發展的背景因素。

大藏省要求藤本停止募資的同時，提出了今後在信託公司業務範圍內設立投資信託的框架。信託公司從業界的角度獨立摸索著投資信託的商品化，以藤本票據經紀商及山一證券等為代表的證券業界也就此展開探討。但就在這個節骨眼，時局日益緊迫，日本向美、英開戰迫在眉睫，國債乏人問津，導致股票銷售機制變得必要；此刻，有強烈投資信託需求的已非投資人，而是國家。

在此背景下，政府允許野村證券在自身集團內部設立信託公司。在日本對美開戰前二十天的一九四一年（昭和十六年）十一月十九日，「野村的投資信託」公司展開首次募資。

此次募集的廣告詞是：「以大東亞共榮圈的發展為目標——理想的投資『野村投資信託』。」《野村證券股份公司五十年發展史》記載，在籌劃階段，「若返還時本金有損失，則補償損失金額的百分之二十。」此一但書遭到了質疑。但在掌門人野村德七決斷下，仍予以通過。相對地，獲利之際，野村證券獲得百分之十的收益，就類似時下的對沖基金——資金管理方之收益債券[8]。

這種投資信託的返還期限分為三年與五年兩種，共募集六次，交易熱度盛況空前。或許正如桂美朝師傅的落語所言，大家手頭只有錢。一九四二年八月，山一、小池、藤本、川島屋（現為日興）、共同證券等競爭對手追隨野村證券的腳步，開始進行投資信託的募資，銷售情況也十分理想。

投資信託的銷售，就連進入終戰之年的一九四五年仍持續著，東京大空襲的三、四、五月前後，仍有新產品上市，町內也會分配購買額度。到了六月後，投資信託的銷售才停滯下來。截至終戰，日本共設立了一三五組投資信託，設定金額達五億八八五〇萬日圓，共計一五六萬投資人次，成為戰爭期間債券與股票的支撐力道。

終戰前，野村證券僅償還一檔投資信託，帳面價值上是有收益的投資回報。剩餘的投資信託因戰後混亂而延期償還，並在惡性通貨膨脹階段的昭和二十四年至二十五年間（一九四九－一九五〇），償還了相當於本金水準的價格。透過上述，日本創造出一三五萬名投資信託的投資人，但沒有價值的錢終究還是無用。這段戰前投資信託的相關歷史，似乎不太為人所知。

廢墟上兩次股市的熱潮

《兜町盛衰記》記載，戰時的日本社會不太將證券業認定為正經行業。而且，兜町四十歲以上的預備役少尉都已徵召入伍，男人幾乎都進到了軍隊中，留下來的盡是老人與女性社員，連往返於交易所與店面的傳信員多為年過六十的老人；有遠見的經營者感到僅靠證券業或許難以為繼，同時掛出了礦山開採、軍需生產等副業的招牌。

一九四五年（昭和二十年），東京空襲日益激烈的同時，證券市場的休市成為日常，很快地，東京股票交易所在八月十日暫時關閉。

戰爭一旦結束，兜町相較於一般社會，以相當快的速度復甦過來；在八月十五日終戰後到八月二十三日交易所關閉前的這九天，未交割完畢的業務進行精算，姑且替戰前業務畫下句點，之後業者間立即展開場外股票的交易。

當時的熱門股票，從戰時的軍需股轉變為象徵和平的電影股和百貨公司股，這之中應該不乏裝作什麼都懂，暢所欲言於和平產業股票的行情分析。兜町的活力回來了。九月二十六日，相關人士、部門歷經與大藏省的協商，決定於十月一日重開東京股票交易所，但果然得不到GHQ（駐日盟軍總司令）認可。GHQ認為，以期貨交易為主的日本股市投機性過強，不允許其以原狀復市。無奈之下，業者只能先放棄重開交易所，開始街頭交易，並逐漸將場所移轉到今天尚存之日證會館的一、二樓，面對面地展開場外交易和集體交易。

一九四六年二月十七日，「金融緊急措施令」作為「經濟危機緊急對策」的一環而頒布。這便是所謂的「兌換日圓」、「凍結存款」，小泉內閣期間，為了緩解財政赤字，可能會重新運用這個手段，因而一度引發熱議。當然，這類猜測脫離現實自不待言，但從當前日本政府的債務狀況來看，近期此一話題可能重獲關注。

「金融緊急措施令」規定，面額超過十日圓（最初是五日圓）的鈔票（舊日圓）在三月二日後作廢；人們為了避免損失，只得將現金存入銀行，否則手頭上的鈔票將成為毫無價值的廢紙。大家將錢存進銀行後，每人每月只能從銀行取出規定金額的「新日圓」充作生活費；政府藉此凍結國民存款，進而從中徵收財產稅，用以償還戰時不斷膨脹的國家債務。同時，政府還希望透過限量發行的新日圓取代已發行的舊鈔票，藉以抑制貨幣流通量、摘除通貨膨脹的萌芽。然而，新日圓的印刷趕不上實際需求，只能在舊鈔票貼標籤以臨時應急。

在舊鈔票失效前的黑市裡，存在著以「舊日圓」與「新日圓」計算的兩種物價。此一法令在頒布之初便漏洞百出，譬如：駐日盟軍士兵兌換新日圓並無金額限制。[9]另一方面，因為國民的現金都存入了銀行，股票市場極為蕭條。對此，多次請願的結果便是二月二十三日《大藏省三十五號告示》的頒布，規定股票交易為許可制，國民從帳戶領錢買股票是為特例。附帶一提，前面提過，當時交易所仍處於關閉狀態，只能進行店頭交易。然而，請願活動之所以奏效，可見當時以此謀生者眾多。

當時的日本社會意識到，雖然領取「新日圓」受到嚴格限制，但買入股票再賣出，就可獲得「新日圓」的現金。這可說是披著合法外衣的「洗錢」之舉，特別是新發行的公募股票為概括認可制，相較於既有股票每檔都需個別認可，其因為手續變簡單而頗受青睞。

五月十五日，以新日本興業股票為開端，食品、鐵道、新興百貨公司等股票開始募資，這就是戰後首次的股票熱潮。建築於交易所仍然未開的廢墟上，公開募股熱鬧展開。不過，

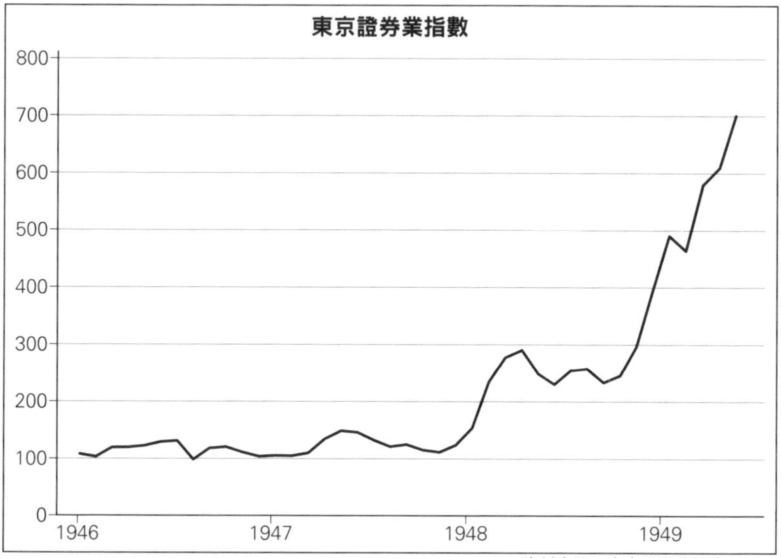

資料來源：東京證券業協會十年史

首次股票熱潮並非源於股票投資的需求，而是為了獲取「新日圓」而買進股票再賣出。因而，這段期間的股價指數並無明顯上漲。即使如此，直到八月十日《大藏省三十五號告示》廢除此一特例為止，股票交易本身都非常熱絡。另外，基於購買股票有透過存款的「舊日圓」及現金的「新日圓」等不同方式，市場上兩種不同價格體系自動形成。

如此特例也可見於不動產買賣之中。當時，銀行之間尚未進入共享客戶資訊網絡的年代；若在多家銀行開戶，限制取款金額的執行面上便有困難。

於是，謹守本分的國民便在廢墟之中，承擔著償還戰爭債務的重擔，而黑市裡卻出現了暴發戶的身影；他們手中握有超過政府規定金額數十倍的新日圓，並將其任意揮霍。從結果論來看，投資應以不動產為首，但當時又有多少人能洞悉這點呢？

首次股票熱潮後，基於《企業重建準備法》與《排除經濟力過度集中法》，各家企業面臨重組命運，再加上勞工運動的激化，股市暫時失去往日的活力。但是，一九四七年年底開始的證券民主化運動（致力於向一般投資人推銷財閥手中的股份）及通貨膨脹加劇，都為股市帶來轉機。

戰後，頒布於戰爭期間的《企業分紅等禁止限制令》遭廢止，該法令以限制以企業分紅作為股東利益，讓位於擴大國家總體生產量為宗旨。[10]伴隨該法令的廢除，股票交易隨著通貨膨脹的腳步日趨昂揚。應該有不少人以買股票來因應通貨膨脹。進入一九四九年後，GHQ（駐日盟軍總司令）宣布交易所復市，亦發表了道奇計畫[11]，以幫助穩定經濟；沉浸於此氛圍中的股票交易，迎來了第二次熱潮，明明當時交易所仍未存在。

註釋

1 譯註：這是由於鐵道股票大量退出市場。

2 譯註：這裡的意思是，東洋經濟新報社的股票指數計算技術（規模與質量），仍不成熟，這是因為整個日本社會並不重視此一經濟指標。

3 岩田規久男編，《昭和恐慌的研究》（東洋經濟新報社，二〇〇四）介紹了當時解除黃金出口禁令相關議論的詳細內容。

4 譯註：意指採取有利於自己卻損害其他國家的經濟政策，操縱匯率是典型代表之一。

5 譯註：工作母機是機械零件製造過程的基礎設備，用於將金屬切割、敲打、研磨、鑽孔等加工工序，又稱為工具機，例如車床就是比較耳熟能詳者。

6 譯註：在前一章的註釋提到，保證金貸款就是投資人向銀行貸款買股票，因為銀行不會提供全額貸款，因此需要自行準備部分金額，如果用買房子來類比就是頭期款。投資人自行準備金額占股票實際價值的比率，就是所謂保證金率，就像是頭期款占房價的比率一樣。因此當日本政府透過法規來提高保證金率，就意味著投資人自行準備的金額增加了（如同頭期款成數增加一樣）。

7 譯註：山一證券曾經號稱日本四大證券商之一（其他三家為野村、大和、日興），擁有百年經營歷史，卻在一九九七年十一月二十四日宣布停業，引起整個日本社會的震撼，突顯出日本金融監理體制的缺失，更是象徵著日本泡沫經濟的破滅。

8 譯註：收益債券顧名思義就是公司有利潤時，才會依據利潤規模支付相應利息給債券承購人，不同於一般債券是不論公司是否有利潤，債券承購人都可以獲取事先約定的利息。

9 兒島襄，《日本占領2》（文春文庫，一九八七）書中有描寫其景象。

10 譯註：基於總體戰的前提之下，日本經濟社會能否穩定運作，關係著日本是否有能力繼續進行第二次世界大戰，這時候身為市場經濟基本單元的企業能否持續順利營運，至為關鍵，因此日本政府發布《企業分紅等禁止限制令》來規範企業發放股息的最高比例，企業即使很賺錢，也不能發放高額股息給股東，必須將利潤留存在企業內部，據以確保企業財務的健全性。

11 譯註：道奇計畫的命名源自出草案創生者約瑟夫·道奇（Joseph Dodge），時任美國底特律銀行總裁暨GHQ財政顧問，此一計畫在一九四九年提出，英文稱為Dodge Line或Dodge Plan，涵蓋縮減政府開支、平衡政府預算、加強政府徵稅能力、限制金融機關的資金貸放、穩定工資、加強物價統制等穩定方案，解決了戰後初期日本的通貨膨脹，有助於日本經濟體系走向穩定。

第十三章
戰後到尼克森震撼

二戰與紐約股票市場

在美國，經歷了一九三〇年代的華爾街股市大崩盤及隨之而來的長期蕭條，大家開始反省引發泡沫經濟的自由放任政策，導致政府加大經濟的干預力道。不僅美國，世界各國都出現經濟「民族主義」的傾向，結果便是相互採取貿易保護主義、建構區域經濟，促使經濟長期萎靡不振。在經濟史的世界中，最受關注的研究課題莫過於探究招致不景氣的根源，還有分析經濟大恐慌及隨之而來的蕭條。學界爭論至今歷久不衰。有的觀點將其歸因為貨幣要素，[1]也有觀點聚焦於金本位制如何成為導致經濟蕭條的機制，可謂百家爭鳴。[2]經濟史學家倫多・卡麥隆認為，原因不會只有一個，這是事件與狀況的惡性連鎖反應導致；同時，儘管世界霸權已從英國轉移至美國，美國消極面對自身的主導地位也是原因之一。[3]

在英、法兩國在希特勒的威脅與日俱增下，一九三八年的「慕尼黑協定」（Munich Agreement）中，約定好所謂「不再提出更多要求」，進而將捷克的蘇台德地區割讓給德國。這是在一戰中飽嚐艱辛的英、法兩國，為了避免戰禍而採取的綏靖政策。不過，溫斯頓．邱吉爾（Winston Churchill）對此提出嚴厲的批評：這是向希特勒示弱，結果成為第二次世界大戰爆發的重要原因之一。威脅到當時自由主義經濟圈的不只德國，還有共產蘇聯的崛起。另外，在他們看來，遠東為了建立自給自足經濟（Autarkie）而燃起擴張領土野心的日本也靠向德國，強化國家社會主義的動能，成為不穩定分子之一。

對於親歷國土滿目瘡痍的日本人來說，讓他們感到非常意外的是，美國的金融史受到大恐慌影響[4]，對於二戰期間的記述不多。當然，二戰成為脫離經濟不景氣的契機和戰時體制的分析，已有相關研究可以參考，但關於這一時期研究者的論述，最大的課題就是後來被稱為「壟斷委員會」的「臨時國家經濟委員會」（Temporary National Economic Committee, TNEC）。「壟斷委員會」受到關注的原因在於，雖然按《格拉斯─史蒂格爾法》（Glass-Steagall Act）規定，摩根銀行與摩根史坦利證券已經分離，但人們懷疑二者暗地裡聯手，壟斷了證券交易業務，因此才有上述委員會誕生。摩根銀行賣掉摩根史坦利的優先股，徹底與其劃清界限，恰逢日本本偷襲珍珠港之際。

美國二戰的軍費高達三四一〇億美元，為第一次世界大戰的十倍。這在金融史中只被一筆帶過，但在經濟史領域則是極大的數字，可見嚴厲的經濟統制與重稅壓在美國人民身上。除了夏威夷外，美國本土並未成為戰場，戰爭景氣也緩解了失業問題，女性就業率提高，工資上漲。然而，日常用品實施配給制度，戰時統制經濟限制了汽車、家電等生產，導致國民的勞動成果無處可花。因此就如同日本，人們手中的富餘資金流向了銀行儲蓄與購買戰時國債。即使是在經濟增長與通貨膨脹的背景下，消費貸款還是從一九四〇年的八十三億美元減少為一九四五年的五十七億美元；另一方面，儲蓄性質的生命保險卻從一一五五億美元增加至一五一八億美元。

戰爭期間，美國在七次國債募集運動中，賣出一八五〇億美元國債。相比於當時日本五億日圓的投資信託總額，高下立判。克林．伊斯威特（Clint Eastwood）執導的美國戰爭片——《硫磺島的英雄們》（*Flags of Our Fathers*）、以歐洲戰略轟炸為題的《曼菲斯美女號》（*Memphis-Belle*）等，都有戰爭英雄退役後，參加全美國債募集運動的情節設定。

美國在太平洋戰爭爆發前的一九四一年夏季，已凍結了日本在美的金融資產，封閉了美元結算的管道。當年十二月，日本發動太平洋戰爭，不久後，日本盟國德國在蘇聯的閃電戰開始陷入膠著。

日本海軍也在隔年的中途島戰役慘敗；之後，一反過往積極進攻的態勢，開戰僅僅半年就轉為守勢。自從一九四〇年五月希特勒進攻比荷盧三國與法國以來，紐約道瓊指數持續下

資料來源：聖路易斯聯邦儲備銀行（Federal Reserve Bank of St. Louis）

跌，並於一九四二年四月觸底。之後漲幅雖有所調整，但直到戰爭結束仍持續上漲。

若股價有預測未來的能力，日本給予美國股市的威脅僅限於開戰後的四個月內；中途島戰役前的珊瑚海海戰（Battle of the Coral Sea）[5]之際，美國金融市場已預言了軸心國的敗北。華爾街有大量人潮應徵入伍，雖然股價上漲，但生意持續冷清，反倒是女性打工族成了顯目存在。儘管程度不同，此一景象與日本兜町並無二致。

戰後的一九四五年，美國GDP相較於「咆哮的二〇年代」增加了一倍，稅前的法人收益則為一九二九年的二・五倍。但一九四五年年底的道瓊指數卻為一九二·九一點，僅為一九二九年股市崩盤前最高點三八一·一七點的一半左右。美國民眾還掉消費貸款，買了國債，積累了存款；無論如何，戰後初期群眾蜂擁至股票市場，但在大崩盤陰影史中的人卻失去對股市的信任，加上對戰後共產蘇聯崛起的不安感，勞工運動興起，美國國民暫時失去投資股票的熱誠。

布雷頓森林協議到GATT

筆者手上有一卷題名為《通往月球的鐵道》（*The Railway to the Moon*），於新罕布夏州的紀念品店購入的錄影帶，是罕見地的旅遊宣傳片，目前已反覆觀看多次。影片開頭是一八五七年，一位名叫西爾維斯特·馬修（Sylvester Marsh）的男子，在向新罕布夏州議會提出鋪設鐵道的申請。聽到提案後，議員們立即認定馬修是瘋子，而其愚昧更在議會引起哄堂大笑。馬修打算驅動蒸汽火車頭，而非用纜車或索道登上海拔一九一七公尺的華盛頓山頂（Mount Washington）。在當時，電車和電力都還未問世。

馬修致力於修建鐵道的所在地，就是後來因貨幣會議而聞名的布雷頓森林（Bretton Woods）。戰爭結束前的一九四四年七月，四十四個國家在華盛頓山麓的華盛頓山飯店召開「聯合國貨幣金融會議」（United Nations Monetary and Financial Conference），與會代表乘坐專列從華盛頓、紐約前往飯店。

馬修致力於修建布雷頓森林登山鐵道

此次會議的目的在於反省一九三〇年代的經濟大恐慌及導致經濟長期蕭條的區域經濟體制，以求恢復並穩定第二次世界大戰期間疲軟的世界經濟。具體而言是為了構築自由的世界貿易體系，因而匯率市場的穩定便成為會議主題。

凱因斯（John Maynard Keynes）為英國的與會代表，美國代表則是因擁護新政而在後來被懷疑是蘇聯間諜的哈里・迪克特・懷特（Harry Dexter White）。會上（實際是準備會議），凱因斯提出僅供成員國之間使用的新興國際支付手段——新的國際貨幣「班科」（Bancor）。不過，會議主導權掌握在二戰後一躍成為世界最大債權國的美國；在一九三四年的《黃金儲備法案》（Gold Reserve Act）中，美國原本將黃金的美元比價從每盎司黃金兌換二〇・六七美元貶值為三十五美元，並在這次會議中確立了戰後各國貨幣與美元的固定比率，等於間接實現了金本位制。這次金融財政會議簽訂了「布雷頓森林協定」（Bretton Woods Agreements），同時決定設立國際貨幣基金組織（IMF）和國際復興開發銀行（世界銀行IBRD的前身）等至今仍活躍於各種國際事務的機構。

第一次世界大戰以前穩定的金本位制度下，各國貨幣均與黃金掛勾，並可與之兌換。在布雷頓森林體系下，只有美元能兌換黃金，因此也被稱為「黃金美元本位制」。

「布雷頓森林會議」舉行於戰爭期間，因此軸心國的日本當然沒有受邀，一九四九年，日圓進入布雷頓森林體系，一美元兌換三六〇日圓為其固定匯率。此一匯率水準對當時的日本國力而言，高於其實際價值，而導致日圓被高估；不過，很快地隨著戰後復興，日圓與德國馬克一起提升實力，迫使美元貶值。布雷頓森林的構造是只有美元與黃金掛勾，若美國切斷此一聯繫（停止兌換），全球貨幣體系將突然崩塌。一九七一年，尼克森總統在電視與廣播宣布停止美元與黃金的兌換之際；事實上，最初尼克森總統本人沒有意識到問題的嚴重性。然而，當時不僅美國，全球貨幣體系都崩潰了，不論尼克森總統的親信或甚至美國國會，都未能事先認識到其結果。

另一打造戰後格局的重要會議，舉辦於一九四七年十月的日內瓦；關稅暨貿易總協定（General Agreement on Tariffs and Trade, GATT）決定下調四萬五千種產品的會員國關稅，藉此孕育出自由貿易體系，支撐日後日本與西德的復興。

在華盛頓山開通其登山鐵道已歷一五〇年的今天，散布於周圍平原上的一般鐵道路線幾乎都已廢棄；布雷頓森林體系構建的「黃金美元本位制」也已成為遙遠的歷史之一，只有馬修的蒸汽火車頭還冒著黑煙，不持續通往華盛頓山頂的陡坡。

美國的「黃金六〇年代」與投報率革命

傑克．萊蒙（Jack Lemmon）飾演的巴斯特（Calvin Clifford Bud Baxter），是任職於紐約保險公司的單身上班族，一心想出人頭地；為了巴結上司，他將自己的公寓借給上司發展不倫戀，而上司的情婦卻是自己心儀的電梯小姐（Shirley MacLaine飾演）。這是比利．懷爾德（Samuel Billy Wilder）執導的《公寓春光》（*The Apartment*）劇情，反映出一九六〇年代的美國正是企業員工春風得意之時；如同日本泡沫經濟時期，公司高層偷情已是司空見慣。巴斯特這個角色不是「家奴」，而是「社畜」。劇中經典的一幕便是，藉酒澆愁的巴斯特將喝過馬丁尼所附牙籤插著的橄欖，擺成一個圓圈；當時的人相信，即使多少有些不滿，只要巴著公司不放，人生仍將光彩。

隔年，懷爾德讓詹姆斯．賈格納（James Cagney）擔綱主角，拍攝政治諷刺喜劇片《玉女風流》（*One, Two, Three*），主人公是可口可樂西柏林分公司的經理，一位超級工作狂；柏林圍牆修建前，他費盡心思地要將可口可樂賣到東德；主人公之妻是位持家嚴謹的美國女性，仍是認同了拚命工作的丈夫。

有安定貨幣體系為後盾，被揶揄為「可口可樂帝國主義」而讓美國商品席捲全球的這個時代，與泡沫經濟時期的日本有頗多相似處。

二戰後的美國股市，基於通貨膨脹的潛在壓力，一度不見起色。但一九五三年，艾森豪（Dwight David Eisenhower）當選第三十四任美國總統，終結了連續執政五屆的民主黨政權；道瓊指數隨即從二五〇點左右的水準，到了一九六六年二月九日，一路攀升至九九五・一五點，橫跨約十五年都持續牛市。就像剛才提到的可口可樂西柏林分公司一樣；在布雷頓森林體系下，因為美元作為霸權貨幣，美國企業開始向全世界進軍。相對於「咆哮的二〇年代」，此時期被稱為「黃金六〇年代」。

因戰爭中的國債促銷宣傳而擴大的證券持有者人口，原本手中儲蓄無路可去，現在則隨著電視發明、宇宙開發等新科技出現而如潮水般湧向股市。小兒痲痺症疫苗（Polio Vaccines）、冷凍食品、塑膠唱片等，這一時期利用新技術開發新產品的企業，都實現了歷史性的高利潤、高收益。從戰場返鄉的年輕人，在一九五〇年代結婚，並在郊外建屋，紛紛買了家電與私家車。

證券業也積極展開市場行銷，查爾斯・梅里爾（Charles Edward Merrill）的證券公司（美

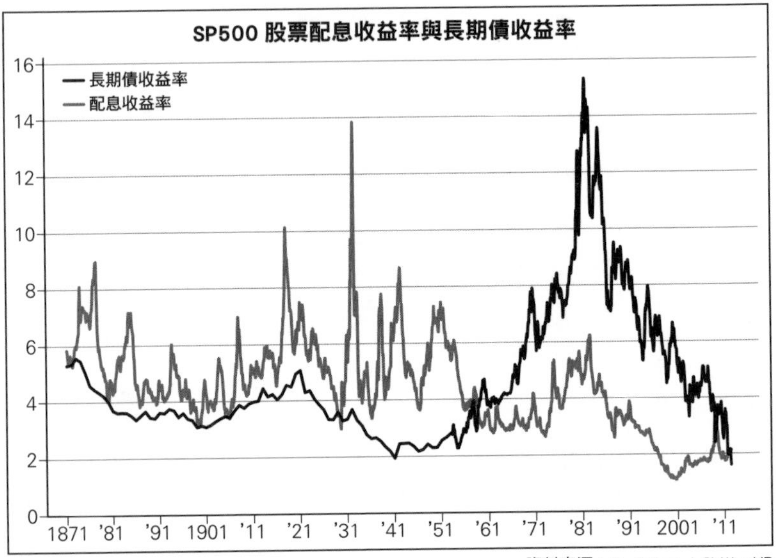

資料來源：Dr. Robert J. Shiller HP

林證券，Merrill Lynch）聘用大批證券分析師，將調查分析報告發送給潛在客戶的投資人。另外這段時期，相當於日本證券投資信託的共同基金（開放式基金）也迅速成長。歷來美國證券業流傳著一句諺語：「共同基金是用來賣（銷售）的，而非購買。」這也用來訓示銷售人員，投資信託並非投資者自己來購買，因此是證券公司不易銷售的產品。一九五〇年，共同基金的資產總額為二十五億美元，不過到了一九七〇年便達到六百億美元。銷售人員手持印刷精美的資料，根據抽成制度到處販售。順帶一提，只有美林證券公司為了避免因抽成制度而導致強迫推銷，故提供銷售人員底薪以提升公司形象。

一九五〇年，通用汽車公司向員工提出納入普通股的退休基金計畫。之後，效仿通用汽車的企業共提出八千件退休金計畫。過去，不會將退休金投資於被認為有風險的股票。美國教師退休基金會（TIAA）為了納入股票，而以現今嶄新的投資手法創設相當著名的「教師退休基金」（College Retirement Equities Fund, CREF），以滿足會員對股票資訊的需求。一九五七年，紐約州廢除個人持有信託資產的股票為百分之三十五的上限，影響便是，國民個人資產的股票占比擴大；過程中，「速利基金」（Go-Go Fund）也閃亮登場（相較於業績，更重視表現）。從基金名稱來看，其就顯得頗不牢靠。因此，即使一九七〇年代後股市低迷，基金經理人依然深信，IBM、全錄（Xeror）等買氣過熱的五十檔股票，與其他股價處於低檔的股票能共舞出雙重行情，稱為「最佳五十行情」（最有人氣的五十檔股票）。

這段時期，還發生了仍左右當今股票市場的「股息革命」。

股票自問世以來，基於投資收益不定，歷史上會看到投資人要求提供超過債券利率的股息。但當投資人認識到，長期保有股票便能享受成長收益的果實時，這段時期股票與債券的利率走勢便首次出現逆轉現象。在二〇一二年的今天，二者利率於五十年後再次逆轉，雖然長期債券的收益率處於低點，但股票分紅收益率同樣降至歷史最低點。也就是說，人們對於股票長期收益的信心已經走到盡頭，如今可能開始動搖。

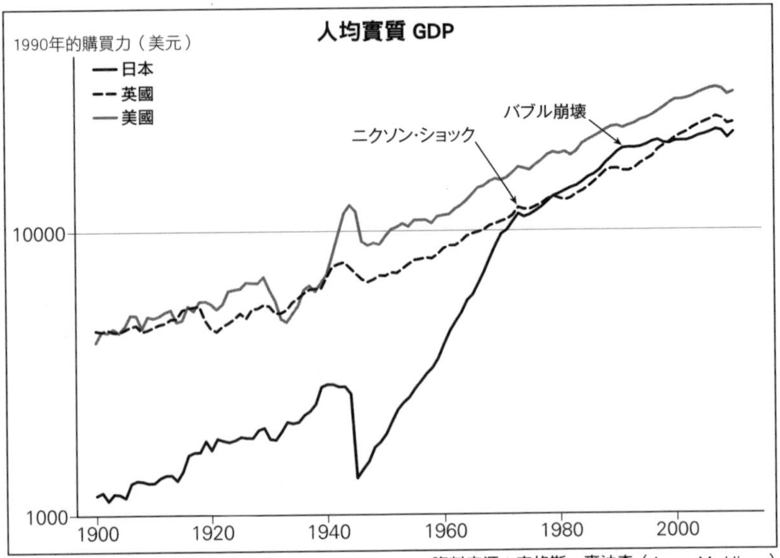

資料來源：安格斯・麥迪森（Angus Maddison）

趕上歐美的日本高度經濟成長

日本歷經韓戰特需的復興後，從一九五四年十二月到一九七〇年七月，年均實質經濟成長率維持在百分之十，此一期間被稱為「經濟高度成長期」，並分為神武景氣、岩戶景氣、伊奘諾景氣三個時期，在此不贅其詳。大家對於一九八〇年代後中國經濟成長的印象與此相近，現仍常被拿來比較；將日本經驗作為衡量當今的中國經濟成長所處階段的座標。

上圖是日本人均實質GDP[6]變化的統計圖。基於縱軸的對比數值差距甚大，故採用對數值。對數圖的好處在於曲線的傾斜度正好反映成長率；傾斜度走緩意味著成長率降低，以此便可輕易理解經濟增長的過程。

日本在第二次世界大戰中遭到重創，戰爭剛結束時，只有美國十分之一的水準；五、六年後則恢復到戰前水準，經濟白皮書也宣稱「現在已不再是戰後」[7]；到了一九七〇年代，幾乎趕上英國，達到美國的百分之六十五，之後更在一九九〇年代紀超越英國，達到美國的百分之八十。

如此高度成長的理由，固然在於日本人的努力與勤勉，若要說其與戰前最大的差異，那就是戰敗導致軍隊解散，美軍的安全保障及《和平憲法》抑制了軍費開支。另外的原因便是，如同美國的「黃金六〇年代」，也是基於各國經濟穩步發展下，美國主導GATT（關稅暨貿易總協定），開啟了戰後自由貿易體系。現在看來，低成本便可獲取先進技術的專利，將降低日本模仿生產的門檻。另外，布雷頓森林體系建構出固定的匯率，很快便因日本經濟實力增強而呈現低估日圓的情況，恰好發揮了補助日本商品出口的功能。至於中東提供的低廉、穩定能源，也是一大貢獻。

如此有利條件，以一九七一年的「尼克森衝擊」為界線，開始變調。伴隨著浮動匯率機制的採用，日本失去日圓貶值的優勢，之後的石油危機又損及廉價穩定的石油供給；從統計圖來看，日本的經濟成長率明顯下滑了。

換個角度來看，若站在日本自身的立場，《日本證券史・第三卷》（日經文庫）引用了經濟學家吉川洋所著的《日本經濟與宏觀經濟學》（日本経済とマクロ経済学，東洋經濟新報社），提及：「農村的『剩餘人口』枯竭致使人口減少流動，招致家戶數的成長率急劇放緩，以及耐用消費財的普及率提高等結果，如此各項條件改變下，國內需求陷入低迷，導致利潤率及設備投資趨勢的低迷。」

「尼克森衝擊」正值日本人均實質GDP與英德法等歐洲先進國拉平之時。另外，日本經濟再怎麼樣，都以出口導向為既定印象，不過一九五〇年代至一九七〇年代，日本的出口僅占GNP（國民生產總值）的百分之十一左右，也就是歐洲先進國水準的一半而已；獲取美元出口雖是重要手段，但國內市場的消費財需求增長，才是經濟成長的原動力。

當法國等先進國元首出訪金磚四國（巴西、俄羅斯、印度、中國）時，以經濟外交為重心，宣傳推銷鐵道、設備等出口，引人注目。日本該如何應對呢？國內經濟界的不滿叢生；然而，此舉本為日本的看家本領。戰後，駐日盟軍沿襲戰前的政治體制；作為戰時體制的延續，大藏省直接調整了產業界的資本投入規模，通商產業省也介入民間企業的事業發展規劃。這類沒有法源基礎的「行政指導」與「日本株式會社」一同名揚海外。當然，「行政指導」還是有一定的效果。歷史學家安德魯・戈登（Andrew Gordon）在其所編撰的大學生現代日本史教材——《現代日本史：從德川幕府到現在》（*A Modern History of Japan: from Tokugawa Times to the Present*）指出：如此作為讓其他國家既羨慕又忌妒。並舉例：「一九六二年，時任日本首相的池田勇人訪問法國時，被法國總統夏爾・戴高樂（Charles André Joseph Marie de Gaulle）揶揄為『那個賣電晶體的銷售員』。」

從其他國家的角度來看，日本標榜資本主義的同時，國家又統制資產分配，其形象或與當代中國相仿。另一方面，戈登的教科書還介紹了違逆官僚忠告而在經營企業成功的年輕企業家，比如：本田、索尼及川崎製鐵等。當然，年過半百的川崎董事長西山彌太郎能不能算年輕企業家，恐有再討論的空間。

一九八〇年代，日本的人均實質GDP追上英國，泡沫經濟期間甚至逼近美國。但從統計圖看來，看似一帆風順的日本經濟「高度成長期」，則爆發了證券業恐慌。

戰後信託投資的興衰與證券業的恐慌

一九五〇年（昭和二十五年）五月底，戰前販售的投資信託全數償還完畢。但一九四九年五月股市重新開張後，卻因為人們期待復市而買氣過熱，加之財閥解體後大量股票流入市場，光是最初的一年就跌了約百分之四十。於是，作為新型態的股票買家，透過官民協調來圖謀投資信託的振興，便在一九五一年六月，頒布《證券投資信託法》；野村證券、日興證券、大和證券、山一證券等四家企業在戰後展開了全新的股票投資信託募集。最初設定一年募集三十億日圓的謹慎目標，但開始交易的一個月內就募集到三十三億日圓，第一年度的募集金額達到遠遠超過預期的一三三億日圓。

戰後，全新投資信託的資產結構為股票占百分之八十七．七，公債及公司債占百分之〇．六，其他占百分之十一．七，幾乎都是股票。事實上，遠遠超過預期的投資流入股票市場，從當月到一九五三年一月的一年半內，日經平均指數漲了三．五倍；受此影響，投資信託買氣更旺，形成指數提升買氣，買氣再提升指數的循環。

一九五一年販賣的二十六檔兩年期投資信託中，收益率最高者達到二．六倍，最低也有百分之六十的償還收益與每年百分之十二．五的利潤分配額[8]。順帶一提，此處利潤分配額的來源僅為股息與利息的收益。

當時，投資信託的委託管理公司（管理委託人資產）正是信託銀行，委託公司（運用委託人資產）並非現今的投資信託公司，而是證券公司。雖然GHQ反對，但野村證券的奧村董事長以若另設公司，將提高信託報酬為由，一再和GHQ交涉，最終獲得認可。不過，投資信託的委託公司從證券公司分離出來，則是一九六〇年四月的事情了。

雖然後來經歷一些波折，但投資信託的運用資產總額保持穩定成長。一九六一年，資產總額突破一兆日圓大關，股票投資信託在國民個人金融資產的比重來到百分之七．九；平均每十戶，就有一戶是投資信託持有人。股市市價總值也從一九五五年的一兆一千億日圓，到了一九六一年，成長為六兆四千三百億日圓的六倍。當時的廣告標語是「銀行再見、證券您

資料來源：日本經濟新聞

好」，蔚為「買便賺」的空前股票熱潮。

在即將召開北京奧運會及巴西奧運會的籌備期間，大眾相信，公共基礎建設需求增加會帶動股市成長。但一九六四年日本舉辦東京奧運會時，日經平均指數已在三年前達到頂峰。奧運會開幕期間，「結構性經濟蕭條」已在市場上投下陰影。由於勞動力不足，工資水準超過社會產能的增長速度，通貨膨脹憂慮浮現，對此政府開始金融緊縮。另一方面，日本企業對外界資本的依賴度較高[9]，屬於即使輕微的不景氣，都會導致負債比例超過應有水準的虛弱體質。

一九六三年七月，美國總統甘迺迪苦於高額財政赤字與黃金外流，為了抑制本國資本外流，導入了利息平衡稅

（美國居民在購買外國人發行的股票、債券時需按一定稅率納稅），美國居民投資外國證券時必須繳稅。同時，還祭出了「購買美國貨政策」（有義務購買美國產品的法案）。儘管當時日本處於嚴格的外匯管理，索尼公司還是在紐約發行了ADR（在美國交易的外國企業股票），光從外資買家正在增加這點，就可以知道美國的新政策對股市而言是負面消息。另外，在這之後，日本法人發行的外幣計價證券，從紐約轉移到倫敦市場，日系證券公司進軍海外的陣地也從美國轉向倫敦。甘迺迪總統於當年十一月遭到暗殺。雖然日本股票持續低迷，美國股票則在一九六六年達到頂峰。

投資信託的總額與股市互相連動，因此從一九六一年起，增加速度已經放緩。一九六四年，許多實業公司開始減少分紅，當投資信託的分紅低於一年定期存款利率百分之五．五時，大規模的拋售便開始了。

山崎豐子在一九六五年三月底出版的《浮華世家》，便以山陽特殊製鋼公司為原型，該公企破產的消息一發布，日經平均指數立刻跌破一千二百日圓，中小證券公司紛紛倒閉。同年五月二十一日，山一證券終究瀕臨破產，依靠日本銀行提供的特別融資才緩解危機。至此，日本銀行宣布降低貼現率，股市才總算利空出盡而有所回穩。

山一證券陷入危機的原因，一般認為，是相較於其他公司，其在過分依賴投資收益的同時，借入資金和支付利息都偏高。當時存在所謂「證券委託營運」的制度，這種制度在今天看來可謂無法置信。證券公司支付客戶證券借用費（借出有價證券時獲得的報酬），以從客戶方借來公債或公司債，並以此為擔保借入資金。山一證券面臨的問題便在於，將以此途徑借來的資產購置流動性差的資產，因而，當客戶要求返還拿去擔保的有價證券時，便無以為對[10]。時任大藏大臣的田中角榮藉此機會，廢除了「證券委託營運」制度。即使股市回春了，投資信託總額卻持續下降，從一九六二年歷史最高紀錄的一兆二三四九億日圓減少為一九六九年五月的五〇九八億日圓（下跌了百分之五十九），成為後來股市出現拋售潮的主因。

尼克森震撼與金融技術

一九七一年八月十五日星期日這天，剛好是日本終戰紀念日。美國總統尼克森在電視和廣播向全世界宣告：「對工資和物價實施九十天管制，課徵百分之十的進口附加稅」。此一宣告，同時標誌著美國「黃金六〇年代」的終結。戰後，經濟復甦顯著的德國與日本，對美貿易順差導致美國苦惱於黃金大量外流。最終停止了美元與黃金之間的兌換，讓以美元為中心的金本位制——布雷頓森林體系崩潰。這就是所謂的「尼克森衝擊」。

華爾街一開始的反應是肯定尼克森的貨幣貶值政策，翌日美國股市就暴漲了百分之三。之後直到九月初，股市均以收漲為回應。但人們很快意識到，這件事並非是單純的美元貶

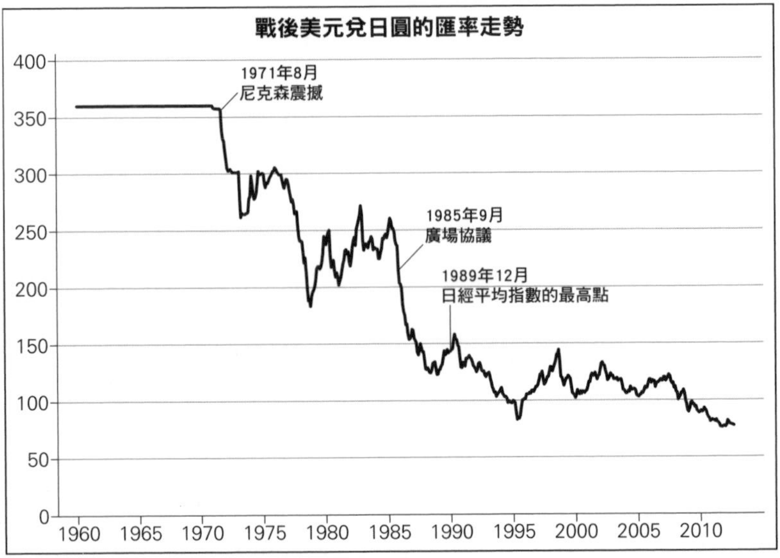

資料來源：聖路易斯聯邦儲備銀行（Federal Reserve Bank of St. Louis）

值，而意味著美國的沒落、美元的暴跌。日本在觀望其他國家的匯率調節手段之際，憑一己之力購買美元作為支撐力道，但卻招致巨額損失。當年年底，為了收拾失控的事態，各國代表在史密森尼美國藝術博物館（Smithsonian American Art Museum）召開會議，日本同意美元與日圓的固定匯率為一美元兌換三〇八日圓（史密森協定）。但後來，這一匯率也難以維持，最終在一九七三年，美元與日圓的兌換採用浮動匯率，匯率自此交由市場機制決定。

以美元結算、石油交易的石油輸出國組織（OPEC）各國，基於美元貶值，實質收入減少，美元結算的石油價格因而上調。這導致美國的石油等進口產品上漲，加劇了通貨膨脹。不久前還被當作破銅爛鐵的日本製汽車，因為油耗佳而開始打開銷路。華爾街只有埃克森美孚（Exxon Mobil, NYSE: XOM）等石油股上漲，石油貨幣在國際資本市場抬頭。

對美國而言，此一時期可謂苦難度日。但對於金融業而言，反而全非壞事。一方面，尼克森衝擊顯示出美元貶值引起的美國霸權衰弱；另一方面也促成了匯率類衍生性金融商品（選擇權、期貨等）[11]金融科技的進步。這都賦予了後來美國發展的基石。

在尼克森衝擊前的一九六七年，芝加哥大學教授彌爾頓·傅利曼預測英國政府將使英鎊貶值，建議芝加哥銀行賣空英鎊。後來，他在專欄文章中提及此事。芝加哥商品交易所（CME）看到這篇文章後，拜託傅利曼寫出〈貨幣期貨市場的必要性〉（"The Need for Futures Market in Currencies"）一文。

由於這篇論文，一九七二年芝加哥商品交易所（CME）從財務部與美國聯邦準備系統（FRB）獲得開設國際貨幣市場（IMM）的許可。尼克森震撼可謂催生了芝加哥的貨幣期貨市場。

隔年，芝加哥商品交易所（CBOT，今天的芝加哥期貨市場，CME由此分離出去）開始了個別股的選擇權交易。之後陸續推出各種選擇權與衍生性金融商品，如黃金、GNMA債券（美國政府的國民抵押貸款協會匯集國民住房貸款發行的不動產證券，為一種抵押債券）、美國長期國債、原油、貨幣選擇權等。

但真正成為亮點的是，一九七六年推出的歐洲美元利率期貨，其利率異於其他商品（小麥、豬肉等日常生活用品）及股票、債券等有價證券，既沒有實物，也沒有證券。這是初期不可能進行實物交割的商品，因此其交易方式只有差價結算。

即使期貨交易只是一種帳面交易，但背後存在實物交割，因此不算賭博。換句話說，相當於柏青哥不能在店裡將獲取的小鋼珠直接兌換成現金。只要將實物變為現金，賭博性質就會淡薄許多。一九九〇年代，日本媒體屢屢抨擊，日本在衍生性金融商品與金融技術方面跟不上國外的腳步。但日本證券業不去碰觸此一領域的產品，原因就在於，店頭的衍生性金融商品是法律的灰色地帶；在此，日本《刑法》第一八五條的賭博罪成為另一個約束力量。

一九八一年，美國的法律體系追認這種不存在現貨交易的利率期貨；隔年，「標準普爾五百指數期貨」（SP500，以美國標準普爾公司選出的五百家大型上市公司為標準，制定的股票指數期貨）上市。標準普爾五百指數的五百檔股票，因交易單位巨大，現實上不可能進行現貨交易；因而此前很難將期貨商品化。但若運用差價結算，就可以縮小交易單位、使之上市。如此一來，即使有一定的波動率（標準普爾五百指數期貨的價格波動率），只要標示價格，縱使不存在實物交割，也可實現商品化。另於一九六九年，道瓊公司創設德勵財經諮詢系統（Telerate System，提供市場行情、圖表走勢等的市場訊息公司），即時提供匯率與利率變動。一九七三年，路透社（Reuters）的監收系統（Screen Service）投入服務（路透社發布的市場訊息），為了因應外匯二十四小時全天候交易，帶動了全球化資訊伺服器的發展。

註釋

1 Milton Friedman、Jacobson Schwartz Anna著，久保恵美子譯，《美國金融史一九二九—一九三三》第七章（日經BPクラシックス，二〇〇九）。

2 譯註：岩田規久男編，《昭和恐慌の研究》（東洋經濟新報社，二〇〇四）。

3 Rondo Cameron、Larry Neal著，速水融譯，《世界經濟史概論II》（東洋經濟新報社，二〇〇四），頁二三八。

4 譯註：這裡的意思是，經濟大恐慌過於醒目，使得美國金融史多聚焦於此，自然忽略掉二次大戰期間的事蹟。

5 譯註：珊瑚海海戰進行於一九四二年五月份，這是人類首場視距外海軍力量的較量，不同於往昔以艦砲對轟，本次戰役完全依靠航空母艦上的艦載機向敵方發動攻擊。

6 參見Angus Maddison的資料庫「Groningen Growth and Development Centre, University of Groningen, Maddison Project Database」。

7 譯註：這裡的意思是日本已經擺脫戰後初期的經濟蕭條。

8 譯註：這就是所謂股票配息率（Payout Ratio），又可稱為股利分配率、股息發放率（Dividend Payout Ratio），即公司的利潤有多少比例拿出來發放給股東。

9 譯註：自有資本比例偏低。

10 譯註：因為流動性差，表示不易賣出、取得現金。

11 譯註：衍生性金融商品的價值來自於利率、匯率、股權、指數、商品、信用事件，或其他利益及其組合等所衍生的交易契約，主要分為匯率類、利率類、商品類。

第十四章
日本泡沫經濟的形成

七〇年代的通貨膨脹與雷根總統

股票作為金融資產，被認為是對抗通貨膨脹的利器。的確，相比於利息收益與到期返還金額都固定不變的債券，公司的資產價值會伴隨通貨膨脹上升，如此前提下的股票，必然堅強。但歷史告訴我們，高通膨率之下，股票的表現其實乏善可陳。對於借錢買進賣出、獲利後立即撤離股市的短期投機者而言，通貨膨脹確實是個營利機會；但對長期投資者而言，卻是一場試煉。

下頁的統計圖顯示，美國「黃金六〇年代」及之後的尼克森衝擊、石油危機引發的通貨膨脹，對股票的衝擊程度。

圖中的實質價值，是計入消費者物價指數後，重新計算的標準普爾五百指數，也就是所

資料來源：聖路易斯聯邦儲備銀行（Federal Reserve Bank of St. Louis）

謂的股票實際購買力；我們可以看到，縱使股價上漲百分之五十，若物價倍增，對投資人而言就形同虧本。

乍看下，一九七〇年代的標準普爾五百指數好像呈現穩定狀態，但若計入通貨膨脹率，實質價值將從「黃金六〇年代」高峰——一九六八年的八二・七六點，跌至一九八二年的三一・〇四點；實際上下跌了百分之六二・五。這意味著在雷根當選美國總統之前，美國公民的金融資產大幅縮水。越戰創傷尚未平復、治安惡化、毒品蔓延、設備投資低迷、工業產品品質下降，加上通貨膨脹與美元貶值，美國完全喪失自信。《計程車司機》（*Taxi Driver*）、《越戰獵鹿人》（*The Deer Hunter*）都是反映這個時代的電影作品。

如前所述，二戰後西方世界的貨幣體系，是以美元為基礎貨幣的布雷頓森林體系。此一體系下，美國作為基礎貨幣供應國，肩負著維持貿易逆差、向西方各國不斷輸送美元資金的使命；打從一開始，美國的經濟結構就是進口大於出口。因此，美國經濟必須保持安定；為了抑制景氣循環的波動，美國決定採取凱因斯主義的政策，那便是宏觀的經濟政策。

一九七〇年代通貨膨脹最重要的原因，便是一九六四年起詹森總統（Lyndon Baines Johnson）實施「偉大社會」（Great Society）政策，將老年人醫療保障與公共健康保險結合，還有因為越戰而徒增的軍費支出。也就是說，景氣繁榮下的財政赤字促使政府擴大支出，導致通貨膨脹。

通貨膨脹降低美元的購買力，一九七一年尼克森衝擊引起美元貶值，緊接著一九七三年爆發石油危機。基於原油價格採美元計價，石油生產國的實際收益減少，需透過漲價弭平。一九七〇年代，持續的通貨膨脹讓美國物價上漲一倍，利率不斷調升，經濟明顯衰退。按照菲力浦斯曲線（Phillips Curve，顯示通貨膨脹率與失業率關聯性的曲線）推測，通貨膨脹期間的失業率本該下降，但當時的失業率不降反升，出現了通貨膨脹和經濟衰退並存的停滯性通貨膨脹。

通貨膨脹下的凱因斯主義經濟政策，將導致通膨進一步惡化。於是，新自由主義經濟學逐漸取代凱因斯主義經濟學，登上歷史舞台。他們強調放寬制約經濟發展的各種管制，盡量減少國家對經濟的干預，仰求於市場自主調節的機制；美國總統雷根、英國首相柴契爾夫人相繼出售了肥大化的國有資產、取消管制；日本始自鈴木善幸、土光敏夫，接續至中曾根內閣期間，推動國有鐵道、電信電話國有公司、專賣公社等事業的民營化。

一九七九年，後來被稱為「反通膨鬥士」的保羅・沃爾克（Paul Adolph Volcker, Jr.），擔任美國聯邦準備理事會主席。沃爾克採取提高利率，以抑制貨幣供應量的貨幣主義政策，抑制了通貨膨脹。一九八〇年十一月，雷根（Ronald Wilson Reagan）當選美國總統，上任伊始便實施減稅政策，據以刺激國民勞動積極度，並達到削減聯邦政府開支之效。但這些政策的目標並非建構「小政府」。相對地，雷根增加軍費開支的比例是針對蘇聯宣布「星際大戰計畫」（Star Wars）。面對雷根總統的挑戰，因計劃經濟而陷入蕭條的蘇聯跟不上步伐，促成東西冷戰的終結。

此外，雷根任期內還有一件重要決斷——嚴厲打擊航空管理人員的罷工。雷根總統解雇了參加罷工之工會成員中的公務員，甚至禁止其他部門重新聘用他們，徹底鎮壓了罷工。這次事件意味著美國工會主義的失敗，此後，工會勢力被削弱，解聘公務員屢見不鮮。伴隨著一九七〇年代通膨終結，美國重新崛起為世界強權便起於這個時代。

廣場協議

一九七九年，美國聯準會主席沃爾克對抗通膨後，海外大量熱錢受高利率誘惑而流入美國；美元升值，美元對日圓的匯率來到一美元兌換二百四十日圓左右。美元升值有效抑制通膨，利率開始逐步下降；在美元購買力增加的前提下，個人消費增長，一九八二年美國景氣開始復甦，便是受惠於此。

再看日本。幕末開國以來，日本就以追上歐美先進國為目標。日本在戰間期曾以世界列強的一員在國際社會活動。但是第二次大戰戰敗讓日本回到原點。

資源匱乏的日本，其基本經濟結構是進口原油、原料、食品及出口工業產品。截至一九六五年為止，日本對外貿易一直是進口大於出口。但當日本工業產品附加價值逐步提高，從纖維發展到家電、鋼鐵產品等，日本的對外貿易緩步變為長期的出口大於進口。時至今日，日本的電機電子產業，苦惱於臺、韓在半導體與液晶電視的飛速發展。但讓大家記憶猶新的是，當一九五五年，索尼（Sony）、夏普（Sharp）進入美國市場後，美國本土電視機製造商便從二十七家，到了一九八〇年代，減少為僅剩 Zenith 一家。藉由擴大內需才能一路成長至今的日本，石油危機後又依靠出口這個槓桿繼續實現經濟增長，招致其他先進國家的非難。

一九七五年十一月，七大工業國在法國的朗布依埃（Rambouillet）舉行高峰會，同為二

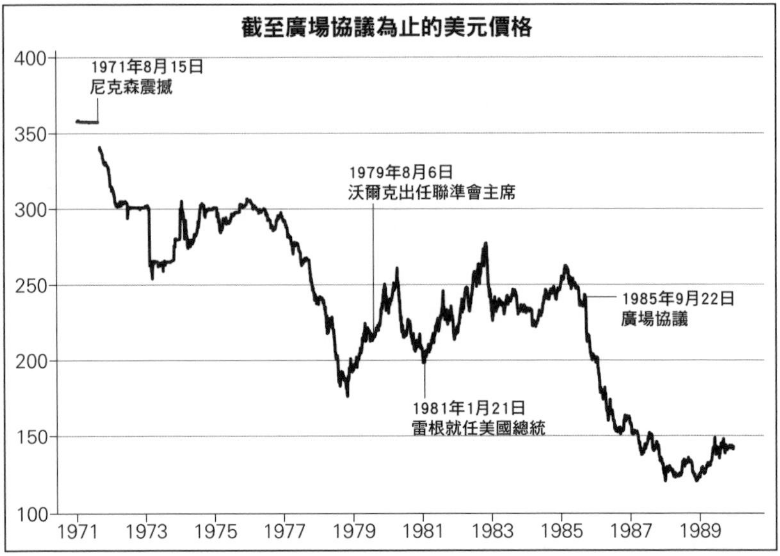

資料來源：聖路易斯聯邦儲備銀行（Federal Reserve Bank of St. Louis）

戰戰敗國的日本與西德皆成為成員。此刻，日本終於成為名副其實的先進國，成就了明治維新以來的最大夙願。

雷根總統下的美國，伴隨美元升值而來的景氣復甦，帶動了進口擴張、貿易赤字大幅增加；另外，「星際大戰計畫」提高了軍費開支，財政赤字也持續累積，美國面臨雙重赤字的問題。先進國憂心匆匆，長此以往，美元遲早會崩潰。雖然雷根總統持續霸氣強調，強勢美元、強大美國的願望不變，但終究走到需放手讓美元貶值的局面。

一九八五年九月，「五大工業國」（財政部長與中央銀行總裁會議）在紐約中央公園附近的廣場飯店舉行高峰會，發表聲明表示，「期盼其他主要貨幣對美元匯率有秩序地升值」。此聲明的主要目標是日圓。五大工業國成員開始拋售美元，藉由聯合干預、監管外匯市場，創造出美元貶值、日圓升值的局面，壓制了日本的貿易順差。日本之所以接受如此不利於己的決定，是為了緩解貿易摩擦問題。這樣一來，日本只有進一步擴大內需才能發展經濟。這就是廣場協議。

最初，日本估計美元兌日圓的匯率最多降至一比二百左右。此一水準之上，日本當局試圖藉由買入美元來干預匯率。只是日圓一旦開始升值便一發不可收拾，直到一九八九年升值到一美元兌一百二十日圓為止，沒有走貶的跡象。原本日圓升值將損及日本產品的價格優勢，但日本產業界成功削減成本，因而降低了損失，比如汽車製造業，本應倍增的價格被控制在三至四成左右的漲幅。

另一方面，日本政府與日本銀行為了擴大內需，繼續推行低利率政策，並向全國輸送財政資金。土木建築業一片繁榮，一棟棟建築如雨後春筍般出現。這種異常流動的資金供給，成為股票、不動產等資產價格暴漲的火種。廣場協議的副作用，可說是日本泡沫經濟的誕生。

一九八七年黑色星期一與流動性

廣場協議簽訂兩年後的一九八七年九月，美元貶值速度超過了美國金融當局的預期，因此美國計畫提高利率，盼望吸引資金回流。但西德卻先於美國提高利率；儘管當時馬克處於升值，但仍將緩和景氣過熱導致的通貨膨脹放在首位。

戰間期的德國經歷了惡性通貨膨脹；自此，作為德國央行的德意志聯邦銀行（Deutsche Bundesbank）對通貨膨脹保持高度警惕。美國財政部長貝克（James Addison Baker III）對此發租譴責，這使得市場對五大工業國本應順利付諸實踐的匯率協商政策產生不信任。市場上盛傳，美國可能會為了保衛美元而大幅上調利率。至於利率提高，對暴漲的股市來說並非好消息。

另外，當時市場上流行著稱為槓桿收購（Leveraged Buy Out, LBO）的企業收購模式，亦即將收購對象的資產拿去擔保，取得資金後再回頭加以收購。對此，美國國會認為應立法加以管制，祭出廢除貸款減免稅額的議案。當時的股市依靠收購企業，可以回收已流入市場的股票，對調節股票供需是有效的手段。因此，約束槓桿收購對股市也不是好消息。基於如此理由，紐約道瓊指數從一九八七年十月十四日星期三到十六日星期五持續下跌，三天內跌幅達到百分之十．七九。到了黑色星期一的十月十九日上午，股票在短時間內跳水，甚至有人認為從技術分析來看，此刻正是進場的好時機；很多股民都認為，暴跌時應該買進。

結果，這一天的道瓊指數下跌了五〇八點，以一七三八．七四點坐收，單日跌幅達到百分之二十二．六一。黑色星期一創下的跌幅，迄今仍為無法超越的歷史紀錄。從一八九六年

資料來源：聖路易斯聯邦儲備銀行（Federal Reserve Bank of St. Louis）

五月二十六日道瓊指數問世以來，單日跌幅超過百分之十的日子，總共只有六天。

股市暴跌的直接原因，有人認為是當時流行著指數套利（Index Arbitrage），因此在大跌之際還反向買進，因而加深了跌幅。

所謂指數套利，意指投資者利用標準普爾五百指數期貨在結算日與現貨同價，所進行的套利交易（利用二者的價差獲利）。截至交割日前幾天的指數期貨，相對於現貨股價的理論價格，只要知道利率及借入股票的成本，就有可能計算出來。而且，二者未必按照理論價格進行交易。若期貨合約被高估，投資者便賣出該期貨合約，同時買入現貨股票（正向買進套利）；若期貨合約被低估，則購入該期貨合約，同時賣出現貨股票（反向買進套利）。因為在交割日，二者必定收於同樣價格，因此兩者同步平倉就可以獲取套利收益。此一情況下，期貨與現貨股票同時以同樣的價格買賣，對市場走高或走低影響較大者為現貨股的買、賣方。因此，若發生正向買進套利，市場行情則上漲；反之，若發生反向買進套利，則股市下跌。

然而，這不是黑色星期一股市震盪的原因。反向買進套利藉由賣出現貨股票、買進股指期貨進行套利交易，需看準轉瞬即逝的時機，因此需對買賣價格進行精確的計算。但黑色星期一當天股價暴跌，沒有合適購入的現貨股，股票的賣出價格也難以掌握，因此無法進行套利交易。指數期貨合約與現貨股票幾乎都處於被拋售的狀態。順帶一提，指數套利至今在市場上仍然活躍，隨著電腦與通信技術的進步，對交易精確度的要求也超過往昔。

股市暴跌另一個廣受認同的原因，是LOR公司（The Leland O'Brien Rubinstein Associates. Inc.）拋售投資組合保險（PI）。

顧名思義，所謂投資組合保險是一種以金融資產的投資組合作為投保物件的保險，承保範圍是股票資產縮水帶來的損失。雖然稱之為保險，但LOR公司不像普通保險公司那樣進行損失賠償，而是持有投資組合的投資人，基於LOR公司的建議，透過賣出標準普爾五百股指期貨，實現如投保一般的經濟效果。

例如，某年金基金現貨股投資組合（只有像年金基金這樣的巨額投資組合，才會接近標準普爾五百指數的成分股）資產規模為三億美元；為了說明便利起見，假設標準普爾五百指數的現值為三百點，為使基金投資組合不低於二．五億美元，當標準普爾五百指數下跌之際，只要在觸及二五〇點時賣出二．五億美元的股指期貨，就能達到預期效果。因此，現貨股票與期貨的損益對沖，投資組合的資產價值獲得確保。

但當股指期貨價格跌至二五〇點的一剎那，二．五億美元的期貨不一定能如願賣出。姑且不論個人小額期貨，如此巨額的期貨不易覓得買主。另外，若股指期貨在探到二五〇點的瞬間開始回漲，又該如何應對呢？若不立即買回賣出的股指期貨，就確定會在二五〇點出現虧損。此外，還有其他問題，比如希望保值在二．五億美元的時期為何？是明天，還是結算日，還是年末？即使在前半年下跌，在結算日回升或許就沒有損失。事實上，如此課題藉由選擇權交易便得以克服，特別是在特定日期，確保有權利能以特定價格「賣出」的看跌期權。[1]

那麼，只要看跌期權能正常交易就可以了，但當時的選擇權市場流動性（買賣指令的密度）不盡理想。因此，透過操作標準普爾股指期貨再現選擇權，讓看跌期權維持買入時的經濟狀態（損益狀況），便是投資組合保險的戰略；這就是如果知道距離選擇權到期的天數、水準、利率，便能依據選擇權價格模型算出所需賣出期貨的數量。LOR公司提供的，正是這種諮詢服務。隨著股價下跌，若標準普爾五百指數逐漸接近目標值，賣出的期貨數量就會隨之增加，避險比率（藉由拋售期貨實現原資產保值的比率）也不斷提高，當標準普爾五百指數接近目標值時，避險比率將調整至百分之百。

今天，從後見之明來解釋黑色星期一的原委或許並不難，但在當時要釐清箇中原由實屬不易。據說總額達到一千億美元的投資組合保險，隨著標準普爾五百指數暴跌，投保者全面拋售投資組合保險，這次的拋售進一步加速了股指的下跌，股市下跌又引發投資組合保險的拋售，形成了惡性循環。現貨股跌幅過大，沒有買主，買賣交易難以實現。因為無法賣出現貨股，許多投資人與基金經理人不得已，只能賣出股指期貨。但是想賣時卻賣不出去，陷入流動性危機。投資組合保險本為規避股票資產縮水風險的手段；在當時，此一商品本身卻孕育出流動性危機的全新風險。

一九八七年，總統特別委員會——「布雷迪委員會」（Brady Commission）成立，提交黑色星期一的報告書，指出投資組合保險存在的問題，最終決定在市場面臨流動性危機時實施「熔斷機制」（限制交易措施），即是股指下跌幅度過大之際，停止市場交易，也就是在交易過熱的情形下，強制關閉股票市場。自由放任主義的擁護者認為，應該放任市場自行調節，因而對此提出許多反對意見，不過，當恐慌來臨時，要讓急於拋售的投資者冷靜下來，或許唯有仰賴如此手段。只要事先瞭解熔斷機制的啟動條件，對市場投資人來說也是公平的。

當時，用於擁護「熔斷機制」的譬喻令人印象深刻。美國某州的法律規定，槍枝買賣後一週才能交貨。某男子因為遭朋友愚弄而怒火中燒，於是前往購槍。當他聽到上述規定時，他對店員說：「你說什麼，我現在就想拿到槍。」

如此背景下，有個市場率先從黑色星期一的打擊回過神來，那就是泡沫經濟前夕的東京市場。

從金融制度看日本泡沫經濟的形成

一九八五年五大工業國的廣場協議，實現了共同干預下的美元貶值。當時，日本為了吸引資金，以提高短期利率為誘餌。「日圓不景氣」處於利率急劇變化的懸念中，官方利率下調，推遲到隔年的一九八六年。因為在此之前，日本採取財政緊縮政策，也就能預料到，接下來的通貨膨脹率將處於較低水準。泡沫經濟時期，儘管不動產價格與股價上漲帶動激烈的資產通貨膨脹，但在日圓升值的前提下，消費物價指數等通膨指標沒有上升。這是一種沒有通貨膨脹的泡沫經濟。

泡沫經濟的原因複雜多樣，這裡僅從金融制度的面向分析泡沫形成的過程。自一九八〇年外國匯率及對外證券投資自由化以降，一系列放寬管制的政策，都是泡沫經濟的伏流。

一九八一年，日本企業獲准在歐洲債券市場發行附認股權證的公司債券。因為日本股票不斷上漲，認股權價值也在提高，債券部分得以超低的利率發行。而且，企業預測到日圓會持續升值，便在倫敦市場發行以美元計價的附認股權證公司債券，再利用外匯掉期（Foreign exchange swap）[2]兌換為日圓，利息負擔甚至變成負的，日本企業創建出規避利息的資金調度環境。

如此背景下，一九八四年左右起，企業開始利用「特金」。今天已不常聽到這個名詞，不用拘泥其稱呼——其意指「特定金錢信託」與「特定金錢債權信託」，用來將企業原本持有的證券刻意區分開來，這為了在法人稅之外，壓低對於資本利得的課稅。[3]事後看來，對非金融行業的一般企業而言，此一制度誘惑其利用理財來賺錢。事業性企業的特金主要交由信託銀行營運，營業特金交由證券公司營運。這與之後動搖證券行業的損失填補問題密切相關。特金用於購買當時的日本股票，總額從一九八五年的九萬億日圓，升至一九八九年的四〇兆日圓。

藉由發行附認股權證的債券，將以零成本募集到的資金投入股市；股價上漲，便意味著認股權價值的提高；於是再次發行債券、取得融資，這樣的循環模式一如當年的南海泡沫事件。

一九八六年，作為民營化一環的國營NTT對外釋出股票。一九八七年一月的已繳股金總值為一一九·七萬日圓，吸引一〇五八萬人承購，最終抽籤選出一六五萬位股東。這是南滿洲鐵道股票釋出以來，未曾有過的盛況。NTT的股價在上市之初為一六〇萬日圓，當年四月二十二日就升至三一八萬日圓，股票收益率達百分之三百，計入了未來三百年的收益。由此，日本國民意識到股票可以賺錢，一如過往戰時公債成為美國股市熱潮的遠因；日本泡沫經濟之前，也出現了有價證券持有者人數增加、持股大眾化的趨勢。

另外，從一九五六年到一九八六年之間，日本地價上漲了五十倍，只有一九七四年下跌過一次，形成了土地神話；在日本，土地擁有絕對的信用，甚至稱為土地本位制。土地為擔保實現了許多大膽的信用創造。

一九八七年，管理先進國銀行資本的「BIS規定」（對辦理國際業務銀行的自有資本比率，制定國際統一標準）誕生，本應抑制信用創造，產生防止泡沫經濟的作用，但日本向國際社會訴求日本銀行的特殊性，得以將股票收益的一部分計入自有資本。爾後，銀行的信用創造能力與股市產生連動。也就是說，股票漲價、銀行提供的信用就增加；股票走跌，銀行便產生週期性的信用緊縮，變成一種機制。股市泡沫崩潰後，銀行自身帳戶的持股與政策投資股份，長期壓迫著銀行的經營。

投資於市場代表性指數與指數投資等完全依據股指表現買進的產品，在一九八八年已經成熟完備。一九八九年，開放式指數基金在三個月內募集了七千億日圓。原本這類被動型金融產品省去了選股與判斷投資時機的過程，藉由始終不賣來保有長期投資。只要指數上漲，

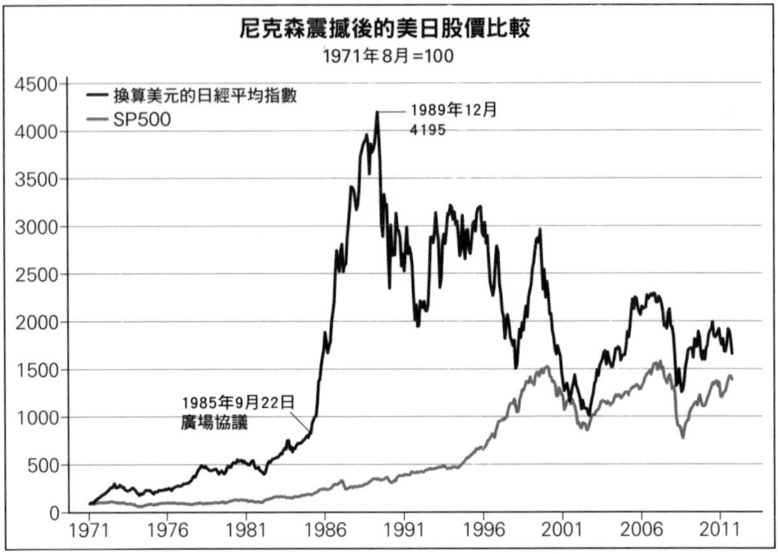

尼克森震撼後的美日股價比較

資料來源：聖路易斯聯邦儲備銀行（Federal Reserve Bank of St. Louis）

這就是能獲得最高額差價收益的商品。因而結局是，日經平均指數與東證股價指數處於高點之際，大量指數投資被拋售。

上方統計圖以尼克森衝擊發生之際的一九七一年八月為基期，將標準普爾五百指數與美元計價的日經平均指數進行比較。從中可見，在美國因通貨膨脹導致美元貶值的情況下，標準普爾五百指數的名目年利率也在尼克森衝擊後的十八個年頭中，以百分之九．五的速度增長。此一期間，美元計價的日經平均指數年增長率則輕鬆達到百分之三十。在美國投資人看來（日本投資人看來也一樣），這是再理想不過的外國股票投資，只要買了就能賺錢。順帶一提，投資主體的外國投資人從一九八五年起轉為賣出超過買入，即使如此，獲利仍然頗豐。

在日本股市表現頗優異的此一時期，美國市場上貨幣期貨、選擇權交易等衍生性金融商品及抵押類產品（以不動產為擔保的貸款）等獲得顯著發展。在倫敦，離岸市場（只與他國進行交易）開發了結構性金融產品等，金融技術取得長足進步。處於各種限制保護下的日本金融業，依靠泡沫獲取龐大收益。然而，這不過是資金規模的擴張；當這段時期，世界金融技術向前邁進之際，日本卻被拋在後頭。

下一章是本書終章，我們將最後梳理及探討金融理論如何走出學術的象牙塔、邁進華爾街，並對金融實務產生巨大影響。

註釋

1 譯註：顧名思義，選擇權是在一段時間內選擇履約與否的權利，此一權利可以用來買賣，因此有所謂「買權」與「賣權」，因此存在交易「買權」與「賣權」的買賣雙方。所謂買權就是指在特定時間內、以特定價格購買標的物的「權利」，比如在網路上訂購高鐵車票，只要在訂購人（買方）在期限內前往超商或車站取票，就不會失去購買車票的「權利」，高鐵公司（賣方）必須依照訂購時網站顯示的金額，提供車票給訂購人，哪怕訂購人取票時，高鐵車票已經大漲價，也不能任意收取差額。「賣權」就是「在特定時間內以特定價格賣出標的物」，比如小麥生產商張三，因為擔心小麥收成時價格大跌，於是找上小麥販賣商李四，張三與李四約定好小麥收成時，將依每公斤新台幣一元賣給李四，並且事先付給李四一筆權利金，確保李四在收成時必須依約收購小麥。這時候，張三是賣方、李四是買方、賣權內容是「小麥收成時據每公斤新台幣一元賣出」。此處「看跌期權」就是一種「賣權」，如果套用到張三與李四的小麥交易故事，就是投資人擔心股價未來可能「下跌」，因此事先與證券承銷商約定好未來的收購價格，作為「抗跌」的手段。

2 譯註：外匯掉期為提前約定未來匯率的一種國際貨幣交易手段，交易雙方先用A貨幣兌換B貨幣，再於事先約定好的交易日期，依據同樣於事先約定好的匯率，將B貨幣兌換回A貨幣。也就是說，交易過程並非依據市場浮動匯率，只要交易當天的約定匯率高於或低於浮動匯率，就會有一方獲利、一方虧損，一般會選擇此一交易手段，通常是為了避免虧損。

3 譯註：這裡的意思是，企業原本須向政府繳交法人稅與資本利得稅，法人稅是依據企業所得（扣除各項成本之後）為計算依據，資本利得稅的計算依據事企業持有的股票，也就是企業在股票賺到錢不能全部放入口袋，必須有一部分用來繳稅。特金制度之下，企業就可以將股票交由特定證券公司幫忙管理，這樣就可以儘可能少繳資本利得稅。

第十五章
投資理論的發展

技術分析與投資銀行

稍有接觸投資的讀者一聽到《酒田五法》，立刻會聯想到日本山形縣酒田市出身的分析師——本間宗久，本間宗久編繪了預測市場行情的「蠟燭圖」，並在江戶時代大阪堂島的米市上累積財富。然而，記錄本間宗久行情分析精髓的《本間宗久翁秘錄》出版於一七九六年，但卻沒有提到蠟燭圖。或許，江戶時代已存在類似的簡單線形圖，但蠟燭圖問世應是明治三十年以後的事。大阪產製之記錄市場行情的Ｋ線圖用紙，好像也有出口到上海市場，用來記錄當地白銀的行情，因此預測市場行情的「Ｋ線」是源自日本。當然，當時是手繪，因此從右邊開始按日期記錄。筆者曾在一家神田的舊書店買到一本昭和初期的Ｋ線圖集，確實是從右邊開始按時間序列填寫。

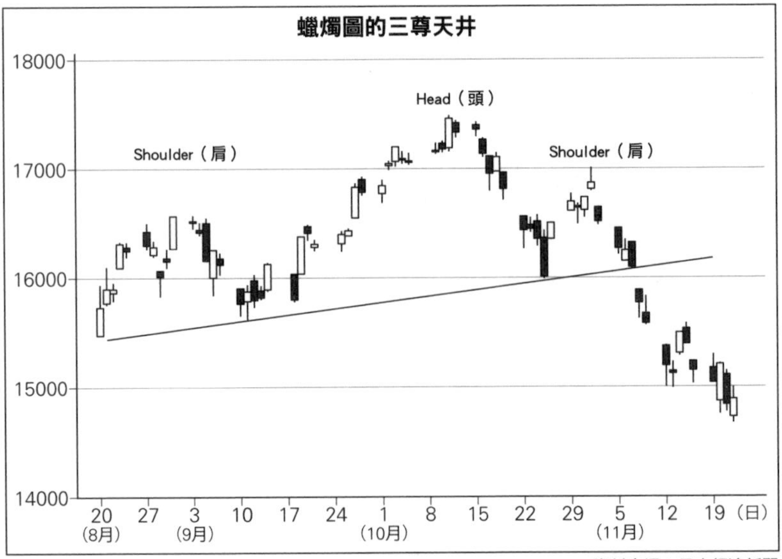

資料來源：日本經濟新聞

另一方面，美國技術分析（從價格變動預測未來行情）的發端被認為始於道瓊公司創始人——查理斯．道（Charles Henry Dow）。因此依筆者看來，美國與日本幾乎同步展開線圖分析。順便一提，日本所謂的「三尊天井」（頭肩）是股價位於高點時會出現的K線模型，如同上圖，看起就像三尊佛像；在美國，此一模型稱為「Head and Shoulder」（頭與肩），同為股價高點的信號。

因為查理斯．道早逝，其後繼者威廉姆．漢密爾頓（William Donald Hamilton）完成了技術分析的嚆矢——道氏理論（Dow Theory）。在此無法詳述其理論內容，但此後技術分析持續進化，孕育出進行「波動分析」（市場行情以一定週期呈波浪形變化）的艾略特波段理論（Elliott Wave Theory）。此後，其繼承者普萊切特（Robert Prechter）及重視「移動平均線」（過去一段時間股價的平均值）的葛蘭威爾（Joseph E. Granville）等相繼登上歷史舞台。近年來，由於個人電腦普及與線上證券公司繁盛，即使不是專業的金融分析師，也可以輕鬆獲得各種圖表與資料，技術分析本身日趨流行。

接下來，略提一九八四年夏天尾聲的故事。當時美國投資銀行的著名技術分析師造訪了筆者任職的日系大型證券公司兜町股票部。對方之所以到來，本應是競爭對手的日本證券公司，有其理由。當時，日本還未允許美國的投資銀行在東京證券交易所註冊為會員（一九八六年二月起部分開放），因此美國公司只能藉由日本證券公司購買日本股票。其性質看似證券行會。反觀日本大型證券公司，則已經取得美國紐約證券交易所的會員資格。美國認為此事不公，經常藉此抨擊日本。為了稍緩美國的不滿，日本證券公司在購買美國股票時，會以易貨貿易的方式向美方證券公司下單。而雙方將共享股市行情資訊，以作為下訂的回報。可見兩國企業互為客戶，美國這位著名分析師的訪日，便是此交易的一環。

技術分析師又名線圖師，日本稱之為K線專家，亦即股價線圖的分析專家。當時美國知名大型投銀各自擁有明星分析師。只有無視經濟狀況等基本面的他們，才能提出大膽、有悖於常識的預測，這是他們自身的專長。有時，分析師的預測會成為新聞，甚至左右市場行

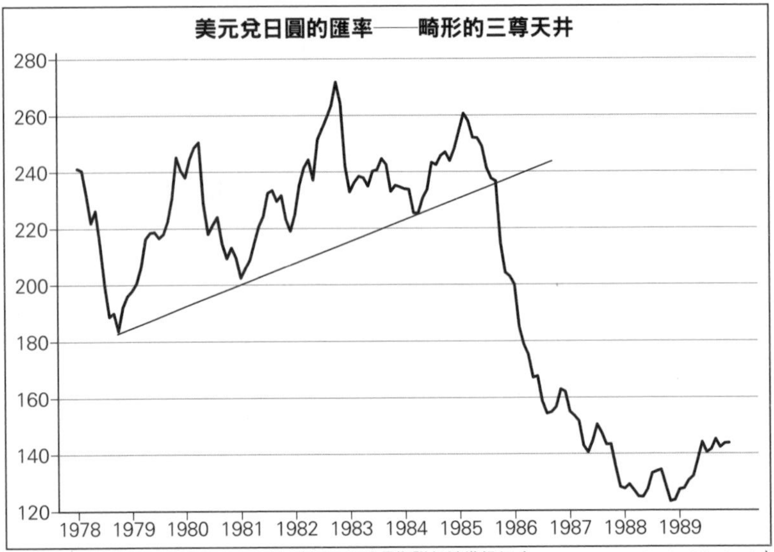

資料來源：聖路易斯聯邦儲備銀行（Federal Reserve Bank of St. Louis）

情。

回歸正題，這位到訪的美國分析師，從一個大型公事包取出一疊厚厚的、以方格繪圖紙裝訂之A3大小的冊子，隨即將之攤開。內容是數百種其個人自豪的手繪圖表。當時，IBM的個人電腦雖已問世，但可攜式筆記型電腦、液晶平板乃至印刷精美的小型印刷機都還未出現。

美國分析師分析了道瓊指數的走勢、長期利率的動態，並依據線圖分析報了幾檔個股名牌，最後拿出美元兌日圓匯率走勢圖。當時廣場協議還未簽訂，受美國聯準會提高利率以抑制通膨的政策影響，美元兌日圓的匯率在一比二四〇左右浮動。美元的高利率政策吸引海外資金流入美國，美元處於升值狀態。

美國分析師說明了尼克森衝擊以來美元兌日圓匯率的變化，最後手指徐徐落向圖表空白處的一點，並預言：美元兌日圓的匯率遲早會跌破一比一百。事後看來，他的預言精準命中了。但在當時，如此大膽的預測實在令人難以置信。而且，如果日圓升值到這個地步，從日本購買美國股票，無論股價漲跌，都會因匯率變化而虧損。或許有段時間，他任職的公司與筆者一樣，無法相信他的這種技術分析。等到預言成真，他與許多其他華爾街的技術分析師一樣，已經離開了曾經任職的投資銀行。

隨著資訊傳遞手段與個人電腦演進，技術分析普及程度今非昔比，貿易商及投資者都能加以運用。當今，任何人都能閱讀線圖。若造訪書店，相關入門書籍堆積如山，網路上也充斥著大量免費與收費的相關網站。但一九八〇年代後期，透過線圖解析趨勢的專家幾乎消失於機構投資者（Institutional Investor）[1]的相關職位。

事出有因，這便是有一種否定他們分析手法的新理論自學術界入侵華爾街。新理論稱為「隨機漫步理論」（Random walk hypothesis），主張：從統計來看，股價波動是隨機的，故預測股價既不可能也無意義。此一理論的擁護者為傑出的經濟學家。對於年金、基金這種高度公共性的資金營運管理者而言，寧願遵從學術性理論，也不可能大膽依靠在他們看來類似占星術的技術分析。

考爾斯經濟研究委員會與股市預測

其實，「股市預測」的目的很明確，就是判斷接下來哪一檔股票會漲、哪一檔會跌，並做出相應的買賣選擇。預測方式有技術分析、依據公司財報進行基本面分析，還有一些戰略分析師會透過宏觀經濟來預測股市。但從過去以來，人們對於股市分析師的預測能力始終存疑。就連今天，每到年底就會看到「來年的股市行情預測」刊登於報章雜誌，但縱使這些預測失準，也不會招致非議，因為讀者原本就認為這些預測不會成真。但若真的依照預測進行投資，情況就不一樣了。

美國大報《芝加哥論壇報》（*Chicago Tribune*）大股東的兒子阿爾弗雷德．考爾斯三世（Alfred Cowles III）是一位富有男子，生長於「咆哮的二〇年代」。考爾斯自小體弱多病，因此沒有投身實業界，而是幫父親理財。考爾基的著名事蹟是他在一九三二年獲得耶魯大學教授爾文．費雪（Irving Fisher）協助，創設計量經濟學先河的考爾斯經濟學研究委員會（Cowles Commission for Research in Economics）。

一九二八年起，考爾斯購買了二十四種投資諮詢服務，但均未奏效，並在一九二九年的股市大崩盤損失慘重。對於付出諮詢費的考爾斯而言，無論如何都難以接受這個事實，因而開始鍥而不捨地想釐清：這些專業的投資諮詢服務是否可靠、按諮詢建議投資能否賺錢、這些諮詢服務真的有價值嗎。

從一九二九到一九三三為止，為期四年的探究成果便是為了撰寫〈股市預測師能預測股價嗎〉（Can Stock Market Forecasters Forecast?）[2]這篇論文，結論是，這些業者「並不具備預測能力」。

考爾斯並未提到如何「在股市崩盤的最低點賺錢」，而是綜合檢討了各式各樣分析師的建議；從而意識到，即使是最佳的投資方案，收益也未能達到市場平均價格＝道瓊指數水準。這時，道瓊指數已從高點下跌了百分之九十，但若不要聽從諮詢建議，直接購買道瓊指數的成分股，持續持有而不買賣，反而更正確。

之後，考爾斯繼續從事研究，一九四四年發表了〈股市預測〉（Stock Market Forecasting）一文，重新挑選十一家具代表性的投資諮詢公司為對象，並得到與先前相同的結論：這些投資諮詢建議不敵股價指數。因此考爾斯認為，這些投資諮詢公司不能創造附加價值。

華爾街對考爾斯的論文當然不屑一顧，誰都不願承認自己的投資建議沒有價值。就在這時，美國進入了「黃金六〇年代」，所謂天才基金經理大肆展開速利基金的交易。在這個炒股就能賺錢的時代，沒人關注投資收益與市場平均指數相比是高或低，股價上漲遮蔽了一切，沒有人會質疑這些諮詢師的能力。

然而在此同時，在距離每日行情遙遠的學術領域，科學逐漸進入金融市場。學者開始分析股票的真正價值，利用戰時出現的「作業研究」（Operations Research）來探索有效分配資產的方法。這些研究後來被稱為「金融理論」或「金融工程學」（Financial Engineering）。這一領域誕生了多位諾貝爾獎得主。

一九五二年，經濟學家哈利・馬可維茲（Harry Markowitz）出版《資產選擇：投資的有效分散化》（*Portfolio Selection: Efficient Diversification of Investments*），站在投資者的立場闡述了資產組合理論（分配並運用不同資產的方法）。一九五八年，默頓・穆勒（Merton Miller）與法蘭科・莫迪利安尼（Franco Modigliani）從經營者的角度，提出股票與債務之資產配置的「MM理論」（Modigliani-Miller theorem）。

一九六四年，威廉・夏普（William Sharpe）發表單因數模型「資本資產定價模型」（CAPM），主張僅利用Beta值（相對於整個股市平均價格，個別證券價格的波動情況）就可以解釋股價變動。一九六五年，尤金・法馬（Eugene Fama）提出「在股票市場上，價格隨機遊走」的觀點。除了法馬之外，上述經濟學家都獲得諾貝爾獎。

接著，股價在「黃金六〇年代」開始走跌，投資人再次對理財諮詢行業投以懷疑目光。一九六九年，後來因為研究「代理問題」（身為股東代理人之企業經營者違反身為委託人之股東的利益，而以自身利益為優先展開行動的問題）而名聲大震的麥可・詹森（Michael Jensen）使用新的方法，並和考爾斯一樣，對投資信託行業進行調查評價。遺憾的是，他得出與考爾斯一樣的結論。套用詹森的話來說，與其出資讓投資專家替自己操盤股票買賣，不如直接購買市場平均價格的標準普爾五百指數等指數股，然後持續持有、不要交易，收益反而更高。然而，無論是華爾街或兜町，一開始這些學者的研究並未讓證券業者感到威脅。

隨機漫步理論與效率市場假說

一九七八年，田中穰所著的股票投資參考書《股票實戰技巧：市場行情預測的五百句格言》（株式実戦訓─相場に約立つ格言500）出版。筆者一直保留這本好書至今。此書第一部第三章題為〈隨機漫步理論（醉步理論）的虛與實〉，有段說明如下：「如同醉漢從某處要向前或向後、向右或向左，根本無從預料，股價要漲要跌或者持平，完全無法知曉。不能因為今天漲（或跌）就判斷明天也是漲（或跌）。此一學派宣稱『股票沒有記憶』，理所當然，此一學派對K線派、圖表派報以冷笑。」

一九七三年，指數投資先驅伯頓．麥基爾（Burton Malkiel）的暢銷書《漫步華爾街》（*A Random Walk Down Wall Street*）在美國出版，隨機漫步理論受人關注，其良好評價應該也傳到了日本。一九七八年，日本技術分析協會出版的《日本K線史》（日本罫線史，日本經濟新聞社），該書提到，大和證券的酒田氏在東京參加了一場像是隨機漫步理論的演講會，或許當時，伯頓．麥基爾來到了日本。遺憾的是，真相已無從查考，但可以確定的是，「隨機漫步理論」的威力不僅威脅到傳統市場分析師，對技術分析師和研究市場規律、總結預測格言的人士而言，也存在壓力。

「隨機漫步理論」不僅是尤金・法馬與伯頓・麥基爾二人的見解，而是當下此領域經濟學家的普遍共識。股價正如投硬幣與買彩券一樣，沒有記憶。連續十年買彩券都沒中過的購買者，與首次購買者的中獎機率一樣。命運之神不會有所偏頗。賭俄羅斯輪盤的過程中，即使連續轉出十次紅色，下次轉出黑色的概率仍為百分之五十。同樣地，日經平均指數連續十天下跌，第十一天的漲跌機率仍然各占百分之五十，不可預知。不管怎樣認定該漲了，現實總與此一期待相悖。漲跌機率各佔五成。而且根據長期統計，漲跌幅度呈對稱分布，這就是「隨機」的明證。

下圖為道瓊指數首次出現的一八九六年五月二十六日，到二〇一二年六月二十九日的每日收益率（變化率）。以百分之〇・〇五為單位進行分類統計，即從百分之〇到百分之一劃分為二十個區段，統計天數。資料總計二萬九八五〇日，其中上漲天數為一萬五一七九日，下跌天數為一萬三七二七日，平均增長率為百分之〇・〇一九八。可見在一一六年的歷史中，道瓊指數呈現緩步上漲的趨勢。從平均值向左右兩側呈對稱分布，形似吊鐘，因此被稱為「鐘形曲線」（正態分布曲線）。

若該圖表是正態分布，按正態分布的一般規律，在全部兩萬九八五〇日的資料中，有約

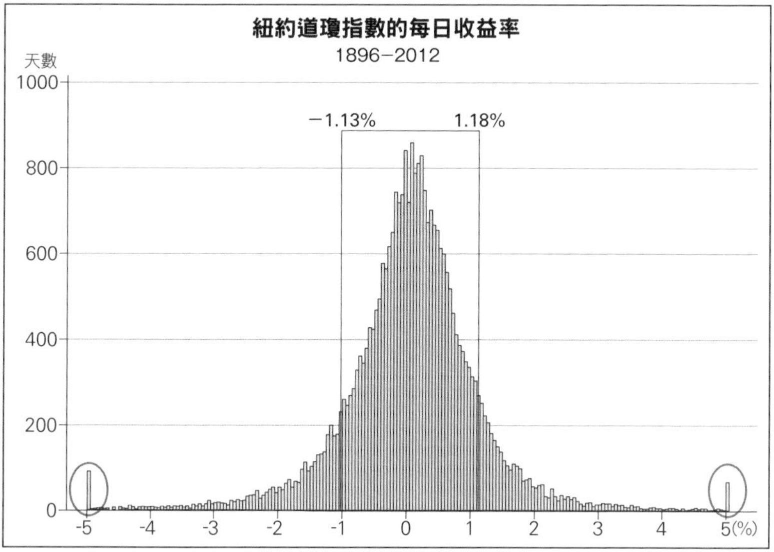

資料來源：聖路易斯聯邦儲備銀行（Federal Reserve Bank of St. Louis）

三分之二的天數應位於距平均值一個標準差，即正負百分之一．一五九的範圍內（長方形）；另外，距離平均值兩個標準差，即正負百分之二．三一八的範圍內，應該累計了總天數的百分之九十五。如此一來，假如該圖表是正態分布曲線，對各種機率計算而言就相當方便；若道瓊指數的平均收益分布呈正態分布，也就印證了股價與投硬幣、買彩券一樣，是無記憶、隨機的。換句話說，圖表分析毫無用處，股價不可預測。

所謂股票的真正價值在於當下市場決定的股價本身。在充滿變化的市場上，新資訊源源不絕，股價瞬息萬變。因此能預測新資訊（例如：大幅增加收益等等）的出現，準確評估此資訊對股票真正價值的影響，等於是正確預測股價漲跌，就能獲取收益。如此一來，許多優秀的證券分析師與投資人，為了收益而採取理性行為、收集資訊加以分析，作為股票買賣即時判斷的依據，這些都影響著當下股價的形成。買賣雙方的購買上限與拋售下限取得的一致點，就是現在的股價；此一價格吸收了所有有價值的資訊，這就是「效率市場假說」。

股價下次的變動，完全取決於下一個沒人知道的新資訊，因此漲跌亦無法判斷。股價變動是「隨機遊走」，而市場是「有效」的。

我們再回頭看前頁那張統計圖。位於左右兩側之正負百分之五以上的數值明顯多了起來，這在正態分布來說偏高，讓「鐘形」曲線的全貌變得有點「奇怪」。也有人質疑這是否為正態分布，即使如此，大家還是會忽視異常的部分。這是因為若將其認定為正態分布，就可以根據標準差，將左右股價的「風險」數值化，各檔股票的比較亦成為可能，也能計算出股票投資組合的風險值。另外，縱使無法精確預測未來股價變動，但就像量子力學一樣，能以百分比計算介於多少股價到多少股價之間。這為之後的理論發展提供了非常便利的條件。

但若將道瓊指數作為正態分布來計算，在那兩萬九千八百五十個日子中，收益率在百分之負五以下的發生機率，其實只有〇・二二天，也就是在一百二十年間，即使每天開市，也不會有一天是這種情況。為此，如此極端跌幅後來被「風險之神」、衍生性金融商品交易員納西姆・塔勒伯（Nassim Taleb）在其暢銷著作稱為「黑天鵝」（The Black Swan）。當然，這只是塔勒伯的戲謔，現實世界中有九十七天出現過此一極端跌幅。

另外，若按正態分布的規則計算，像黑色星期一那樣跌至「百分之二二・六一」的日子，出現機率應為十的負八十次方。再簡單一點地說，就是「不可能」。因此，雖然隨機漫步理論的學者看不上技術分析師與投資戰略家，但「鐘形曲線」兩端的型態卻證明了他們「不切實際」。對此進行詳細分析之前，讓我們先了解「金融理論」如何走進華爾街。

作業研究與資產分配

一般認為，金融理論活用於華爾街，是仰賴從NASA（美國太空總署）辭職的火箭工程師，才得以普及。當時，美國政府削減NASA的預算，導致許多工程師丟掉飯碗。技術人員和數學家在向來與理工科系學生無緣的華爾街謀職，確實是近三十年的事。這與電腦在金融業的普及與發展密不可分。

另外，在第二次世界大戰期間，美國與英國徵召大批經濟學家與數學家為戰爭服務。這些學者並不同於日本帝國的陸、海軍一樣被徵召為一等兵，[3]而是以「作業研究」（OR）人才的身分被動員，利用統計學方法提供戰略決策支援。

所謂OR，不僅可以解決戰爭中，如何讓資產分配變有效率等大問題；例如，在受德國潛艇威脅的大西洋海面，如何將有限的護衛艦與運輸船編排成船團，將損失控制在最小限度，並將運輸效率最大化；對德國進行戰略轟炸之際，首要目標該選擇戰鬥機的機體生產工廠還是軸承工廠；在敵人現有的防禦體制下，如何做到讓轟炸部隊以最小的損失，獲得最大的效果。這也是現今經營學領域中，人們耳熟能詳的「線性規劃」（Linear Programming，簡稱LP）。

已故日本前法務大臣後藤正夫曾說，日本在戰爭初期，也有過利用OR研究戰爭的戰力計算室。但計算室利用統計學方法設想各種戰爭過程後，開戰前便預測到日本戰敗，激怒了某日前來視察的東條首相，於是大日本帝國版的OR，當天便遭到拋棄。

上述將損失最小化以獲致最大效果的問題，從邏輯本質來看，不僅與經營學相通，亦和追求風險最小化、收益最大化的多檔股票、債券等金融資產的投資組合一致。這裡的收益意味著計畫階段的預期平均資產運用收益，其風險為左右資產價格波動的標準差；可將其理解為前一小節「鐘形曲線」描繪的型態。如同高性能的火炮射程遠且彈著點（point of impact，簡稱POI）偏差小，優質的投資組合收益最大且資產價格波動最小。但所謂「預期收益」意指什麼呢？當然，也有人會試圖預測未來的資產價格，但收益也好、標準差也罷，都可看作歷史資料的延伸。身處無法預測未來的隨機漫步世界，過去長期的實際業績就是最好的預測。

一般而言，景氣變好、企業收益就會提高、股價就會上漲。但業績良好的企業資金需求旺盛，會導致利率上升，利率提高意味著債券價格下跌。反之，若景氣變差，股價會跌，但債券價格會上漲。儘管股價與債券價格並非總是向著反方向波動，但此為一種典型模式；若同時持有股票與債券，就可以實現價格上漲與下跌的對沖，從而降低資產貶值的風險。而且此一情形下，採用投資組合的方式，不會減少各類資產的單項收益，而是能夠實現收益加乘、降低風險。像這種不同股票或股票與債券等等的最佳組合，就是資產配置（Asset Allocation）。不過，資產配置並非誰發明或發現的，自古以來，商人就以原始方式粗糙地分散風險。例如「達迪尼文書：充滿活力的地中海世界」一節所提到的達迪尼，如其分店網所示，刻意將事業分散在各處。「再探《威尼斯商人的資本論》」一節提到的安東尼奧，也分散了貿易商船的航行目的地。即使被認為最避險股票之一的東京電力，其股價也受到意料之外的事故影響。世事難料，僅憑直覺我們也能意識到，專注投資於單一股票是危險之舉。

一九五二年，芝加哥大學研究生哈利．馬可維茲（Harry M. Markowitz）運用OR，撰寫了〈投資組合的選擇〉（Portfolio Selection）[4]，這是首篇探討資產分配手段的論文，將過去粗略分散風險的方式，發展為追求風險最小化、收益最大化的手段。這篇論文不僅談到分散風險，也要實現最大的效益費用比，恰恰是戰爭運籌技術的應用。

例如，將投資組合設定為全部是股票，而將股市成分股視為整體（統計圖的空心圓圈與

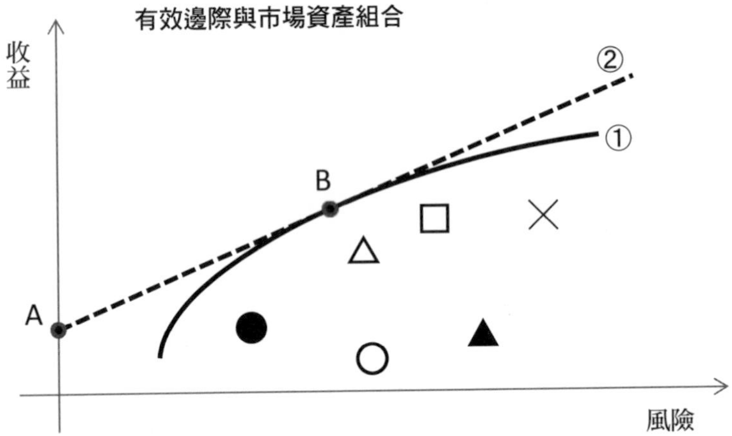

有效邊際與市場資產組合

空心三角）時，可以算出在一定風險（標準差：鐘形曲線的波動幅度）前提下的最大收益點（預期收益：鐘形曲線的平均值），將這些點用線連起來，就得到圖中的一號線段。這條線顯示在各種風險條件可獲得的最大收益，被稱為有效邊界。投資者根據自己可承受的風險（標準差：資產波動），選擇一組最佳的股票投資組合。

不過在馬可維茲的「投資組合」中，並未涉及現金、存款及短期國債等幾乎沒風險的資產（無風險資產）。但事實上，許多投資者不投資股票或債券，而是將錢存入銀行。於是，經濟學家詹姆士．托賓（James Tobin）就在這張圖中加入無風險資產的概念，即圖中的點A。存款無風險且有利息收益。然後將點A與有限邊界線中的點B連接並延長，得到編號二線段。

此處的投資組合只有股票，此一情況下，只存在一種風險最小而預期收益最大的投資組合（因為是「最」，因此是唯一），這就是B點所示的股票投資組合，被稱為「有效投資組合」。投資組合內的各種股票遵循「效率市場假說」，受市場參與者影響而形成有效的價格，那市場作為被有效定價的股票集合體，本身的風險與收益的關係也應處於有效的狀態。因此，股票投資中的「有效投資組合」，就是購買市場本身，從風險和收益比率來看，這是最有效的。若想獲得比「有效投資組合」更高的回報，就需承擔更大的風險。

只持有存款、從A點出發的投資人，若取出存款，慢慢購買B點的股票投資組合，其收益就會由A點向B點移動，股票占比越大，離B點越近。當存款比例為〇，股票比例達到百分之百時，就會到達B點。若從B點開始，單純透過改變股票投資組合提高收益，則編號一線段將向下發生彎曲。也就是說，相應於風險增加的比例，收益降低了。但若在最佳股票投資組合的B點借入資金，增加購買量，收益將如編號二線段所示，直線上升。將此一理想上，最佳「有效投資組合」的B點商品化，就是指數基金。另外，可分別考慮股票投資組合的選擇與存款等無風險資產的組合比例，這就是托賓提出的「分離定理」（Separation theorem）。

將「有效投資組合」，即構成比率與市場整體相同的指數以基金形式商品化，就是指數基金。按上述理論，進行股票投資既無需選擇股票種類，也不必費心判斷個股的買賣時機，因為指數的成分構成是固定的。

指數基金

考爾斯潛心調查過去的實際績效，發現購買股票指數比聽從投資專家的建議更勝一籌（參見「考爾斯經濟學研究委員會與股市預測」一節）。另外，下一節提到，一九六九年麥克．詹森考察了過去十年，一一五檔信託投資的表現，其中只有二十六檔信託投資戰勝指數投資。如此看來，既然投資人無法事先選擇哪一檔信託投資能勝出，與其大海撈針，毋寧直接購買指數基金，保證成為贏家。

但在華爾街，有調查機構、也有證券分析師及銷售員。當時，他們的收入來源就是提供各種股票證券資訊並賺取手續費。對他們來說，指數基金相當於否定自己的工作，因此他們對此業務並不積極。若投資人買了指數基金，就沒必要選股，持有期間也不必進行買賣。基於上述理由，華爾街對指數投資的應用持消極態度。結果，指數基金最初商品化的實現者是美國西海岸的銀行。

第一檔指數基金出現在一九七一年七月。舊金山市富國銀行（Wells Fargo Bank）的資產管理部門（此一平臺後來演變為巴克萊全球投資公司，現被貝萊德集團收購），將新秀麗公司

（Samsonite）的六百萬美元年金基金建立指數帳戶。但這是以紐約證券交易所（NYSE）上市的全部一千五百檔股票為對象，投資相應金額；投資於股票時價總額較高的GM（通用汽車）、GE（通用電力）公司，金額需同於其他中小市值公司。也就是說，沒有考慮指數內部個股的權重分配，因此不是「市場投資組合」。或許在當時，市值加權的想法與條件均不具備，投資結果未如預期。

此後，富國銀行經過不斷嘗試錯誤，一九七三年將本公司職員的五百萬美元年金加上伊利諾斯貝爾電話公司（Illinois Bell Telephone Company）的五百萬美元年金，成立標準普爾五百指數的共同基金（全體出資者共同運營）。一九七五年，巴爾公司（Barra Inc）成立，開發出指數投資不可或缺的股票風險預測模型。一九七六年，現今指數投資先驅之約翰・柏格爾（John Berger）的美國先鋒集團（Vanguard Group），開始向個人發售指數基金。

華爾街有句俗諺說：「共同基金需主動去賣（銷售），不是等著客戶來買。」在「黃金的六〇年代與利率革命」一節曾提到。從投資人來看，指數基金優點甚大，但從證券公司來看卻沒有吸引力。基於證券公司沒有積極推銷，指數基金並未立即普及開來。

如同指數基金，以市場整體或特定的指數成分股作為投資對象，無需考慮買賣時機，只需長期持有，因為如此不主動出擊的姿態而稱為「被動型基金」。相對於此，基金經理選擇投資對象，判斷時機、反覆進行買賣交易的基金，因其主動尋求利益而稱為「主動型基金」

投資主動型基金需聘用經驗豐富的基金經理及判斷選股的分析師，資金營運的成本較高，而且買賣過程中還會產生「交易執行成本」。所謂交易執行成本是指，支付給證券公司的手續費及買賣差價產生的成本；買入時股價高於當前值，賣出時股價低於當前值。這部分的成本或許微不足道，但隨著頻繁買賣，也會成為一筆可觀的成本負擔（當時美國與日本的報價幅度很大）。指數基金的特徵就是這類成本極低。假設，主動型基金經理人的成本扣除前，營運結果能達到市場平均水準，這些成本扣除後就會敗給指數基金。

指數基金的經理人對自身優勢的成本敏感，追求基金的規模利益，開發出了多種降低資金營運成本的交易方式；例如，不在市場執行交易過程的「交叉交易」[5]（合同資產之間無成本的交叉買賣）、利用交易成本低的期貨進行「期貨轉現貨」（EFP: Exchange for Physical，執行相較於現貨股，更有價格優勢的期貨合約，之後再轉為現貨股）、股票貸款時使用「批量銷售」（Bulk Sale，進行指數成分股的整體借貸，則提供利率優惠）等。若沒有指數成分股的批量銷售，就不會出現賣空單檔股票的大型對沖基金[6]。在做空時需借股賣出，而指數基金則是最大的提供方。

一九七四年，美國開始實行《雇員退休收入保障法》（Employee Retirement Income Security Act），簡稱「ERISA法案」，規範了年金營運的投資機構應擔負的受委託方責任。為承擔操作失誤的法律訴訟，資金營運不能再依靠感性的技術分析，需有學術依據作為資產運動的支撐。「日經平均指數圖上，出現了三尊天井之類的形狀，由此做出賣出判斷，結果導致損失」之類的辯解在法庭上行不通。因為三尊天井之類的形狀出現後，市場走跌屢見不鮮。對年金營運的機關投資家而言，即使失敗也需要理由，於是採用學術界公認效益最佳的指數基金，開始增加。一九七五年，美國實現了股票交易手續費的自由化，因此大型投資銀行的經營收益，對股票交易手續費的依賴度降低，需尋求新的獲益途徑。華爾街上，日增的隨機漫步理論學者及從NASA辭職的數學家取代了技術分析師。

手續費自由化帶來諸多影響。原本風平浪靜的承銷領域開始競爭。一九七九年，IBM首次發行公司債，但卻拒絕摩根史坦利（Morgan Stanley，NYSE：MS）擔任主承銷商。當時，證券承銷王者的摩根史坦利是一家投資銀行，而非證券公司，因為沒有債券銷售交易的專櫃而飽受非議。長久以來的合作傳統被打破，摩根史坦利遭到拒絕，這是前所未有之事。這種日本常見的依靠「長期業務關係」決定「主承銷商」的方式開始解體。此後，摩根史坦利、高盛（The Goldman Sachs Group, Inc.）等作為合作夥伴的投資銀行，資本過少的問題浮出檯面，此一動向導致大型投資銀行為了籌集資金，開始公開募股。

一九八〇年前後，政府財政赤字逐年增加，擴大了美國的國債市場，美國聯準會在打擊通膨的沃爾克領導下，對市場的影響漸漸變大。為了探明市場動向，稱為美國聯準會觀察員的金融分析師登上歷史舞台。一九八一年，IBM公司開始發售個人電腦，個人電腦開始普及於各從業員的辦公桌上。離開所羅門兄弟公司（Salomon Brothers）的麥克・彭博（Michael Bloomberg，二〇〇二～一三年擔任紐約市長）則開始依靠技術分析背景、提供詳細的債券資訊服務。股價、債券回報率、匯率、選擇權價格、抵押債券等資料分析，也不再是專業分析師的專屬領域。金融行業的新鮮人在大學期間多學過「金融理論」，以前讓老一輩證券從業者不勝其煩的金融理論，也逐漸在債券認購業務、企業收購、選擇權業務及套利交易等越來越多的領域獲得運用，逐漸成了華爾街的常識。

巴菲特 vs 詹森

效率市場假說的前提是：市場存在的各檔股票都得到投資人關注，股價適當反映市場上的所有資訊。但華爾街的證券公司不會特意花錢聘請分析師去研究無人關注、沒人買賣的股票，也不會發行投資者不感興趣的報告。在股市上，有蘋果公司這種人們競相追逐、各家證券公司投入數十名分析師開展業務的股票，也有無人問津之所謂「被冷落的股票」（Neglect Stock）。這類股票不會在價格上反映效率市場假說預期瞬即萬變的市場訊息；因為無人關注，價格或許始終位於低點或居高不下。而且，人沒有機器人身上的感應器，能經常感應到市場上的所有資訊，以進行經濟理性的判斷與行動。就連動物也有利他性行為。隨著決策模型進化可以理解到，根植於感情與感覺的誤解難免出現。行為經濟學開始質疑過往經濟學的前提——人類是理性的。依效率市場假說的預設，百密而無一疏的投資人能瞬間做出準確決策，在股價低位元時買進、高位時賣出，但事實並非如此。

另外，「隨機漫步假說（Random walk hypothesis）與效率市場假說（Efficient-market hypothesis, EMH）」一節介紹了道瓊指數日收益率的柱狀圖，正因統計資料長達一一六年，因此呈現正態分布。但若僅觀察一年或兩年的個股資料，曲線圖就會扭曲，當然也會出現短期回報率大幅偏離長期平均值的情況。根據「隨機漫步理論」的主張，提供投資決策參考的收益與風險資料應為不能預測的「預測」，這也許並非過時的概念。即使如此，人們依然將其認定為正態分布，套用標準差，很快地依據將收斂於總體平均值的大數定律，進行各種計算。這一矛盾孕育於此一理論誕生之時。人們希望將機率與統計的框架放進現實世界，但依照機率與統計運轉的現實世界並不存在。

「金融理論」中存在一個完美的結論，那便是利用「有效投資組合」的指數投資收益率最高。儘管如此，現實世界仍有一些基金經理人連續數年戰勝指數。當然，有不計其數的基金不敵指數投資，不過只要傑出的基金經理人確實存在，其否定者就不得不思考他們存在的原因。

CAPM（資本資產定價模型）的提出者、效率市場假說的擁護者及諾貝爾獎得主的經濟學家威廉・夏普（William Sharpe）曾經揶揄：「即使是扔硬幣，多扔幾次，也會出現連續十次正面的情況。」

也就是說，眾多基金經理人之中，從機率來看，偶爾有人提出優秀業績是理所當然；就像丟硬幣一樣，無關個人能力，縱使是全憑「運氣」的遊戲，幾輪淘汰後，必有贏家留下，這與能力毫無關係。最重要的是，因為出自偶然，投資人事前無法預測，只能將：誰將成為丟硬幣的獲勝者這類問題的預測拋諸腦後。

一九八四年，哥倫比亞大學舉辦了「葛拉漢（Benjamin Graham）與多德（David L. Dodd）所著的《證券分析》（*Security Analysis*）出版五十週年紀念會議」。至今，這次會議仍是人們津津樂道的話題。因為這場會議圍繞著效率市場假說，爭論著過去投資方式與指數基金的孰優孰劣。

在這次會議登場的有兩位，一位是擁護「效率市場假說」而認為投信操作不敵指數基金的經濟學家麥克．詹森，另一位是當時已被譽為史上最強價值投資人（分析企業經營狀況以發掘質優價廉股票的投資家）、認為「效率假說」非完全正確的華倫．巴菲特。這次論戰在各式各樣的場合都一再有人提及。

會議開始時，詹森便向巴菲特發起挑戰。他引用威廉．夏普揶揄「主動型基金」時經常提到的丟硬幣比喻——優秀基金經理人的存在如同丟硬幣，經多輪淘汰必然產生勝者，這不過是偶然的，好的投資績效無法永遠保持。

對此，巴菲特站上講台前，先遴選了九位長年擊敗股票指數的投資人。巴菲特並非按其投資成果為挑選憑據，而是早在十五年前就看好並賦予關注。雖然他們營運管理的內容各自有別，但投資方法都無異於葛拉漢與多德在《證券分析》採用的方法。

雖然巴菲特遭到詹森丟硬幣話題的嘲弄，但進入正題、介紹上述九位投資人之前，同樣以丟硬幣話題回應了詹森。

假設存在一場全美丟硬幣大賽。從明天早晨起，全美兩億兩千五百萬國民都丟出硬幣，並以一美元為賭注猜正反面。此後每天早上拋擲，輸者被淘汰，勝者的獎金不斷累積。若每天早上丟一次，第十天早晨約剩下二十二萬名參賽者，贏得一千美元賞金。到了第二十天，就會有持續獲勝的二一五人成為百萬富翁。這時，多數贏家會自詡為天才。若有人出版《僅僅二十天內天賺到一百萬美元的方法》，一定會有讀者購買。更有甚者，這些贏家會搭著噴射機，巡迴全國各地參加「如何有效丟硬幣的相關研討會」，並嘲笑提出質疑的金融學教授：「如果你說這種事不可能，那我們這二一五位實際存在的贏家是哪來的？」

金融學教授（夏普與詹森）或許會對此反駁：即使不是美國人，而是兩億兩千五百萬隻猩猩來丟硬幣，也不會改變結果；那就是，誕生出二一五隻狂妄自大的猩猩成為贏家。然而，若我們詳查那些贏得丟硬幣大賽的猩猩，究竟來自何處，情況可能就不同了。

假如我們發現，其中四十隻來自奧馬哈（巴菲特大本營）的某個特定動物園。學者肯定

資料來源：Yahoo Finance and MSCI BARRA

為之譁然，堅信這是個重大發現。人們一定會去詢問飼養員，牠們吃了什麼飼料、做了什麼特別運動、看了什麼書、認識什麼人等等。

如此一來，我們會發現，投資領域的丟硬幣贏家大都來自可稱為「格雷厄姆—多德村」（Graham-and-Doddsville）的超小村落，若進一步調查這九位格外成功的投資人還會發現，這九人之中，有人是格雷厄姆的學生、有人不是，但每一位都是在比較過公司的效益與資產後，尋找價廉質優的個股，而不在意市場行情（作者註：指不關注線圖分析）。信奉格雷厄姆與多德所著《證券分析》的投資人，能看到股票市場價格與其真正價值之間的落差，因而必將繼續獲得成功。

之後，巴菲特介紹了九位來自「格雷厄姆─多德村」投資人的成功案例。他主張，市場價格與真正價值絕對不一致，若能認真分析企業的基本面，不論如何都能優於市場平均的指數。市場絕對不是有效的。詹森與巴菲特的這場辯論，哥倫比亞大學將其記錄成冊、出版發行，現在仍可在網路上找到。巴菲特運作的波克夏．海瑟威（Berkshire Hathaway）股票，在他獲得公司經營權時，價格是十八美元，到了二〇〇七年下半年，已經漲到十五萬一六五〇美元，上漲了八四二五倍。然而此一期間，道瓊工業指數僅漲了十四倍。

上頁圖是這場會議六年後的一九九〇年至二〇一二年年底間，巴菲特運作的波克夏公司股價與MSCI指數（摩根史坦利資本國際指數）的比較。因為波克夏公司的股票不分紅，圖中用來比較的是，將分紅再投資後，計算出來的MSCI指數。

如圖所示，可以理解巴菲特無法相信市場是有效的。那些仍使用傳統方法的證券從業者或許也能因此釋懷。但現實上，優秀的「格雷厄姆─多德村民」鳳毛麟角；此後，普通的投資信託依然無法戰勝指數投資。

攻擊效率市場假說

一九八〇年代中期，IBM的個人電腦出現在華爾街投資銀行的辦公桌，大家可以輕易運

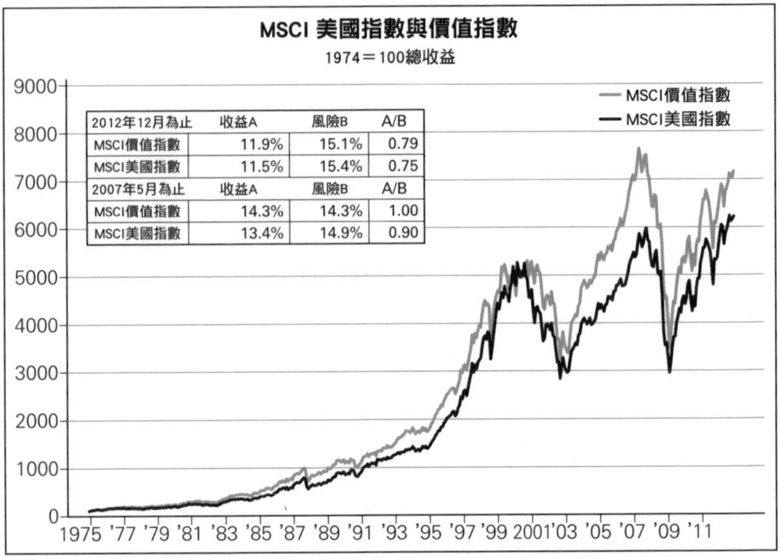

2012年12月為止	收益A	風險B	A/B
MSCI價值指數	11.9%	15.1%	0.79
MSCI美國指數	11.5%	15.4%	0.75
2007年5月為止	收益A	風險B	A/B
MSCI價值指數	14.3%	14.3%	1.00
MSCI美國指數	13.4%	14.9%	0.90

資料來源：MSCI BARRA

用標準普爾公司開發的股價及企業財務資料庫「Compustat」，讓分析過去的股價與財務資料變容易。以前，限於研究人員與分析師才能使用的資料庫，訪問量飛躍性成長。於是，不少股票交易員等一線業務人員，便會發表原本在有效市場應該不會出現的股價走勢。由於這些股價走勢在既有規則下無法加以解釋，故稱為「異象」（anomaly）。

例如，為求在年底節稅，投資人會賣掉股票（賣掉賠錢的股票減少課稅所得額）；翌年一月，再將這些股票買還回，因而有「一月效應」；還有休息日結束後，週一開盤時行情上揚的效應等。事實上，大部分「異象」

在現實操作過程中，將衍生手續費及（下單股票時）的執行成本，因此不會賺錢。生意人原本就不會將賺錢手法公諸於世。然而，這裡也存在著持續性的大趨勢，「小型股效應」（Small-size Effect）便具有代表性。

各類研究人員發現，小型股的表現持續優於市場指數。大多數情況下，證券公司分析師不會在意小型股，因為買賣的投資者很少，容易長期處於低股價。由於公司規模小，因此營業額大幅擴張兩倍或三倍變得容易。也有說法認為，小型股會帶來收益，這針對的是業績不良企業存在的風險，市場會謀求高昂的代價[7]（因為快倒閉的公司多，因此，在成功時高股價就有必要）。

還有一種，被稱為「價值股效應」。有關價值股的定義眾說紛紜，一般意指相對於企業的保有資產而言，股價被低估的股票，基本上接近巴菲特的投資方法。上頁圖是MSCI公司的總報酬指數（Total return index）。所謂總報酬，不僅意味著股價上漲獲得的收益，而且涵蓋分紅再投資獲得的全部收益。此圖中，把代表美國整體市場情況的美國股價指數，拿來與只選取價值股的指數進行比較。

二〇〇〇年前後，爆發網際網路泡沫之時，巴菲特就股價高出公司資產價格數倍的高科技股票對外表示：「我不會投資難以理解的事物」，因此沒有出手。依照效率市場假說，股票的真正價值就是股價本身，巴菲特對此並不贊同，此事如前節所述。他認為，「市場價格會有不合理的時候，針對企業業務與財報進行分析，計算企業的真正價值，再比較市場的股價，以找出價廉質優者（有價值），才是王道。」

如同以前出現的新理論曾被華爾街拒於千里之外，這次，隨機漫步理論的學者，對於有悖於效率市場假說的事實，採取了視而不見的態度。避而不談於己不利之事，人人都一樣。但後來，精於生意的威廉・夏普在華爾街出售風險模型，等到提出布萊克—舒爾茲選擇權定價模型（Black-Scholes Option Pricing Model）的費雪・布萊克（Fischer Black）與邁倫・舒爾茲（Myron Scholes）分別就職於高盛集團與所羅門兄弟公司（Salomon Brothers）時，情況改變了。在美國，其他金融學教授開始創辦自己的資產管理公司，從事金融理論研究的學者湧向華爾街，躋身於真實市場。布萊克曾說：「比起從查理斯河邊，從哈德遜河邊來看市場有效性，效用差很大。」

查理斯河位於麻省理工學院所在地波士頓，哈德遜河位於投資銀行高盛集團所在地曼哈頓。布萊克坦言：從學術象牙塔看來，市場像是有效的市場；從高盛實際操作的經驗則可以理解到，此一理論在真實世界並不有效。

一九九二年，提出「效率市場假說」的尤金・法馬，聯手肯尼斯・弗蘭奇（Kenneth French）發表了解釋股價的「三因子模型」（Fama-French three-factor model），認可了小型股效應與價值股效應。所謂三個因素，是以夏普視為唯一因數的CAPM之Beta值為基礎，然後加入小型股效應與價值股效應等兩大支，湊齊三大因素。

翌年，三因數模型中追加了「動量」（momentum）的因素，改頭換面為四因數模型，有人認為，這已不再屬於經濟學理論了。

這是因為所謂「動量」因素的本質，就是隨機漫步理論率先否定的「股價記憶」概念。若分析三個月到十二個月之間的資料，可以發現，股價趨勢是上漲的股票持續上漲、下跌的股票持續下跌。這原本是隨機漫步理論冷眼旁觀的技術分析領域。然而，加入這一因素後，對股價的解釋力確實增強了，這也是不爭的事實。從結論來看，市場既不是「完全」隨機、也不是「完全」有效。「隨機漫步假說與效率市場假說」一節所提，道瓊指數的「鐘形曲線」多少有些「奇怪」。但即使如此，從實際情況來看，市場隨機、有效市場理論在某種程度上是正確的，這是我們思考市場運作的前提。

小型股效應、價值股效應與動量等三因素的效果時有時無，為何如此呢？還無法詳細說明。另外，價值股形塑的巨額基金在籌組之際，因持續購買同檔股票，價值股效應就會發生作用，然而在股市暴跌、基金被大量拋售時，價值股效應會作用於相反方向，出現大量拋售。小型股也有同樣現象。美國到雷曼兄弟事件爆發為止，價值股效應產生作用；此一危機後，價值股效應也產生完全相反的作用。總之，這些特定作用存在著「自我實現」的面向。

就連在日本，一味主張指數基金是最佳選擇的人也逐漸減少。但在資產管理成本方面，指數基金存在優勢這點仍然不變；投資者購買後只要長期持有，就不會產生買賣成本，也不必在股市花費過多時間，依然是最不容易失敗的投資手段。另一方面，考慮到過度交易產生的管理成本負擔，明確主張長期投資，同時注重與投資者溝通的優質主動型基金也不斷增加。根本問題在於，政府過度干預市場，其過度保護，導致企業之間不再互相競爭，許多僵屍企業苟延殘喘。如此情況下的日本股票市場，還能算是最有效市場的投資組合嗎？換言之，TOPIX（東京證券交易所指數）等等的指數投資果真有效嗎？這點令人懷疑。

以上我們回顧了資產管理與股票投資的金融理論發展史，因為是從投資者角度訴說的故事，討論聚焦於被動的指數投資與主動的資產管理，何種方式更合適。但「效率市場假說」的貢獻，或說「金融理論」對社會的貢獻，遠遠超越我們的想像。

依靠這些理論，風險預測成為可能，市場得以形成，風險實現了價格化。受惠於此的衍生性金融商品出現了，大為豐富了我們的生活。

出口產品的企業可利用貨幣期貨及選擇權等衍生性金融商品，實現匯率變動的對沖，從而穩定出口價格、確保企業利益。電力公司等能源進口公司也享受到同樣的好處。若普通家庭的電費每天受原油價格與匯率變動影響，而一再浮動，消費者將不堪其擾。另外，機票的預售折扣，也是利用衍生性金融商品，提前確定航空燃料的成本，計算出飛行費用，如此才得以實現。在金融領域，保險產品及便利住房貸款的設計，都離不開衍生性金融商品。

資料來源：Dr. Robert J. Shiller HP

當然，這是一把雙刃劍。基於對「金融理論」的運用，美國住宅金融市場的信用過度膨脹，形成泡沫，最終引發雷曼兄弟事件。但毋庸置疑的是，「金融理論」及負面評價頗多的衍生性金融商品絕對不是倒退，而是一場技術革命，一種進步。

本書將於下一回進入尾聲。最後，我們將確認在前文回溯的歷史長河中，現在的我們究竟處於何方。

終局：經濟大穩健時代與雷曼兄弟事件

上圖顯示，從現在起追溯至一九二〇年的標準普爾五百指數實際價值，即在過往標準普爾五百指數的基礎上，計入消費者物價指數，並調整通貨膨脹後得到的結果。本書有多張統計圖，運用了該指數的一部分。由於指數位數跨度過大，因而縱軸有必要採用對數值；對數值曲線的傾斜程度表示增長率。

圖中的各個階段，分別是：①一九三〇年代初期股市暴跌後，羅斯福推行新政，布雷頓體系建立；②凱因斯主義經濟政策下，經濟發展平穩的一九五〇、六〇年代，股價大幅上漲，美國實現了「黃金六〇年代」；③一九七〇年代，尼克森衝擊與兩次石油危機，導致美國遭遇通貨膨脹，實質股價大幅調整；④一九八〇年代，美國聯邦準備理事會主席沃爾克採取抑制通貨膨脹的金融措施，雷根總統推行放寬管制的新自由主義經濟政策；[8]⑤自網際網路泡沫刺激股市達到頂峰的千禧年以降，美國政府祭出相當寬鬆的金融政策，通貨膨脹率上升，讓實質股價進入調整期。相比於日本，美國的股價指數表面看來強勢，實質股價則處於調整期。

葛林斯潘（Alan Greenspan）在一九八八年接替沃爾克，就任美國聯邦準備理事會主席。此後直至二〇〇六年為止，相較於股價波動，GDP增長率與物價指數的變動都很穩定，若對比於遭遇通貨膨脹的一九七〇年代「大蕭條」，這一時期被稱為「大穩健」（The Great Moderation）時代。這段時期，不僅美國，全球各個先進國都出現同樣現象。日本則處於泡沫經濟結束後的恢復期。

大穩健時代出現的原因存在各式議論，大致有：①沃爾克主席上任以來，金融政策的成

資料來源：Dr. Robert J. Shiller HP

熟；②資訊技術的發展促使生產管理技術進步；③放寬經濟管制促使企業自由度等等的擴大等。

若聚焦於這一時期的標準普爾五百指數及實質股價指數，並繪製成統計圖，就可以得出下圖的「大穩健時代與雷曼兄弟事件」。由於時間跨度較小，數值跨度不大，縱軸回到普通數值。

從標準普爾五百指數的實際價值來看，網際網路泡沫出現於二〇〇〇年，美國股市在大穩健時代結束前，就提前達到頂峰。

為了應付網際網路泡沫，美國聯準會採取大膽的金融寬鬆政策，促使房地產泡沫在二〇〇七年爆發。結果，不顧信用風險而提供低所得階層的房屋貸款——次級房貸不能按期償還，替此一貸款提供擔保的聯邦國民抵押協會（Fannie Mae, FNMA-US）與聯邦住宅貸款抵押公司（Freddie Mac, FMCC-US）等政府資助金融機構（Government-sponsored Enterprises, GSE）的信用結構失衡，終致實質性破產，促使全球金融市場進入信用緊縮。

雷曼事件後的全球金融危機引起廣泛關注，這是次貸危機帶來的心理衝擊，從經過通貨膨脹調整的美國實際股票指數來看，在二〇〇〇年網際網路泡沫的頂峰期，股市便開始調整了。

雖然我們以為美國股市不斷創造新高，但計入物價指數後，即使在二〇一二年年底，美國股價相比於高點，向下調整了約百分之三十。若僅看標準普爾五百指數，美國股市似乎始終居高不下。但從實際股價指數的長期歷史走勢來看，其實美國股市一直處於調整期。

那麼，究竟是什麼因素，抑制了當前實際股價的上升呢？原因就在於「尚未解決的問題」。美國政府承擔了次貸危機前不斷膨脹的民間債務、歐盟面臨南歐問題、日本疲於應付泡沫經濟後不穩的財政政策及人口老齡化導致社會福利負擔擴大。目前，各先進國的政府都債台高築，只是程度不一。

近期，美國出現了新興能源之頁岩氣開發的利多消息。今後，伴隨景氣復甦而來的稅收增加，或能妥善消解債務問題。但也許，有不少國家仍會採用歷史上的慣用伎倆，例如：像

資料來源：東京證券交易市場、內閣府編《近代日本經濟史要覽》（但1949年至1954年為GNP）

狄奧尼西奧斯一世，將一德拉克馬銀幣的重量改為兩德拉克馬，透過改變貨幣價值來解決問題；或如戰時的德國威瑪共和國那樣，改換貨幣，或如二戰後的日本採取存款凍結政策。當然，也有可能，各國在穩定的通貨膨脹環境中，讓景氣復甦、增加稅收，逐步解決各自的政府債務問題。

對於日本的股市水準，我們也該從不同的角度來觀察。一個國家的經濟規模與股市市值之間存在著一定的關聯。當然，我們不會拿GDP數值來進行股市短期預測，但如果輿論認為景氣好轉，股價便會上漲。因此從長遠來看，經濟規模較大的國家，股市規模也較大，這點不證自明。但就像前蘇聯那樣的共產國家沒有股票市場，因此，名義GDP與股市規模的關係，可用於衡量資本主義的發達程度及例如：東京奧運會之前，農村人口居多數的日本工業化程度等。現在，世界銀行的官網，刊載各國股市總市值與國內生產總值（名目GDP）的比率一覽表，可供參考。

一九四九年起，日本東京證券市場部分股票市值，除以名目GDP所得的數值，即如上頁圖。從戰後百分之十以下的水準為起點，歷經「劉易斯轉折點」（Lewis Turning Point）——農村人口向城市轉移後的東京奧運會之前，達到了百分之三十。此後，泡沫經濟時期曾一度達到百分之一四〇，目前則在百分之六十至百分之百之間徘徊。這一數值在本書出版前的二〇一三年三月底時約為百分之八十，從日本經濟實力來看，目前股價並非過低，也未形成泡沫經濟。這張曲線圖告訴我們：若日本人期待實現股價翻倍，顯示經濟規模的名義值也需增加一倍。若只有股價不斷上漲，當股價超過異常，泡沫經濟會再次上演。

美國市場也一樣，前文提到的華倫·巴菲特將此數值作為一項衡量指標，認為百分之七十至百分之八十之間就是買點。不過，美國市場在網際網路泡沫時，創下過百分之一九〇的紀錄，二〇一二年年底為百分之一〇三的水準。這在日本已是較高水準，而在美國卻屬於正常值。正常情況下，美國的比率高於日本。

進入二十一世紀後，日本的投資對象確實從先進國拓展出去。二〇〇一年，高盛資產管理主席吉姆·奧尼爾（James O'Neill）將巴西、俄羅斯、印度和中國等四大新興國家稱呼為

資料來源：MSCI BARRA

「金磚四國」（BRICs），歸類為前景看好的市場。如今，中國的GDP已超越日本，位居世界第二，今後想必會有更多新興國家急起直追。現在，吉姆．奧尼爾的公司正在運作「金磚十一國」股票基金，涵蓋稱為「迷霧四國」（MIST）的墨西哥、印尼、韓國、土耳其及孟加拉、埃及、奈及利亞、巴基斯坦、菲律賓、越南與伊朗（現在似乎因核彈問題而未在伊朗投資）。另外鮮為人知地，非洲各國及蒙古也迎來了資本市場的黎明期。

然而，南美各國在美國市場上，過去的歷史中幾度被認定為新興市場而廣受矚目。「巴西是個有發展前景的國家。但問題是，這一百年間始終都只是個有發展前景的國家。」

這是二十年多前我從一位巴西船員口中聽到的話。高報酬必然伴隨著高風險。我們不能簡單地認為，現在的巴西有如高度經濟成長期的日本。

註釋

1 譯註：機構投資者是指匯聚投資人資金，以用於營運管理有價證券的社團團體或法人團體，諸如：商業銀行、中央銀行、信用合作社、保險公司、養老基金、主權財富基金、慈善機構、對沖基金、REIT、投資顧問、捐贈基金及共同基金等。

2 這篇論文是從Cowles Foundation for Research in Economics的網站下載。

3 譯註：這裡帶有諷刺意味，因為日本帝國在二戰期間，動員技術人才與知識份子的方式與尋常百姓無異，都是派到前線應戰。

4 這篇論文刊載於*The Journal of Finance*第七卷第一期（一九五二年五月號）。

5 譯註：簡單來說，投資人同時買進與賣出同一檔股票，通常只會發生在大量交易，因為當一檔股票一次以上千張或上萬張進行交易時，勢必帶來股價波動，使得實際交易價值會超出預期，因此事先找好買主（賣主），同時將買賣雙方推上市場來完成大量交易，又不會引起股價過度漲跌。

6 譯註：對沖基金又稱避險基金，英文是Hedge Fund，是運用各種投資手段與策略平衡投資風險的資產管理方式。

7 譯註：這裡的意思是，人們擔心小規模經營企業容易失敗，購買這種企業股票承擔的「風險」將高於中、大型企業的股票，市場自然會期待「較高的報酬」，實踐所謂「高風險高利潤」的基本法則。

8 譯註：此一新經濟政策取代了原本的凱因斯主義。

後記

蘇美人發明文字，乃迫於存貨管理等紀錄的需求，在美索不達米亞文明裡，利息的存在早於貨幣，由此可見當今我們接觸之各式各樣商業的原型。然而，當時還沒所謂市場的存在。很快地，當貨幣發明於小亞細亞，市場便誕生於希臘、羅馬時代，留下大量利息與金融紀錄，關係到中古歐洲的禁止收取利息。

約莫在十一世紀以降，地中海與波羅的海之間的交易開啟，文藝復興期成為巨大的轉捩點。基於船隻與大砲等代表性武器的進化，戰爭將消耗鉅額軍事費用，即使收取利息在宗教信仰裡遭到禁止，仍衍生出國王借錢打仗的必要性。隨即，會議召開、壓抑國王善變的借款；為了維持國王的信用，國債管理於焉展開。

另外不容忽視的是，這段時期的歐洲，從伊斯蘭世界導入阿拉伯數字與複式會計，成為後來金融發展的基礎。如同《普拉托的商人：中世紀義大利的日常生活》（*Marchesa of Val D'Orcia*）的描繪，銀行業與保險業的基礎發展於東、西文明交會之文藝復興時期的義大利。

中國與其他各地均發展出自身的貨幣系統，可見金融市場的成形，但今天世界的金融市場以英美法為基礎運作著，歷史敘述就需以歐洲為中心。此一分歧點正好是大航海時代。此前，明朝的永樂皇帝派遣鄭和的大艦隊前往阿拉伯半島與非洲，雖然歷史不能假設，但如果反過來，鄭和前往歐洲的話，歷史也會有相當程度的改變。可以說，未處於大一統狀態的歐洲存在著多元化的決策體系，超越了中國皇帝的專制，因而誕生了歷史的必然性。

很快地，大量白銀從新大陸流入歐洲，引發價格革命，英國巧妙地儲存起來，作為必然到來之工業革命的資本；異於法國、德國、俄國等歐陸國家，英國的另一項優勢是減少陸軍常備軍的軍事開支，將之投入海軍整備；英國更重要的作為是打造出尊重個人財產權、接納不同宗教與種族的社會，以從全球吸納資金。即使是以民間「動物本能」（Animal spirits）[1]為指標的金融市場，也在政府不太干預的自由社會趨於繁榮。

以金本位為基礎的貨幣制度、近代金融市場與股份有限公司制度乃孕育於拿破崙戰爭結束後的十九世紀——不列顛治世（Pax Britannica）的維多利亞時代。近代有限責任制度的股份有限公司也發明於此時。接著美國崛起，宛如為美國威逼的日本也開國了，參與國際社會的運作。所謂參與國際社會，意味著貨幣與物資的往來。可以說，二十世紀初期日俄戰爭的國際融資合作，毋寧讓日本在國際社會的存在感更為擴大，其影響力遠遠超過戰爭本身。

十九世紀末葉，查爾斯．道（Charles Dow）開發出股價指數，宛如近代股票投資的黎明期。電話與電信在第一次世界大戰為證券交易活用；戰爭結束後，美國取代英國，成為世界霸權。在「咆哮的二〇年代」，小約翰．卡爾文．柯立芝（John Calvin Coolidge）總統在收音機前向國民發表談話，按月分期付款則讓家電與汽車銷售一飛衝天。只有將目光朝向失業者的卓別林冷靜下來。另一方面，第一次世界大戰的戰後處理，導致德國持續不振、美國歷經大恐慌，因而再次將世界導入第二次世界大戰。

布雷頓森林體系的基礎貨幣美元，伴隨著世界性通貨膨脹而崩潰；脫離軍國主義的戰敗國日本與德國，則威脅到美國的霸權。至於技術革新與金融市場的重大事件，則始於一九六〇年代大型電腦的運用，接著是一九八〇年代個人電腦的普及，可謂帶動了一連串資訊與通信的數位化。接著，嶄新的金融商品誕生了，從資訊傳播的角度來看，世界的距離一口氣縮短許多。美國的一方之霸動搖了，往昔的共產主義國家擺脫專制性的決策體系；因為募集股東，而成為擁有股票市場的新興國家。我們已沒必要只受困於先進國家的金融市場。

許多學者紮實地努力著，而於金融理論獲致的結論告訴我們，股價預測是天方夜譚的「隨機漫步」世界。在這個世界中，風險可被量化，以此為基礎構築出高度信用體系。然而，太過相信金融技術，以此連結上邁達斯國王以降，對金銀的無窮欲望，結果便是所謂過高的資金槓桿——存在於往昔泡沫經濟的傳統形式再度問世，這便是雷曼兄弟事件。這起事件中的證券價格隨機性格，比起預想中出現更多黑天鵝（極端跌幅），因而其並非「完全」

隨機的特質暴露出來。

這是因為人類只是將現實世界的現象鑲嵌進機率與統計的框架，但框架不會支配現實世界。即使如此，實務性金融技術則受惠於此一理論的框架，因而有所進展；於是，設計出消除風險的金融商品成為可能。此一技術，支撐著我們今天的日常生活。

電腦與網際網路的進步伴隨著手續費自由化的浪潮，創造出網路證券；其低手續費與證券資訊的商品化，一如數十年前，兜町專業證券經銷商逐漸對投資環境改善有所幫助、此一幫助甚或更多是提供給個人投資家。若讀得懂簡單的英文，數十年前極昂貴的海外資訊在今天都可以免費、即時入手；因此，個人之間的金融知識落差將因運用網路方法的不同而有偌大差異。既然技術革新所見的資訊世界仍處於成長階段，金融世界同樣也是如此。

在以日本為首之先進各國國債持續累積的當下，本書探問了貨幣本質與通貨膨脹的許多課題。遺憾的是，即使回首迄今為止的金融史，我們或許只能理解到，預測未來並不容易。即使如此，筆者仍希望讀者諸君能從稍微龐雜的金融史中掌握到一些什麼。

註釋

1 譯註：動物本能又譯為動物精神、生命本能、生命活力，凱恩斯在一九三六年提出，他認為經濟決策只能被視為是動物本能使然，來自人們不由自主的行為衝動。

國家圖書館出版品預行編目(CIP)資料

金融的世界史：泡沫經濟、戰爭與股市/板谷敏彥作；陳家豪譯. -- 初版. -- 新北市：左岸文化出版：遠足文化事業有限公司發行, 2022.09
面； 公分
譯自：金融の世界史：バブルと 爭と株式市場
ISBN 978-626-95885-7-2(平裝)
1.CST: 金融史 2.CST: 世界史

561.09 111005316

特別聲明：有關本書中的言論內容，不代表本公司／出版集團的立場及意見，由作者自行承擔文責。

左岸文化 讀者回函

金融的世界史：泡沫經濟、戰爭與股市

金融の世界史：バブルと戰爭と株式市場

作者・板谷敏彥｜譯者・陳家豪｜責任編輯・龍傑娣｜編輯協力・曾浚洋｜校對・施靜沂｜封面設計・紀鴻新｜出版・左岸文化第二編輯部｜總編輯・龍傑娣｜社長・郭重興｜發行人・曾大福｜發行・遠足文化事業股份有限公司｜電話：02-2218-1417｜傳真・02-2218-8057｜客服專線・0800-221-029｜客服信箱・service@bookrep.com.tw｜官方網站・http://www.bookrep.com.tw｜法律顧問・華洋國際專利商標事務所・蘇文生律師｜印刷・崎威彩藝有限公司｜初版・2022年9月｜初版三刷・2023年3月｜定價・450元｜ISBN・978-626-95885-7-2